国家科学技术学术著作出版基金资助出版

非充气机械弹性安全车轮理论与方法

Theory and Method for Non-pneumatic Mechanical Elastic Safety Wheel

赵又群 著

科学出版社

北京

内 容 简 介

本书阐述了非充气机械弹性安全车轮理论与方法。本书内容包括轮胎的功能及使用性能要求、安全轮胎简介、机械弹性安全车轮的承载特性及滚动机理、机械弹性安全车轮的接地特性、机械弹性安全车轮滚动阻力特性、机械弹性安全车轮侧向特性、机械弹性安全车轮垂向振动特性、机械弹性安全车轮包容特性及其影响因素、机械弹性安全车轮松软路面牵引通过性、机械弹性安全车轮轮辋活络模具设计方法、机械弹性安全车轮结构的参数化设计方法。

本书内容是非充气安全车轮技术领域最新的研究成果，较全面地介绍了非充气机械弹性安全车轮的结构、理论与方法，除用于高等院校车辆工程专业高年级本科生和研究生的教材外，还可以作为科研院所与企业从事特种车辆、空天飞行器起落架和轮式地面移动平台设计、试验及使用的科研与工程技术人员的参考书。

图书在版编目(CIP)数据

非充气机械弹性安全车轮理论与方法/赵又群著. —北京：科学出版社，2020.9

ISBN 978-7-03-065972-9

Ⅰ.①非⋯ Ⅱ.①赵⋯ Ⅲ.①弹性车轮–安全设计–研究 Ⅳ.①U463.34

中国版本图书馆 CIP 数据核字 (2020) 第 164058 号

责任编辑：李涪汁　高慧元／责任校对：杨聪敏
责任印制：张　伟／封面设计：许　瑞

科学出版社 出版
北京东黄城根北街 16 号
邮政编码：100717
http://www.sciencep.com

北京虎彩文化传播有限公司 印刷
科学出版社发行　各地新华书店经销

*

2020 年 9 月第 一 版　开本：720×1000　1/16
2021 年 1 月第二次印刷　印张：15 1/2
字数：312 000
定价：119.00 元
(如有印装质量问题，我社负责调换)

作 者 简 介

赵又群，现任南京航空航天大学教授、博士生导师。1998年3月毕业于吉林工业大学汽车设计制造专业，获得工学博士学位；2004年9月～2005年1月在美国密歇根大学交流访学；2001年1月晋升教授；2003年8月任职车辆工程专业博士生导师；主要研究方向是车辆主动安全与控制；主要学术兼职包括：教育部学位与研究生教育专家(2008年至今)，《应用基础与工程科学学报》编委(2010年至今)，国家科技专家库专家(2015年至今)，地面机动平台技术领域轮式机动平台技术专业组专家(2017年至今)，轮胎动力学协同创新联盟智力资源委员会专家委员(2018年至今)，中国汽车工程学会越野车技术分会委员(2019年至今)；2018年度项目成果"机械弹性防爆车轮"入选工业和信息化部与国家国防科工局遴选的《军用技术转民用推广目录 (2018年度)》；2019年获得国防技术发明奖二等奖1项(第1完成人)。从教26年来，为车辆工程专业本科生讲授"汽车理论"、"汽车设计"、"汽车优化设计"、"汽车新技术讲座"、"汽车运动中的若干力学问题初探"、"车辆工程专业导论"等6门课程，为车辆工程专业硕士生讲授"模糊控制技术"、"汽车系统动力学"、"汽车操纵动力学"、"汽车轮胎力学"、"车辆系统动力学(双语课程)"等5门课程，为车辆工程专业博士生讲授"车辆高等动力学"、"车辆动态仿真技术及其应用"、"车辆动态载荷识别"、"汽车发展前沿讲座"等4门课程，已培养博士后7名、博士35名、硕士63名。

序 言 Foreword

轮胎是影响轮式车辆各项行驶性能的关键部件。为了克服传统充气轮胎所具有的爆胎、泄气、胎压不稳、异物穿刺等缺点，满足人们对轮胎安全性能的要求，世界各大轮胎生产商提出了多种技术措施，包括防漏技术、泄气保用技术、零压续跑技术等，国际上把具备这些安全技术措施的轮胎称为 run-flat tire，国内称为安全轮胎。而非充气安全轮胎则具有防扎、防爆、防刺穿等优点，因此，非充气安全轮胎技术研究对于进一步提高车辆行驶的安全性有着十分重要的意义。

《非充气机械弹性安全车轮理论与方法》一书所述的非充气机械弹性安全车轮作为一种新型非充气安全轮胎，采用的悬链式结构打破了传统充气轮胎的结构配置，并使其具有优良的缓冲减振性能。该书作者赵又群教授领导的团队自 2013 年开始，承担了总装备部（2016 年改名为军委装备发展部）探索研究重大资助项目，以及中央高校基本科研业务费专项资金资助项目等，对非充气机械弹性安全车轮进行了系统性的研究，包括机械弹性安全车轮的概念设计、工作原理、相关力学特性分析、物理样机的模具开发及其 CAD 设计、实车试验等；通过总结多年来对机械弹性安全车轮的研究成果及工作实践编著了该书。

该书是国内第一部系统性介绍机械弹性安全车轮的结构、原理、性能、设计与试验研究的专著，具有填补空白和创新意义，是一本颇具学术水平和应用价值的专著。我相信该书能够对非充气机械弹性安全车轮的研发及推广，车辆行驶安全性技术的提高起到重要的学科引领作用。

中国工程院院士
吉林大学教授
2019 年 9 月 17 日

前 言

  作为车辆行驶系统的重要组成，轮胎的主要功能是支撑车辆、缓和路面冲击力、产生驱动/制动力等，同时其在车辆行驶的舒适性、平顺性等方面也具有重要影响。但是，采用充气轮胎的车辆在高速行驶时存在爆胎隐患，越野路面行驶时存在刺破危险，严重影响车辆的行驶安全性和机动性，特别是近年来随着汽车工业的迅速发展和交通道路网络的日趋完善，人们对车辆安全性、操纵稳定性、舒适性的要求不断提高，对轮胎各方面性能的要求也日趋严格，特别是对轮胎安全性的要求。据交通管理部门统计，高速公路 46% 的交通事故是由轮胎发生故障引起的，仅爆胎一项就占轮胎事故总量的 70%，车辆时速在 160 公里以上发生爆胎造成的死亡率接近 100%。因此，安全轮胎的研发与生产越来越引起生产厂家的重视。

  安全轮胎 (run-flat tire, RFT) 又称为零压轮胎或跑气保用轮胎，其发展历史可追溯到 20 世纪初叶，美国固特异轮胎有限公司于 1934 年取得防爆内胎安全轮胎专利，1955 年研制成功双腔型安全轮胎，在随后的发展中，又出现了自体支撑型安全轮胎、加物支撑型安全轮胎、自修复型安全轮胎以及采用不同结构和原理的非充气型安全轮胎等。充气式安全轮胎在不破损时，具有普通轮胎的所有功能，只有在爆胎事故发生时才起作用，能有效地保护车辆安全和避免交通事故。由于充气安全轮胎存在重量明显增大、结构复杂、制造成本较高等缺点，各大轮胎生产商推出了多种非充气式结构的安全轮胎，例如，固铂轮胎公司和威斯康星大学麦迪逊分校聚合体工程学中心的研究人员基于仿生学原理推出的蜂窝轮胎，米其林 (Michelin) 公司推出的 X-Tweel 车轮以及韩泰 (Hankook) 轮胎公司推出的 i-Flex 等。配备安全轮胎的车辆能在爆胎后继续以一定的速度行驶一定的距离，保证车辆能移动到维修区。当前，安全轮胎技术已在军事车辆、特种作业车辆及某些品牌的轿车上得到了较为广泛的应用，按照目前的发展速度预测，在不久的将来，安全轮胎技术在普通乘用车辆上也将获得普及。

机械弹性安全车轮是南京航空航天大学车辆结构力学与控制科研团队提出的一种全新型的非充气安全轮胎，与传统充气轮胎结构相比具有很大的区别。机械弹性安全车轮打破了充气轮胎的结构配置，将传统意义上的车轮和轮胎整合成了一体化的结构，主要由辂轮、铰链组、轮毂等组成。多组弹性环通过卡环固定后埋设入橡胶层及帘布层内，经过硫化后成为辂轮，而辂轮和轮毂之间是由沿车轮周向均匀分布的多个三连杆式铰链组连接。机械弹性安全车轮这种非充气轮毂铰链式结构设计不会存在充气轮胎具有的漏气、胎压不稳甚至爆胎等潜在的危险因素。

本书是南京航空航天大学车辆结构力学与控制科研团队十多年来对机械弹性安全车轮研究成果的系统性总结，机械弹性安全车轮项目成果已入选工业和信息化部与国家国防科工局遴选的《军用技术转民用推广目录(2018年度)》，2019年获得国防技术发明奖二等奖。本书阐述了机械弹性安全车轮的结构和原理、承载特性，并利用数字化建模、数值仿真计算、理论和试验相结合的方法对车轮的接地特性、滚动阻力特性、侧向特性、垂向振动特性、包容特性、牵引通过性，以及模具设计方法、参数化设计方法等进行了分析总结。机械弹性安全车轮项目的研究先后获得多个国家级和省部级项目的资助，主要包括总装备部(2016年改名为军委装备发展部)探索研究重大资助项目(No.NHA13002)、陆军装备预研专用技术项目(No.AGA19001)、陆军研究技术项目(No.AQA19001)和中央高校基本科研业务费专项资金资助项目(No.NP2016412, No.NP2018403, No.NP2020407)等。另外，在项目研究的过程中，得到中国科学院院士任露泉、中国工程院院士郭孔辉、中国工程院院士林忠钦、中国工程院院士项昌乐、中国兵器工业集团第二〇一研究所首席科学家杜志岐、原军委科技委委员刘蒙、原总装车辆技术专业组组长虞明的关怀和指导；中国工程院院士郭孔辉、中国工程院院士李骏和中国工程院院士孙逢春在百忙之中审阅了书稿，并提出了多项宝贵意见；作者指导的博士研究生朱明敏、臧利国、李波、付宏勋、王强、杜现斌、肖振、邓耀骥、徐瀚、王秋伟，以及硕士研究生闫乐乐、杨文涛等在本书的撰写过程中做了大量的数据整理和插图绘制工作。在本书完成之际，作者向所有在项目研究及书稿撰写过程中给予帮助、指导和支持的专家、学者、同事和研究生表示最衷心的感谢！

本书在撰写时作者查阅和参考了国内外大量的相关技术研究文献，同时还采用了多种在工程实践中应用比较广泛的相关分析软件，这些文献和软件均来自上述相关单位的数据资源和版权授权。另外，本书的出版得到了国家科学技术学术著作出版基金的资助和科学出版社的支持；本书能够获得国家科学技术学术著作出版基金的资助得到了中国工程院院士郭孔辉、中国工程院院士李骏和中国工程院院士孙逢春的特别推荐。在此，作者对他们表示衷心的感谢。

非充气机械弹性安全车轮的研究，在完成车轮基本力学性能的基础理论和结构设计的同时，保证其具有更加良好的机动性能、安全性能、生存性能、可靠性能以及适应性，为非充气安全车轮的研究提供一定的理论基础及技术支撑，期望为带动非充气安全车轮的发展起到一定的积极作用。

由于作者时间和精力的限制，书中还有许多问题需要进一步的研究。另外，由于新型安全轮胎技术的快速发展，作者对一些最新资料或相关技术的研究掌握不足，书中难免会有疏漏之处，恳切希望学习或参考本书的高校师生、工程研究人员、广大读者批评指正。

赵又群
2020 年 3 月 28 日
于南京明故宫

目 录

序言
前言
第1章 绪论 ··· 1
  1.1 轮胎的功能及使用性能要求 ·· 1
    1.1.1 轮胎的功能 ··· 1
    1.1.2 使用性能要求 ··· 2
  1.2 安全轮胎简介 ·· 6
    1.2.1 安全轮胎的泄气保用技术 ·· 7
    1.2.2 安全轮胎的非充气结构技术 ······································· 11
    1.2.3 安全轮胎的发展趋势 ·· 14
  参考文献 ··· 17
第2章 机械弹性安全车轮的承载特性及滚动机理 ······························· 22
  2.1 机械弹性安全车轮的结构性能及设计流程 ································ 22
    2.1.1 结构组成 ··· 22
    2.1.2 性能特点 ··· 23
    2.1.3 设计流程 ··· 24
  2.2 机械弹性安全车轮的承载方式及工作原理 ································ 24
    2.2.1 承载方式 ··· 24
    2.2.2 工作原理 ··· 26
  2.3 机械弹性安全车轮的滚动机理 ··· 27

    2.3.1 驱动力学模型 ···································· 27
    2.3.2 制动力学模型 ···································· 29
    2.3.3 滚动阻力模型 ···································· 31
  参考文献 ·· 32
第 3 章 机械弹性安全车轮的接地特性 ···························· 34
  3.1 轮胎接地特性 ·· 34
    3.1.1 接地印迹 ·· 34
    3.1.2 接地压力分布测量 ································ 35
    3.1.3 接地压力分布评价 ································ 38
  3.2 接地特性仿真 ·· 39
    3.2.1 仿真模型 ·· 39
    3.2.2 充气轮胎接地压力仿真 ···························· 41
    3.2.3 机械弹性安全车轮接地压力仿真 ···················· 44
  3.3 接地压力试验与验证 ·································· 46
    3.3.1 试验设备与试验步骤 ······························ 46
    3.3.2 充气轮胎接地压力试验与验证 ······················ 48
    3.3.3 机械弹性安全车轮接地压力试验与验证 ·············· 49
    3.3.4 接地压力试验评价 ································ 51
  参考文献 ·· 54
第 4 章 机械弹性安全车轮滚动阻力特性 ·························· 57
  4.1 滚动阻力理论 ·· 57
    4.1.1 弹性迟滞损失原理 ································ 57
    4.1.2 弹性迟滞力理论模型 ······························ 58
  4.2 滚动阻力影响因素 ···································· 60
    4.2.1 内部因素 ·· 60
    4.2.2 外部因素 ·· 60
  4.3 滚动阻力测量方法 ···································· 60
    4.3.1 室内试验方法 ···································· 61

目录

  4.3.2 道路试验方法 ·· 61
  4.3.3 经验方法 ·· 62
 4.4 机械弹性安全车轮滚动阻力模型 ································ 63
  4.4.1 基本原理 ·· 63
  4.4.2 复合恢复力 ·· 64
  4.4.3 复合恢复力参数辨识 ·· 66
  4.4.4 滚动阻力模型构建 ·· 67
 4.5 滚动阻力试验 ·· 68
  4.5.1 试验原理 ·· 68
  4.5.2 装车试验 ·· 69
参考文献 ·· 70

第 5 章 机械弹性安全车轮侧向特性 ································ 73
 5.1 机械弹性安全车轮的侧向静力学特性 ·························· 73
  5.1.1 静态侧向特性试验 ·· 73
  5.1.2 车轮侧向刚度特性 ·· 74
 5.2 机械弹性安全车轮侧偏特性产生机理 ·························· 76
 5.3 机械弹性安全车轮的侧偏特性试验及分析 ···················· 78
  5.3.1 试验台架 ·· 78
  5.3.2 试验步骤及内容 ·· 79
  5.3.3 稳态侧偏特性分析 ·· 81
 5.4 机械弹性安全车轮与充气轮胎车轮侧偏特性对比分析 ······ 82
 5.5 机械弹性安全车轮的侧倾特性 ·································· 84
  5.5.1 简化刷子模型 ·· 84
  5.5.2 忽略铰轮体宽度的侧倾刷子模型 ························ 85
  5.5.3 包含铰轮体宽度的侧倾刷子模型 ························ 86
  5.5.4 侧倾角对侧向力和回正力矩的影响 ······················ 88
 5.6 机械弹性安全车轮侧倾角对侧偏特性的影响 ·················· 89
  5.6.1 侧倾侧偏特性试验 ·· 89

5.6.2 侧向力特性分析 … 90
5.6.3 回正力矩特性分析 … 91
5.6.4 载荷对侧倾侧偏特性的影响 … 92
参考文献 … 93

第6章 机械弹性安全车轮垂向振动特性 … 96
6.1 REF 模型和有限元仿真 … 96
6.1.1 REF 模型 … 96
6.1.2 运动方程 … 97
6.1.3 REF 模型参数确定 … 102
6.1.4 基于 REF 的有限元模型 … 103
6.1.5 仿真分析 … 103
6.2 试验模态分析 … 104
6.2.1 模态试验理论模型 … 104
6.2.2 模态测试系统 … 105
6.2.3 试验模态分析 … 107
6.3 振动传递特性分析 … 108
6.3.1 路径传递率分析 … 109
6.3.2 路径介入损失分析 … 111
6.4 机械弹性安全车轮与充气轮胎车轮模态参数对比分析 … 115
6.4.1 充气轮胎模态试验与分析 … 115
6.4.2 机械弹性安全车轮与充气轮胎车轮模态参数的对比 … 117
6.5 机械弹性安全车轮垂向振动特性的影响因素 … 117
6.5.1 毂轮结构的影响 … 117
6.5.2 铰链组结构的影响 … 120
6.5.3 不同工况的影响 … 123
6.5.4 不均匀性的影响 … 125
参考文献 … 126

第 7 章 机械弹性安全车轮包容特性及其影响因素 129

7.1 弹性滚子接触模型及仿真 129
7.1.1 弹性滚子接触模型 129
7.1.2 有效路形仿真 131

7.2 有限元建模 132

7.3 低速稳态包容特性 133
7.3.1 障碍物截面尺寸对径向刚度的影响 134
7.3.2 垂向力特性 137
7.3.3 纵向力特性 138

7.4 包容特性的影响因素 140
7.4.1 载荷的影响 140
7.4.2 径向刚度的影响 141

7.5 越障性能的实车试验 142

参考文献 143

第 8 章 机械弹性安全车轮松软路面牵引通过性 146

8.1 机械弹性安全车轮通过性评价指标 146

8.2 机械弹性安全车轮轮-地作用模型 147
8.2.1 法向载荷与静态沉陷 147
8.2.2 滑转与动态沉陷 148
8.2.3 土壤推力与挂钩牵引力 150

8.3 机械弹性安全车轮与轮胎挂钩牵引力对比 151

8.4 机械弹性安全车轮结构与使用参数对牵引通过性的影响 153
8.4.1 刚度的影响 153
8.4.2 半径的影响 155
8.4.3 宽度的影响 156
8.4.4 载荷的影响 158

8.5 整车道路试验 159

参考文献 161

第 9 章 机械弹性安全车轮辋轮活络模具设计方法 ······ 164

9.1 机械弹性安全车轮辋轮活络模具结构设计方案 ······ 164
9.1.1 活络模具结构方案 ······ 164
9.1.2 活络模具材料 ······ 166
9.1.3 活络模具精度 ······ 167

9.2 机械弹性安全车轮辋轮活络模具的设计及计算 ······ 167
9.2.1 模具分型面的选择 ······ 167
9.2.2 活络模具型腔壁厚设计方法 ······ 168
9.2.3 模具脱模力的确定 ······ 171
9.2.4 模具强度校核 ······ 172
9.2.5 弓形块结构的优化设计 ······ 174
9.2.6 模具各部分螺纹强度校核 ······ 176
9.2.7 模具结构尺寸参数 ······ 179

9.3 机械弹性安全车轮辋轮活络模具三维实体建模与封装 ······ 179
9.3.1 SolidWorks 的参数化设计思想 ······ 179
9.3.2 活络模具三维实体建模 ······ 181
9.3.3 活络模具封装过程 ······ 184

参考文献 ······ 186

第 10 章 机械弹性安全车轮结构的参数化设计方法 ······ 189

10.1 总体结构设计 ······ 189
10.1.1 系统简介 ······ 189
10.1.2 系统结构 ······ 190

10.2 主要结构参数及约束关系分析 ······ 191
10.2.1 主要结构参数分类 ······ 191
10.2.2 约束关系的建立 ······ 192

10.3 零件参数化的设计实现 ······ 194
10.3.1 零件参数化模型库的搭建 ······ 194
10.3.2 车轮结构的参数校核 ······ 196

  10.3.3 参数驱动三维建模 ·············· 198
  10.3.4 零件工程图的创建 ·············· 199
  10.3.5 零件的自动装配 ················ 201
 10.4 ME-Wheel Design 系统设计实例 ········ 202
  10.4.1 总体设计 ···························· 202
  10.4.2 辋轮设计 ···························· 204
  10.4.3 铰链组设计 ······················· 213
  10.4.4 轮毂设计 ···························· 216
  10.4.5 生成装配件 ······················· 218
参考文献 ·· 219
附录 作者已发表的机械弹性车轮相关论文 ········ 222

第1章 绪　论

1.1　轮胎的功能及使用性能要求

1.1.1　轮胎的功能

米其林公司在 1889 年和 1895 年分别发明了可拆卸轮胎和车辆用充气轮胎，推动了车辆轮胎技术朝着安全、高速和舒适性方向发展。随着经济的发展和人们生活质量的提高，汽车成为人们日常生活的必备交通工具。轮胎是车辆系统的重要组成部件，是车辆与道路之间唯一的接触媒介，其与地面之间的相互作用力是车辆驱动力、制动力和转向力的来源，对车辆的动力性、操纵稳定性、平顺性和通过性等具有重要影响[1]。

安全性、经济性和耐久性等是轮胎设计的最基本要求，其中安全性尤为重要。如果车辆行驶过程中轮胎发生故障(爆胎或漏气)，轻则无法行驶，重则发生交通事故，对驾驶员和行人的生命和财产安全构成巨大威胁。交通管理部门的统计数据表明[2,3]：轮胎故障导致的交通事故占高速公路交通事故的 46%，爆胎故障所引起的事故占 70%，而且行驶速度大于 160km/h 时，爆胎故障引起的死亡率接近 100%。因此，轮胎爆胎是车辆行驶的一项非常重要的安全隐患，促使人们研究避免爆胎事故的非充气轮胎。

综上所述，轮胎的功能主要包括以下几个方面[4-7]：

(1) 承载功能，承受车辆的载荷；
(2) 牵引/制动功能，向路面传递驱动、制动力；
(3) 机动稳定性，改变和保持车辆正常行驶；
(4) 行驶舒适性，吸收来自路面的振动，缓冲减振，减少噪声，乘坐舒适。

此外，轮胎还必须具有耐磨性、耐久性、低滚动阻力及安全性等诸多特性。

1.1.2 使用性能要求

1. 载荷能力

轮胎的使用首先应该考虑的就是其载荷能力，即承载负荷的能力。一般情况下，轮胎的载荷能力取决于轮胎的结构参数、使用环境等因素。对充气轮胎来说，通常在轮胎的设计中，确定载荷能力的主要依据是轮胎承载时的径向变形。当径向变形过大时，将使轮胎滚动阻力增大，受力超出材料的允许范围，极大地降低其使用寿命。当轮胎径向刚度较大，即承载变形较小的时候，承载能力会在一定程度上有所提高，但是轮胎的缓冲减振性能会有所降低。

除了轮胎的结构参数，其载荷能力还与轮胎材料属性、道路承载能力、车辆的动力性等因素有关。例如，在越野路面行驶时，轮胎将承受较大的动载荷冲击，为保证车辆的通过性应适度减少负荷。充气轮胎载荷能力的计算主要依据经验公式，如美国轮胎和轮辋协会提出的载荷公式 [8]：

$$W_{\text{TRA}} = \left[\frac{\%d \times \left(\dfrac{S_N \times \text{AR}}{100} - 17.5 \right)}{100} \right] \times \left[0.00028P \sqrt{(-0.004\text{AR} + 1.03) S_N \times \left(\dfrac{S_N \times \text{AR}}{50} + D_R \right)} + 3.45 \right]$$

式中，d 为下沉量；W_{TRA} 为载荷；S_N 为名义断面宽度；AR 为轮胎高宽比；D_R 为轮辋直径；P 为标准载荷。

机械弹性安全车轮载荷能力的计算没有充气轮胎可依据的经验公式，因此，在本书中车轮载荷能力的确定主要依据两个参数，即最大载荷和最大径向变形量，并选取适当的动载荷系数。

2. 缓冲性能

车辆缓冲减振功能的实现主要依靠两个弹性结构部分：轮胎和悬架。通过这两部分的协调配合，共同实现车辆在各种行驶工况的缓冲减振功能，保证车辆具有良好的平顺性能。轮胎的缓冲性能通常以单位径向变形所需要的负荷量表示 [9]。普通充气轮胎通过压缩轮胎内的气体实现缓冲减振性能，而机械弹性安全车轮通过辇轮的弹性和铰链组的柔性共同实现缓冲减振功能，即双重缓冲减振功能。当来自路面的冲击载荷作用到弹性辇轮时，辇轮产生弹性变形，并通过铰链组传递载荷至轮毂。

轮胎作为一个复杂的动态系统，在实现缓冲减振功能的同时，会产生振动和噪声。图 1.1 表明了道路、轮胎、车辆以及观测者之间的关系 [10,11]。

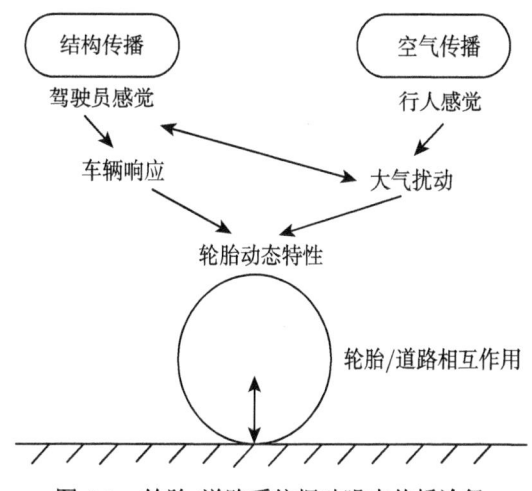

图 1.1 轮胎/道路系统振动噪声传播途径

3. 耐磨性能

轮胎的耐磨性能是衡量轮胎性能的一项重要指标,尤其是对经常行驶在越野路面的车辆。评价轮胎的寿命在一定程度上是评价磨损量的大小,轮胎使用寿命可按照下式进行计算[12]:

$$L_h = 1000 \times \frac{h_1 - h_0}{\Delta h}$$

式中,L_h 为轮胎行驶里程,km;h_1 为胎面花纹深度,mm;h_0 为最低花纹允许深度,mm;Δh 为胎面单耗,mm/1000km。

4. 附着性能

车轮胎面与行驶道路表面直接接触,产生相互作用力,是影响轮胎力和力矩的根本原因。车轮的附着性能也称为抓地性能,当车轮与地面之间具有足够的附着力时,便不会产生车辆行驶中的滑动和打滑现象。通常在湿滑路面或者冰雪路面上容易出现交通事故的主要原因就是车轮与行驶路面之间的附着力较小。

轮胎的附着系数与轮胎结构参数、使用条件、行驶速度和路面等因素有关,不同路面的轮胎附着系数如表 1.1 所示[13]。

表 1.1 不同路面的轮胎附着系数

干柏油路	湿柏油路	干土路	湿土路	冰雪路	
				−5∼0℃	−5℃ 以下
0.6∼1.0	0.3∼0.5	0.5∼0.7	0.1∼0.3	0.05∼0.1	0.1∼0.2

5. 安全行驶性能

轮胎的安全行驶性能是关乎车辆驾驶员生命安全的最直接的性能，和轮胎安全与失效相关的研究内容主要包括两个方面：一是轮胎的使用和维护；二是车载安全和轮胎使用中的安全。

轮胎的使用和维护安全主要包括安装、拆卸、维护和返修，具体包括以下几个方面[14]。

(1) 轮胎和车轮不匹配。相对于轮胎胎圈直径，车轮太大或者太小，在充气过程中轮胎往往会发生爆胎或者脱圈。

(2) 胎圈接触不良。轮胎与车轮配合不当或者配合超出公差要求，如果为了胎圈落座而过量充气，就造成爆胎或者脱圈。

(3) "拉链"式断裂。在处理或者检查受压轮胎的可疑损伤以及疲劳帘布层帘线过程中，可能造成帘线一根接着一根断裂以致发生破坏。该损坏形式往往会在胎侧上部发生爆炸，造成轮胎瞬时失压。

车载安全和轮胎使用中的安全比使用维护安全更加复杂，例如，不同的车辆、不同的驾驶员和不同的操作条件。使用中的轮胎破坏过程和影响如图 1.2 所示[15,16]。

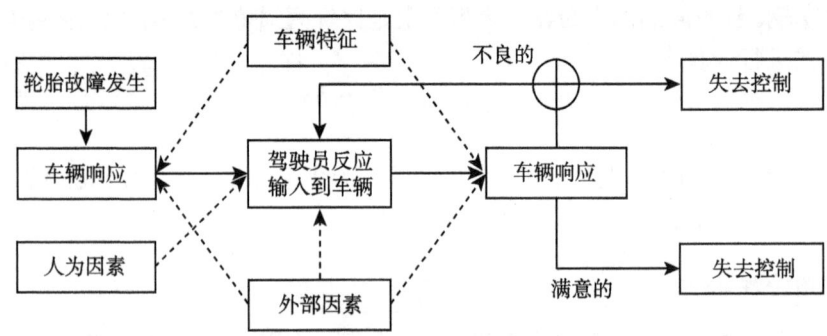

图 1.2　使用中轮胎破坏的过程和影响

使用中的轮胎常见失效原因主要有：下沉量过大、割口和刺穿、轮胎冲击、道路危险损伤等。

轮胎的下沉量是轮胎性能中的主要参数，决定轮胎的应力、应变和生热。轮胎在负荷作用下的变形及轮胎的下沉量如图 1.3 所示。如果轮胎所承受的负荷过大，将导致轮胎的下沉量 d 变大，超出轮胎下沉量设计的允许值。

割口和刺穿是影响轮胎安全行驶性能的另一个重要因素[17]。割口和刺穿主要是指相对尖锐的物体刺穿轮胎或者通过轮胎进入轮胎胎体而造成的破坏。在物体进入轮胎的时候，小的割口和刺穿将引起轮胎中部分或者完全扩展的开口。轮胎的割口和刺穿，对充气轮胎来说，首先影响的就是轮胎的气压。即使轮胎的孔洞没有伤及胎体，也将给轮胎造成潜在的失效，失效期主要取决于孔洞的位置和大小，以及是否有腐蚀性液体或者其他污染物通过开口进入轮胎结构当中。如果孔洞较大或者位于高应力应变区域，孔洞将继续增长以致轮胎发生断裂。就胎面刺穿失效而言，轮胎与路面的接触会使其他污染物进一步进入胎面和带束层结构，从而导致锈蚀和黏合力破坏脱层，最终以胎面或者带束层脱离的方式损坏。对充气轮胎来说，如果轮胎被刺穿胎体，将导致整个轮胎的废弃。即使没有刺穿到胎体，也会造成很多潜在的危险，例如，导致轮胎气压不足，加速轮胎的失效，如果在高速下行驶，可能会导致爆胎等更严重的交通事故。

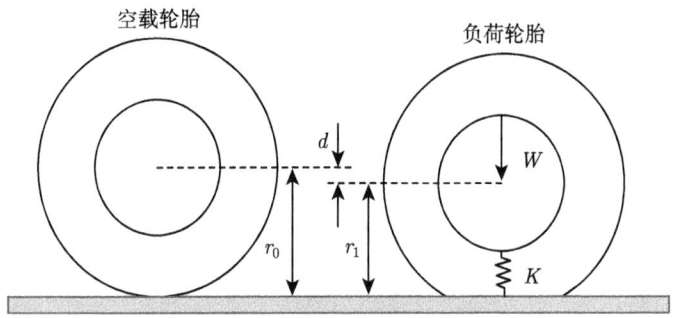

图 1.3　空载轮胎和负荷轮胎

轮胎冲击和道路危险损伤是轮胎最常见的失效诱因之一，主要是在轮胎行驶中碰到物体或者道路不平整时发生。轮胎受到冲击时，如果碰到的物体较小，轮胎可能被刺穿，如果物体偏大，轮胎发生的情况主要取决于以下几个因素：① 物体的大小和性质；② 物体的质地和尖锐度；③ 物体和轮胎的相对位置；④ 轮胎压力及所承受的载荷；⑤ 物体和轮胎的相对速度。

安全轮胎就是为了提高轮胎的安全行驶性能而产生的，充气安全轮胎的设计主要针对轮胎的常见失效形式进行设计，如为应对割口和刺穿危险的自封型安全轮胎。

6. 滚动阻力

轮胎滚动阻力大部分是因为轮胎材料在变形时，通过迟滞损失耗散掉，因此分析轮胎的变形对研究滚动阻力而言具有重要的意义。机械弹性安全车轮也具有与充气轮胎类似的橡胶层结构，因此滚动阻力的分析具有一定的相似之处。轮胎在滚动时，承受不断往复的变形，轮胎完成一次转动，每个受力点经历一个变形循环。当轮胎接触路面时，这种循环变形在整个轮胎内发生，特别是在接地区域附近。轮胎与路面接触时，胎冠的变形形成接触印迹，胎冠变形如图 1.4 和图 1.5 所示。

随着车轮的滚动，车轮与地面接触的压缩变形部分进入接地区域时，曲率发生变化，变化规律为：在进入接地区域之前，曲率先变小，再变为无穷大，再变小，最后恢复到初始曲率。因此曲率变化最大的区域出现在接地区附近，从而能量损失也主要集中在该区域。

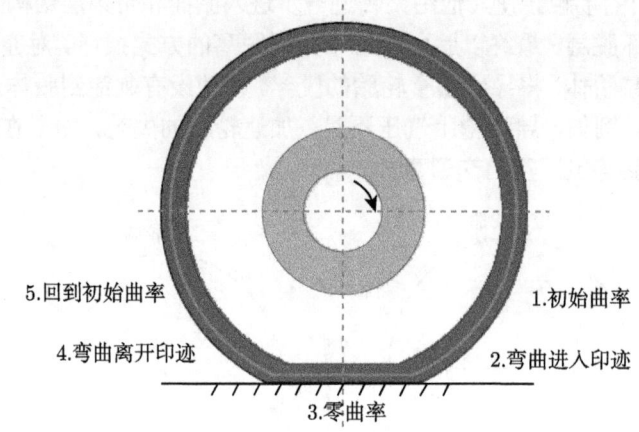

图 1.4　轮胎胎冠的整体变形

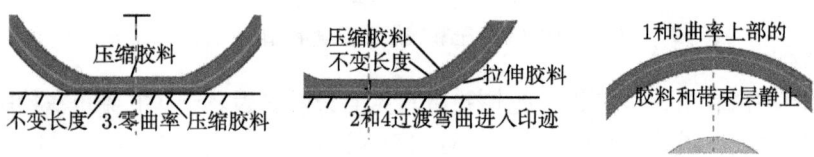

图 1.5　轮胎胎冠纵向不同部位的变形

除了轮胎结构特征之外，滚动阻力还与路面粗糙度、操作工况、载荷、速度、充气压力、施加的力矩、侧偏角、轮胎的使用寿命等因素有关。对于轮胎和车轮，从滚动阻力的角度来说，其数值越小越好，因此现在各轮胎工厂开发出了所谓的低滚动阻力轮胎、绿色轮胎等产品[18]。

1.2　安全轮胎简介

安全轮胎又称零压轮胎或跑气保用轮胎，在遇到异物穿刺时，相较于传统充气轮胎，安全轮胎不会发生破裂、漏气或者漏气非常缓慢，其胎圈可以保持在轮辋上使行驶轮廓稳定，进而使车辆可以暂时稳定行驶一定里程[19]。安全轮胎所需具备的要素可以总结如下：首先，在非紧急情况下，安全轮胎的各项性能指标，包括车辆的操纵稳定性、舒适性及平顺性等，能够达到或优于传统充气轮胎的指标；其次，当遇到漏气甚至爆胎等危险状况时，配备安全轮胎的车辆仍然可以稳定行驶一定里程。

最早对轮胎安全技术开展研究工作的是美国固特异轮胎有限公司,并于1934年申请了防爆内胎安全轮胎专利。经过 80 多年的发展,轮胎安全技术完成技术探索、技术优化以及实现商品化等过程,并取得了大量的研究成果。从目前的研究情况分析,轮胎安全技术主要按照泄气保用和非充气结构两条技术路线发展,如图 1.6 所示。

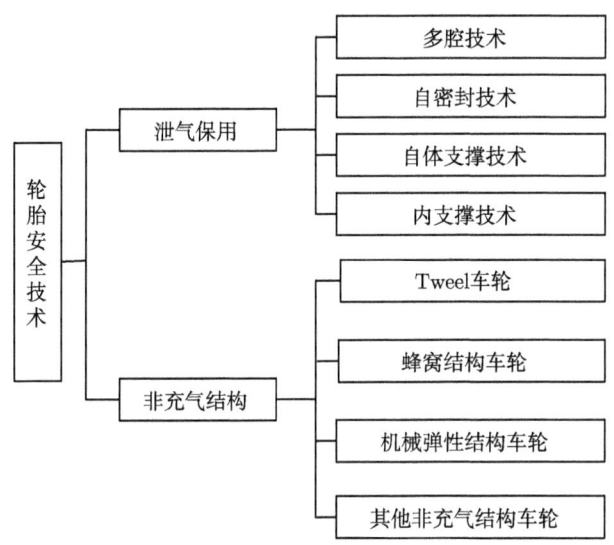

图 1.6 轮胎安全技术的主要分类

泄气保用技术可细分为三大类技术,即多腔技术、自密封技术和刚性支撑技术,其中刚性支撑技术又细分为自体支撑技术和内支撑技术两种。非充气结构车轮目前没有统一的划分,结构样式较多,比较具有代表性的有 Tweel 车轮、蜂窝结构车轮、机械弹性结构车轮以及其他非充气结构车轮。下面就上述两种技术路线的研究现状分别进行阐述。

1.2.1 安全轮胎的泄气保用技术

采用防漏技术、零压续跑技术等,轮胎生产厂商和科研机构研发出了新型的充气安全轮胎,以弥补传统充气轮胎存在的刺穿或爆胎等方面的缺陷,诸如此类安全技术统称为泄气保用技术,行业内把采用这些技术的轮胎统称为泄气保用轮胎[20-25]。

安全轮胎的基本要求是抗刺扎、防爆破、失压后还能走。"失压后还能走"可理解为失压后的安全轮胎依然可以使运行车辆具有暂时的稳定行驶功能。目前,汽车行业的标准是失压后的安全轮胎能够以 80~88km/h 的行驶速度运行 160km[26]。

1. 多腔技术

多腔技术是指在轮胎内部空腔用隔膜（一般由挂胶帘布制成）划分成多个腔室，各腔互不相通，各自具有单独的气门嘴，充气可分开进行。采用多腔技术的轮胎可使其安全性具有多重保险，当其中一个腔室发生刺穿或爆胎等安全问题时，其他腔室的胎压仍保持不变，依然能够支撑车辆行驶，其安全性能优于普通充气轮胎。

双内腔技术的基本原理是在轮胎的充气内腔中增加小轮胎或隔膜，从而将腔室一分为二，若其中一个气胎扎破漏气，则另一内腔单独发挥作用，对车辆起到临时支撑的作用，保证车辆行驶一段距离。双内腔型安全轮胎结构示意图如图1.7所示。双内腔技术在一定程度上解决了轻度刺穿和突然爆裂的问题，但在轮胎损伤严重时（如两层腔被同时刺穿等）则无能为力，加之轮胎还需要特殊结构设计，目前此技术已经很少应用。

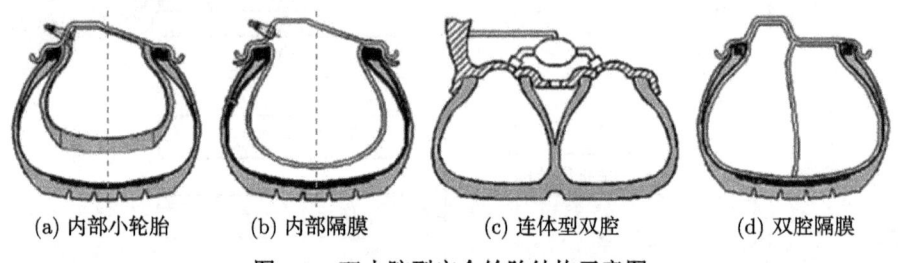

(a) 内部小轮胎　　(b) 内部隔膜　　(c) 连体型双腔　　(d) 双腔隔膜

图1.7　双内腔型安全轮胎结构示意图

普利司通轮胎公司于2006年研发出了一种三腔室安全轮胎。该轮胎主要由三部分构成，分别是位于中心的主腔以及位于左右两侧的副腔。三个腔室之间是相互独立的，其腔内气压可单独控制。若其中一个腔室失压，其他腔室仍能保证车辆驶出一段距离。

2. 自密封技术

自密封技术是在充气轮胎的内部气腔布置装有密封胶的保护层。自密封技术的基本原理如图1.8所示。保护层内部的密封胶具有可流动性且不会蒸发，在轮胎运行过程中，密封胶在离心力的作用下均匀分布在保护层内，一旦轮胎被扎破，在胎内气压的作用下，密封胶能够迅速地堵塞被刺穿的孔洞，从而防止了轮胎内空气的泄漏，保证了车辆的正常行驶状态。

自密封型安全轮胎在20世纪90年代曾一度走红市场，其代表产品主要有：德国大陆公司研发的 Gen Seal、法国米其林公司的 Tiger Paw Nail Gard 以及美国固特异轮胎有限公司的 Golden Lifesever。自密封型安全轮胎一般只能抵御直径5~6mm以下的刺扎破坏，一旦受到较大创口的破坏，将丧失泄气保用的功能。此外，自密封型安全轮胎的温度适应性能较差，尤其是夏季长时间行驶后，轮胎温度过高,从而导致其内部的自密封材料的流动性增强,使自封材料局部凝聚并破坏轮胎的动态平衡,进而影响车辆的正常行驶状态。

(a) 异物刺穿　　　　　　　(b) 漏气　　　　　　　(c) 迅速自密封

图 1.8　自密封技术的基本原理

3. 自体支撑技术

自体支撑技术是将轮胎上的某部件加厚或衬上特制补强件,使相应部件的刚性增大,从而能够使失压后的轮胎足以支撑车辆重量,并能够保持轮胎的行驶轮廓。此技术最常见的产品是胎侧补强型安全轮胎[27,28],其基本结构如图 1.9 所示。这种轮胎是在胎侧部位附加特制补强件,使胎侧刚性增大到足以支撑车辆重量,再加上轮胎胶料具有较好的耐热性和弹性,保证了轮胎在失压后的基本行驶功能;其轮毂与胎圈采用特殊设计,可有效地防止胎圈脱座。

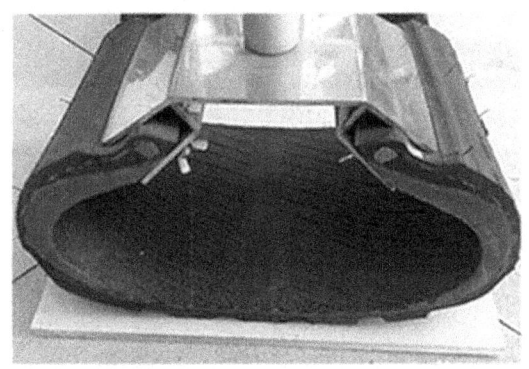

图 1.9　胎侧补强型安全轮胎

图 1.10 是自体支撑型安全轮胎与普通充气轮胎的行驶状态对比图。由图 1.10 可知,普通充气轮胎失压后,胎体变形塌陷,无法继续行驶;自体支撑型安全轮胎失压后,胎体依然支撑成型,保持行驶轮廓,仍可继续行驶。

基于自体支撑技术的安全轮胎构造简单、使用简便,与普通充气轮胎相比较,重量增加不明显,且能适配标准轮辋,节省了携带备胎的空间。由上述自体支撑技术特点可知，该技术比较适用于低断面轮胎和比较轻的车辆。当然，自体支撑技术在提升轮胎承载能力的同时，也会对轮胎的附着性能以及车辆的行驶平顺性产生一定的负面影响。

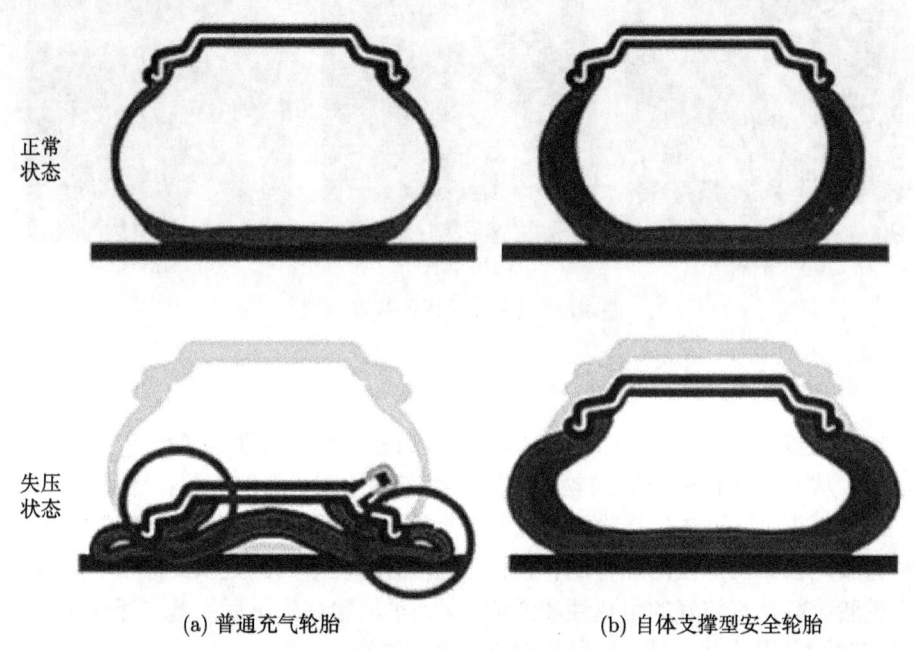

图 1.10　普通充气轮胎与自体支撑型安全轮胎行驶状态对比

4. 内支撑技术

内支撑型安全轮胎的基本结构如图 1.11 所示。采用内支撑技术的安全轮胎最主要的特点是在轮胎内部布置一个支撑体。支撑体具有较大的刚性，一般采用橡胶、聚氨酯或其他高分子材料制成，其结构形式主要包括整体式、分体式以及分体导轨式等。

图 1.11　内支撑型安全轮胎

内支撑型安全轮胎的基本原理如图 1.12 所示。从图 1.12 中可以看出，正常行驶工况下，内支撑型安全轮胎的力学特性与普通轮胎的力学特性基本相同，其内部的支撑体不承受车辆重量；在轮胎被刺破并失压后，支撑体开始与轮胎接触并承担车辆的重量，从而保证了车辆的正常行驶能力。但是，轮胎在失压工况下运行，其支撑体和轮胎内部存在较为严重的摩擦生热问题，因此内支撑型安全轮胎不适合大负荷、长距离的行驶。

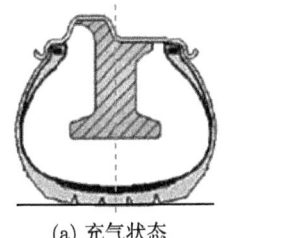
(a) 充气状态

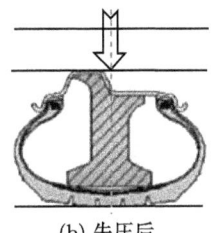
(b) 失压后

图 1.12 内支撑型安全轮胎基本原理

通过对上述泄气保用相关技术的研究可知，其主要技术措施有：
(1) 使被扎后的轮胎不漏气或者漏气缓慢；
(2) 胎压为零时，轮胎依然固定在轮毂上，并保证轮胎的行驶轮廓。

目前，市场上的安全轮胎主要采用自体支撑技术和内支撑技术。但是，自体支撑型安全轮胎的胎侧变厚，影响车辆的行驶平顺性以及轮胎的抓地性能，同时存在着散热性不好等问题；内支撑型安全轮胎存在自重较大、机动性较差以及摩擦生热严重等缺陷。除此之外，由于传统充气轮胎在胎压维护、加工工序复杂程度等方面存在的先天不足，这些都给改善传统充气轮胎的防爆性能，提高车辆安全性带来困难。

1.2.2 安全轮胎的非充气结构技术

国内外相关研究机构一直寻求提高轮胎安全性能的可行方案，提出了仿生轮胎、泄气保用轮胎等，但这些橡胶材质的充气轮胎在安全性能方面提升空间有限，且轮胎性能在泄气失压后会显著下降。因此，摆脱传统充气轮胎的基本结构，研发具有非充气结构的安全轮胎成为当前轮胎安全技术的一种发展趋势[29-32]。

非充气结构安全车轮一般由三部分组成：车轮外圈、可变形支撑体以及轮毂。非充气车轮的车轮外圈和轮毂之间通过可变形支撑体连成一个整体。不同类型非充气车轮的主要区别在于可变形支撑体。目前，可变形支撑体的主要结构形式有类辐条式、蜂窝式以及交错辐射式等。但无论何种结构形式的支撑体，其功能都大同小异，即为车轮提供一定支撑或承载，并通过其结构形变来减小车轮所受的振动和冲击，达到改善车辆舒适性的目的。

Tweel 车轮是米其林公司研制的一种新型非充气安全车轮[33],其结构如图 1.13 所示。车轮外圈和轮毂之间通过柔软易变形的数十根聚氨酯轮辐连接。由于没有充气结构,Tweel 车轮不存在刺穿或爆胎等安全隐患;在车轮越障时,聚氨酯轮辐能够产生弹性形变,从而吸收来自路面的冲击力;另外,车轮胎面附有花纹,能够保证车轮具有足够的抓地力。Tweel 车轮的这种特殊结构设计,在提升车轮安全性能的同时,也明显地提升了车轮的减振性能,保证了车辆具有良好的行驶平顺性。米其林公司已将 Tweel 车轮装配在轿车及工程车辆上进行了试验,如图 1.14 所示。

 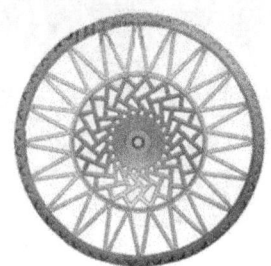

图 1.13 Tweel 车轮结构图

图 1.14 Tweel 车轮在轿车和工程车辆上的应用

固铂轮胎公司于 2008 年研制出了蜂窝结构仿生车轮[34,35]。蜂窝结构轮胎如图 1.15 所示,主要由车轮外圈、蜂窝状轮辐和轮毂组成。其中,蜂窝状轮辐利用仿生学原理,将六边形结构互相支撑形成蜂窝状。这种蜂窝结构的车轮不存在充气轮胎结构,可以避免轮胎爆胎等安全问题;车轮在具备良好减振性能的同时,也能够最大限度地提高车轮强度;在噪声抑制和摩擦发热方面也比普通轮胎更加优越。目前,美国军用悍马以及某型全地形越野车已开始使用这种轮胎。

图 1.16 是日本普利司通公司于 2013 年推出的第二代非充气车轮,它由橡胶外圈、辐射型轮辐及刚性轮毂组成[36]。其中,轮辐由多根倾斜的辐条周向排列而成,辐条采用热塑性树脂制成。这样的设计可使胎面上每一处受力由多条辐条承担,增强车轮的承载性能。相比于第一代车轮 (2011 年推出),第二代车轮在承载能力、行

驶性能等方面取得了很大进步，测试的最高速度提高到 60km/h，而试验车辆的质量也增加到 410kg；通过简化结构，有效降低了车轮滚动中的能量损失，达到充气节油轮胎同等水平。

图 1.15　蜂窝结构车轮及其应用轮胎

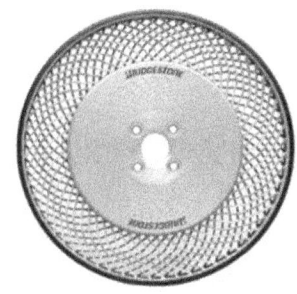

图 1.16　普利司通公司研制的第二代非充气车轮

图 1.17 是北京汽车集团与 MKP 公司共同研发的负泊松比结构非充气车轮[37]。它主要由四部分组成，分别是负泊松比结构的 V 形支撑体、橡胶缓冲带、橡胶车轮外圈和轮毂。负泊松比结构的 V 形支撑体在被压缩时不会出现垂直方向上的伸长，从而减少材料形变。

相比于普通充气轮胎，非充气结构安全车轮具有以下优点：

(1) 非充气结构安全车轮不依靠压缩空气支撑车辆重量和增加轮胎弹性，因此它具有防扎、防爆等特性；

(2) 垂向受载时，非充气结构安全车轮的可变形支撑体能够产生比普通充气轮胎大的形变，从而减轻路面通过轮胎传递到悬架和车身的冲击，提高车辆的行驶平顺性；

(3) 非充气结构安全车轮支撑体的较大变形，可以大幅度增加车轮与地面的接触面积，增大车轮附着力，提升车辆的驱动、制动性能；

(4) 非充气结构安全车轮的支撑体均采用侧向排布，当车轮承受侧向载荷时，轮胎侧向形变量较小，使车轮具有大的侧偏刚度，保证车辆的操纵稳定性。

 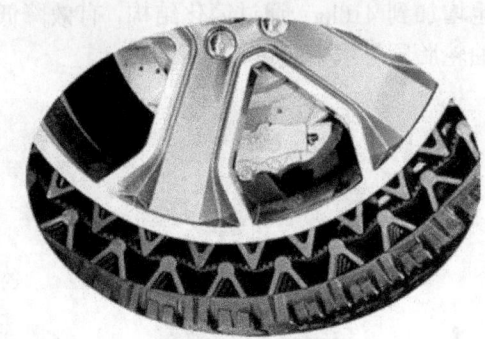

图 1.17　负泊松比结构非充气车轮

当然，基于非充气结构安全车轮的结构特点，其自身也存在一些缺陷，主要有以下几点：

(1) 由于支撑体裸露在外，一旦车轮内部进入异物，将导致支撑结构受损。若在泥泞路段、积雪路段行驶，带有附着效应的泥土以及积雪便会堆积在支撑体间隙中，影响车轮的形变；

(2) 高速时振动与噪声、车轮各部件强度及耐久性问题，以及与传统充气轮胎的性能匹配度不高、生产工艺复杂及成本高等问题。

上述问题是目前非充气结构安全车轮研发过程中存在的主要问题，也是制约非充气结构安全车轮推广的瓶颈，需要从事相关工作的科研人员着重解决。从目前情况来看，非充气结构安全车轮处于设计研发阶段，米其林、普利司通等轮胎生产厂商都在加大非充气结构安全车轮的研发力度。相信随着技术的进步，困扰非充气结构安全车轮大规模推广的短板必将逐渐被解除，它会成为轮胎发展中里程碑似的革新。

1.2.3　安全轮胎的发展趋势

根据现有非充气结构安全轮胎的技术特点与发展趋势，可以预测未来非充气结构安全轮胎产品的特点应是防爆、防弹、防火、滚动阻力小、机械效能高、侧向稳定性好、使用寿命长、承载能力大以及适应军民两用型的安全轮胎产品[38]。为了争得自己的市场份额，世界各大轮胎公司都在竞相研制更加先进的泄气保用轮胎系统，预计不久的将来还会出现越来越多的各式各样旨在提高高速行驶安全性的泄气保用轮胎。为了加快研制步伐，有些大轮胎公司之间还达成了共同合作开发协议，一方面共享研究成果，另一方面协调技术标准，使产品具有互换性，以便将来实现市场共享。

在 20 世纪 70 年代，中国化工橡胶总公司已经研制出内支撑型安全轮胎。沈阳三橡轮胎有限责任公司的"和平"牌安全轮胎拥有自体支撑型、自密封型及内支撑型三大类，20多种安全轮胎规格；而且漏气后安全轮胎续驶里程可达30余公里[39]。具有中美两国专利权的上海天衣轮胎有限公司研制的自密封型安全轮胎，各项性能指标都通过了有关部门的鉴定。

中国北方车辆研究所的李莉等研制出一种防扎、防爆、非充气轮胎，并提出一种新的轮胎设计方法。利用ANSYS建立了轮胎的有限元模型，对轮胎大变形接地特性进行分析。获得车轮的力与位移关系和垂向刚度参数[29]。

吉林大学的佟金等研究了RFT滚动机理，建立了RFT零压续跑等效模型。利用ANSYS对内支撑体进行多工况静力分析、结构优化、热耦合分析等，根据理论与模拟分析结果对内支撑体进行改进，最后进行了产品试制和性能试验[40]。

吉林大学的管欣等分析了金属弹性车轮的轮辋与外轮圈弹性特性，构建了静态和动态下轮–地接触摩擦力模型，并利用ADAMS进行了仿真验证，结果表明该模型能够较好地模拟金属弹性车轮运动工况[41]。

南京航空航天大学的赵又群团队研究的机械弹性安全车轮属于非充气型安全车轮，其结构形式与普通充气轮胎存在本质区别，其中最主要的区别在于机械弹性安全车轮采用一种新型的机械弹性式的非充气结构，代替了普通轮胎的压缩空气弹性。机械弹性安全车轮的基本结构主要由三大部分构成，分别是轮辋、铰链组和轮毂[42-47]。轮辋由橡胶层及包裹在其内部的弹性环组构成。弹性环组由周向等角度分布的卡环和横向均匀排列的弹性环组合而成。轮辋与路面直接接触，其主要作用是传递车辆牵引力、制动力、侧向力，缓冲车轮滚动过程中来自路面的冲击，因此要求其具有良好的耐磨性、弹性和抓地性等。铰链组一般由两节或三节铰链连接而成，其最大长度略大于轮辋与轮毂之间的安装间隙。铰链组与弹性环组共同构成了机械弹性式非充气结构，从而摆脱了普通轮胎的充气结构。铰链组的主要作用是传递牵引力、制动力、侧向力和各种力矩，以及配合轮辋以实现缓冲来自路面的冲击等。轮毂置于车轮中间位置，通过铰链组悬挂在轮辋上。机械弹性安全车轮的轮毂有别于普通充气轮胎配套的轮毂，它是一种特制轮毂，一般由前盘和后盘两部分组成。轮毂除了具有与车辆半轴匹配的安装孔以外，还具有铰链组及其他关键部件的安装孔。通过上述分析可知，机械弹性安全车轮采用了一种弹性环组–铰链组式的非充气结构形式，消除了普通充气轮胎可能存在的胎压不稳、刺破泄气或爆胎等安全问题，从而大幅提升了自身的安全性能。随着研究的深入，该团队还研制了一些新型结构的弹性车轮，如液压式复合车轮、防侧翻弹性车轮和分段式弹性车轮[48-50]等。

鉴于非充气安全轮胎拥有充气轮胎无法企及的优越性和巨大的消费潜力，以及对提高军事装备战场生存能力、更好地适应未来战场环境具有重要的实用价值，我国应加强非充气安全轮胎的研发力度。我国在开发非充气安全轮胎方面应该注意选择适合于我国气候、路况、环境和消费水平的非充气安全轮胎类型进行技术开发。对非充气安全轮胎的关键技术及难点进行研究，如对非充气安全轮胎结构的优化设计，对其性能、材料、温度场等方面的深入分析，以及解决抗冲击、侧向稳定性、续跑能力、使用寿命等问题[51-59]。

非充气安全车轮技术是安全车轮研发中一个非常重要的研究领域，南京航空航天大学的赵又群团队就一种非充气式机械弹性安全车轮做了大量基础性、探索性和创新性的研究工作，并取得了一系列研究成果，然而还有很多方面有待继续深入的探究，未来机械弹性安全车轮研究的核心与重点包括以下几个方面[60]。

(1) 车轮预测模型的修正。在原有各类几何模型、解析模型的基础上，可以考虑复杂工况下轮胎各项性能的预测模型的建立，以及模型参数的调试与修正，以增强机械弹性车轮力学特性预测模型的准确性和适应性，为机械弹性车轮与整车的匹配奠定基础。

(2) 车轮轻量化。在原有车轮的结构与加工制造的基础上，考虑车轮不同关键零部件材料的选型与加工工艺的完善；针对弹性环、卡环和铰链等关键零部件，在保证车轮具有良好的载荷能力与安全行驶性能的基础上，可以从新材料的采用、车轮结构的优化以及制造工艺的完善等方面综合考虑，达到车轮及整车轻量化的目的。

(3) 车轮耐久性。通过研究机械弹性安全车轮零部件的关重性，挖掘其耐久性与可靠性增长的有利因素，重点研究关重件结构的强度优化和易磨易损零部件的寿命预测，并精确估计车轮的检修周期，从而提高车轮的设计和使用寿命。

(4) 车轮振动噪声辐射特性。通过对机械弹性安全车轮的研究发现，由于车轮机构的特殊性，其机械零部件在行驶过程中不可避免地会出现机械磨损及振动现象，致使在行驶过程中车轮产生振动与噪声，影响整车的动力性、平顺性、舒适性等。因此，需要对车轮振动噪声的预测与控制方法展开深入研究。

(5) 车轮与整车的匹配。对于机械弹性安全车轮性能的研究不能只停留在对其基本性能的分析和评价上，而应侧重对匹配机械弹性安全车轮的车辆各项行驶性能的优化上，如与同为行驶系的悬架的协同优化设计。

(6) 机械弹性安全车轮性能指标体系的构建。对机械弹性车轮的结构拓扑以及各项力学性能做进一步优化设计，研究不同结构拓扑下机械弹性车轮的机动性能、安全性能、生存性能、可靠性能以及适应性，构建机械弹性安全车轮性能指标的评价体系，为机械弹性安全车轮与普通充气轮胎车轮的互换性研究和推广应用提供指导。

(7) 机械弹性安全电动车轮。轮毂电机驱动形式应该是电动汽车的最终驱动形式，但是，目前装配充气电动轮的电动汽车的非悬挂质量大、轮毂电机布置与散热等问题十分突出，使得充气电动轮不堪重负，不仅使得汽车的平顺性（舒适性）变差,而且充气轮胎更加易于磨损或者爆胎,充气电动轮驱动汽车的性能和使用寿命都大打折扣,电动轮的优势不能够得到充分的发挥,从而影响到电动轮驱动方式的产业化进程。另外,目前的电动汽车的分布式驱动方式大多为"伪分布式驱动",因为必须要用到轮边减速器,从而制约了全(纯)线控驱动的发展,即"轮边减速是制约汽车全(纯)线控技术的瓶颈问题,必将会严重阻碍全(纯)线控技术和纯电动汽车技术的进一步发展"。一言以蔽之,充气轮胎的安全性和耐久性问题是制约充气电动轮技术和全线控技术发展的瓶颈问题。

(8) 机械弹性安全车轮的推广。机械弹性安全车轮的概念可以推广到轮式车辆防爆车轮、电动汽车防爆电动轮、履带式车辆柔性负重轮、工程机械和农用机械车轮轻量化、智能车轮、新型无悬架车辆车轮、轻轨走行轮胎、舰载机和空天飞行器机轮上,应用前景广阔[61-83]。

参 考 文 献

[1] 庄继德. 现代汽车轮胎技术 [M]. 北京: 北京理工大学出版社, 2001: 132-136.

[2] 宁乐然. 高速公路爆胎事故的影响因素及其预防 [J]. 道路交通与安全, 2007, 7(2): 53-55.

[3] 郑宏宇, 宗长富, 刘海贞. 汽车爆胎特性建模与主动制动控制策略 [J]. 中国公路学报, 2012, 25(4): 147-152.

[4] 杨卫民. 轮胎设计与制造工艺创新的发展方向 [J]. 橡塑技术与装备, 2013, 39(2): 20-27.

[5] 罗礼培. 节能减排: 智能轮胎成趋势 [J]. 物流技术与应用: 货运车辆, 2012, 4: 59-61.

[6] 钟延损. 国外汽车轮胎的法规及其功能 [J]. 化工标准化与质量监督, 1993, 1: 19-23.

[7] 杨欣. 安全轮胎设计理论与方法 [M]. 北京: 化学工业出版社, 2011.

[8] Gent A N, Walter J T. 轮胎理论与技术 [M]. 危银涛, 李勇, 冯希金, 等, 译. 北京: 清华大学出版社, 2013.

[9] 梁守智, 钟延壎, 张丹秋. 橡胶工业手册: 第四分册: 轮胎 [M]. 北京: 化学工业出版社, 1993.

[10] Pottinger M G, Yeager T J. The Tire/pavement Interface[M]. Baltimore: American Society for Testing and Materials, 1986.

[11] Pottinger M G, Marshall K D, Lawther J M, et al. Review of tire/ pavement interaction induced noise and vibration [J]. ASTM Special Technical Publication, 1986: 183-287.

[12] Gong S. A study of in-plane dynamics of tires[D]. Delft: Delft University of Technology, 1993.

[13] 林礼贵. 轮胎生产工艺 [M]. 北京: 化学工业出版社, 2008: 20-21.

[14] 高岗, 宋圻, 吴炜. 安全轮胎技术的应用和发展 [J]. 专用汽车, 2010, 10: 53-55.

[15] Baker J S, Mcilraith G D. Tire disablements and accidents on high-speed roads[R]. Highway Research Record, Evanston, 1969: 272.

[16] Ranney T A, Heydinger G, Waston G, et al. Investigation of driver reactions to tread

separation scenarios in the national advanced driving simulation[R]. Department of Transportation, Washington, 2003.

[17] 高树新, 何建清, 解来卿. 安全轮胎及其在军车上的应用 [J]. 轮胎工业, 2009, 29: 259-263.
[18] 杨慧, 游长江. 轮胎 [M]. 北京: 化学工业出版社, 2013.
[19] 杨欣. 零压续跑轮内支撑虚拟设计与性能分析 [D]. 长春: 吉林大学, 2007.
[20] James D H, Keen H M. The denovo run-flat tire[J]. SAE Technical Paper, 760743, 1976: 1-7.
[21] Yabuta K, Nishimura H. Development of the N-type run-flat tire and its evaluation in vehicle dynamics[J]. International Journal of Andrology, 1979, 24(1): 15-23.
[22] Kuerten D, Sohn V, Barmen W. Run-flat tires[C]. Proceedings Annual Reliability and Maintainability Symposium, Los Angeles, 1988: 62-67.
[23] Martini M. A run-flat future[J]. Automotive Engineering International, 2005, 113(4): 184-185.
[24] Chanadra A K. Tire technology-recent advances and future trends[J]. Rubber World, 2007, 236(6): 27-32.
[25] 杨欣, 许述财, 佟金, 等. 内支撑式 RFT 零压行走机理分析 [J]. 清华大学学报 (自然科学版), 2014, 54(7): 871-876.
[26] 王志成, 邓海燕. 安全轮胎的发展、现状与前景 [J]. 中国橡胶, 2004, 20(18): 23-27.
[27] Robinette R D, Fay R J. Drag and steering effects from disablements of run flat tires[J]. SAE Transactions, 2000, 109(6): 1790-1801.
[28] Kim J K, Lim Y N, Kim N J. Development in sidewall reinforced run-flat tire[C]. Seoul 2000 FISITA World Automotive Congress, Seoul, 2000.
[29] 李莉, 胡立臣, 邵朋礼. 一种新型轮胎的设计与分析 [J]. 工程设计学报, 2008, 15(3): 220-224.
[30] 苏博, 张浩成. 全球非充气轮胎市场概况及专利技术分析 [J]. 中国橡胶, 2013, 29(20): 22-26.
[31] 张仲志, 吕建刚, 宋彬, 等. 非充气轮胎技术的分析与展望 [J]. 轮胎工业, 2014, 34(9): 523-527.
[32] 高晓东, 杨卫民, 张金云, 等. 国内外非充气轮胎的最新研究进展 [J]. 橡胶工业, 2015, 62(3): 183-188.
[33] Rhyne T B, Thompson R H, Cron S M, et al. Non-Pneumatic Tire[P]: US, US 7201194 B2. 2007.
[34] Fadel G M, Ju J, Michaelraj A, et al. Honeycomb Structures for High Shear Flexure[P]: US, US 2011/0030866 A1. 2011.
[35] Summers J D, Fadel G M, Ju J, et al. Shear Compliant Hexagonal Meso-Structures Having High Shear Strength and High Shear Strain[P]: US, US8609220 B2. 2013.
[36] Bridgestone Croporation. Non-pneumatic Tire[P]: JPN, JP2013/177140. 2013.
[37] 马正东. 基于负泊松比结构的超轻重量非充气轮胎结构 [P]: 中国, CN102529583A. 2012.

[38] Rhyne T B, Cron S M. Development of a non-pneumatic wheel[J]. Tire Science & Technology, 2006, 34(3): 150-169.

[39] 邓海燕, 关泰. 安全轮胎的发展历史和未来前景 (续)[J]. 化工科技市场, 2005, 28(4): 19-23.

[40] 佟金, 杨欣, 张伏, 等. 零压续跑轮胎技术现状与发展 [J]. 农业机械学报, 2007, 38(3): 182-187.

[41] 管欣, 王鹏, 詹军, 等. 金属弹性车轮的建模与动态仿真研究 [J]. 中国机械工程, 2007, 18(21): 2637-2641.

[42] 汪伟, 赵又群, 姜成, 等. 新型机械弹性车轮的力学传递特性分析 [J]. 江苏大学学报 (自然科学版), 2013, 34(3): 261-266.

[43] 岳红旭, 赵又群. 一种新型安全车轮的非线性有限元分析 [J]. 中国机械工程, 2012, 23(11): 1380-1385.

[44] 臧利国, 赵又群, 李波, 等. 机械弹性车轮提高轮胎耐磨性和抓地性分析 [J]. 农业工程学报, 2014, 30(12): 56-63.

[45] 臧利国, 赵又群, 李波, 等. 机械弹性车轮结构参数对牵引性能的影响 [J]. 哈尔滨工程大学学报, 2014, 35(11): 1415-1421.

[46] 臧利国, 赵又群, 李波, 等. 非充气机械弹性车轮静态径向刚度特性研究 [J]. 兵工学报, 2015, 36(2): 355-362.

[47] 王强, 赵又群, 杜现斌, 等. 机械弹性车轮径向刚度和阻尼模型的分析 [J]. 中国机械工程, 2016, 27(10): 1408-1413.

[48] 李小龙, 赵又群, 刘英杰. 液压式复合车轮 [P]: 中国, ZL201310236856.4. 2013.

[49] 李小龙, 赵又群, 臧利国, 等. 防侧翻弹性车轮 [P]: 中国, ZL201310236876.1. 2013.

[50] 赵又群, 李小龙, 李波, 等. 分段式弹性车轮 [P]: 中国, ZL201310431410.7. 2014.

[51] Zhao Y Q, Xiao Z, Lin F, et al. Influence analysis of machining and installation errors on the radial stiffness of a non-pneumatic mechanical elastic wheel[J]. Chinese Journal of Mechanical Engineering, 2018, 31(4): 1-9.

[52] Zhu M M, Zhao Y Q, Lin F, et al. Thermo-mechanical coupled modeling for numerical analyzing the influence of thermal and frictional factors on the cornering behaviors of non-pneumatic mechanical elastic wheel[J]. Simulation Modelling Practice and Theory, 2019, 91(2): 13-27.

[53] Zhu M M, Zhao Y Q, Xiao Z, et al. Surface temperature prediction of novel non-pneumatic mechanical elastic wheel based on theory analysis and experimental verification[J]. Numerical Heat Transfer, Part B: Fundamentals, 2018, 76(6): 399-414.

[54] Zhao Y Q, Zhu M M, Chen Y Q, et al. Finite element analysis on unsteady state thermal field characteristics of mechanical elastic wheel[C]. International Conference on Energy and Mechanical Engineering (EME2015), Wuhan, 2015: 469-478.

[55] Zhao Y Q, Du X B, Lin F, et al. Static stiffness characteristics of a new non-pneumatic tire with different hinge structure and distribution[J]. Journal of Mechanical Science

and Technology, 2018, 32(7): 3057-3064.

[56] Xiao Z, Zhao Y Q, Lin F, et al. Studying the fatigue life of a non-pneumatic wheel by using finite-life design for life prediction[J]. Strojniški vestnik-Journal of Mechanical Engineering, 2018, 64(1): 56-67.

[57] 张明杰, 赵又群, 杜现斌, 等. 机械弹性车轮疲劳寿命及其影响因素研究 [J]. 哈尔滨工程大学学报, 2016, 37(11): 1560-1564.

[58] Li H Q, Zhao Y Q, Lin F, et al. Nonlinear dynamics modeling and rollover control of an off-road vehicle with mechanical elastic wheel[J]. Journal of the Brazilian Society of Mechanical Sciences and Engineering, 2018, 40(2): 1-17.

[59] 李海青, 赵又群. 匹配机械弹性车轮的汽车稳定性分析 [J]. 哈尔滨工业大学学报, 2019, 51(1): 71-79.

[60] 赵又群. 一种非充气机械弹性安全车轮的研究进展 [J]. 机械工程学报, 2019, 55(24): 105-116.

[61] 赵又群, 肖振, 邓耀骥, 等. 一种适配机械弹性车轮的铰链组结构 [P]: 中国, ZL20171010-6199.X. 2017.

[62] 李波, 赵又群, 臧利国, 等. 弹性车轮 [P]: 中国, ZL201310255448.3. 2013.

[63] 赵又群, 邓耀骥, 徐瀚, 等. 具有一体化弹性环骨架辇轮结构的机械弹性车轮 [P]: 中国, ZL201821361438.2. 2018.

[64] 赵又群, 郑鑫, 王秋伟, 等. 一种两轮防爆电动平衡车 [P]: 中国, ZL201920403892.8. 2019.

[65] 赵又群, 徐瀚, 王秋伟, 等. 一种轮履复合式车轮 [P]: 中国, ZL201920426387.5. 2019.

[66] 赵又群, 肖振, 张桂玉, 等. 一种外胎可拆卸式机械弹性安全车轮 [P]: 中国, ZL20182059-5997.3. 2018.

[67] 赵又群, 张桂玉, 王秋伟, 等. 一种辇轮–悬链–弹簧–减震器复合式机械弹性安全车轮结构 [P]: 中国, 201820329523.4. 2018.

[68] 赵又群, 朱明敏, 白毅强, 等. 一种具有组合式散热结构的非充气安全车轮 [P]: 中国, ZL201820173656.7. 2018.

[69] 赵又群, 邓耀骥, 张桂玉, 等. 悬链式机械弹性防爆电动轮 [P]: 中国, ZL201721824278.6. 2017.

[70] 赵又群, 徐瀚, 林棻, 等. 一种机械弹性车轮横向稳定加强型复合轮毂结构 [P]: 中国, ZL201721302687.X. 2017.

[71] 赵又群, 徐瀚, 张桂玉, 等. 一种双轮缘履带车辆机械弹性负重轮 [P]: 中国, ZL20172178-5814.6. 2017.

[72] 赵又群, 白毅强, 林棻, 等. 一种机械弹性车轮的关节轴承结构 [P]: 中国, ZL201721563-142.4. 2017.

[73] 赵又群, 杜现斌, 肖振, 等. 一种具有柔性胎肩的机械弹性车轮卡环组合体 [P]: 中国, ZL201720168865.8. 2017.

[74] 赵又群, 肖振, 邓耀骥, 等. 一种带密封塞的机械弹性车轮铰链组结构 [P]: 中国, ZL2017-20416773.7. 2017.

[75] 赵又群, 邓耀骥, 肖振, 等. 基于铰链组结构的机械弹性车轮 [P]: 中国, ZL201720432113.8. 2017.

[76] 赵又群, 邓耀骥, 肖振, 等. 一种机械弹性车轮的弹性环分体刚柔组合结构 [P]: 中国, ZL201720148340.8. 2017.

[77] 赵又群, 邓耀骥, 肖振, 等. 一种机械弹性车轮的弹性环组合体结构 [P]: 中国, ZL201720-202929.1. 2017.

[78] 李波, 赵又群, 臧利国, 等. 防沙地沉陷轮胎蹼 [P]: 中国, ZL201420042887.6. 2014.

[79] 李波, 赵又群, 臧利国, 等. 机械弹性车轮 [P]: 中国, ZL201320503893.2. 2014.

[80] 李波, 赵又群, 张明杰, 等. 一种沙地轮胎蹼 [P]: 中国, ZL201420279598.8. 2014.

[81] 李波, 赵又群, 臧利国, 等. 越障高度可调履带车轮 [P]: 中国, ZL201320366947.5. 2013.

[82] 李波, 赵又群, 李小龙, 等. 刚度可调弹性车轮 [P]: 中国, ZL201320366837.9. 2013.

[83] 臧利国, 赵又群, 李波, 等. 双向弹性辐板式蜂窝结构安全车轮 [P]: 中国, ZL2013208613-81.3. 2014.

第2章 机械弹性安全车轮的承载特性及滚动机理

轮胎作为车辆在行驶中与地面接触的唯一媒介，是车辆行驶系的重要组成部分。车辆在路面行驶过程中，轮胎故障问题是最令驾驶者担心也是最难预防的，因此安全轮胎的设计与研发对车辆的行驶安全性具有重要意义[1-4]。机械弹性安全车轮采用非充气式设计，通过辇轮与铰链组的组合作用实现良好的缓冲减振性能，避免了在使用传统充气轮胎过程中存在的刺穿、爆胎、漏气或胎压不稳等多种潜在危险因素。

2.1 机械弹性安全车轮的结构性能及设计流程

2.1.1 结构组成

机械弹性安全车轮作为一种新型的非充气式安全轮胎，与传统充气轮胎结构相比具有很大的区别。图 2.1 所示为机械弹性安全车轮的基本结构组成，可以看出

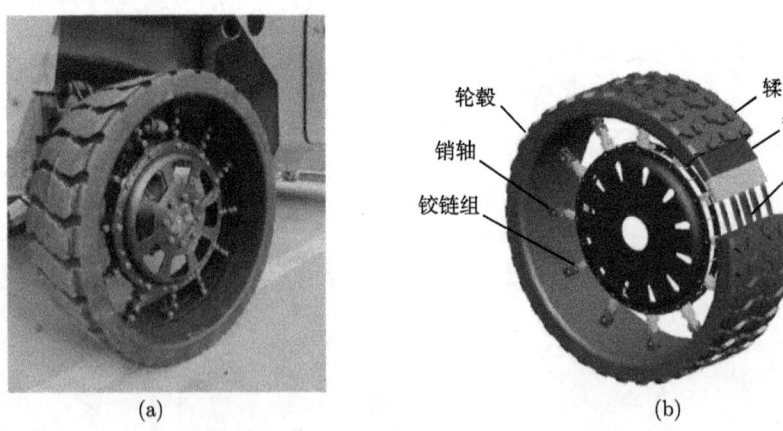

图 2.1 机械弹性安全车轮基本结构组成

机械弹性安全车轮打破了充气轮胎的结构配置,将传统意义上的车轮和轮胎整合成了一体化的结构,其主要部件包括辁轮、铰链组、轮毂等。多组弹性环通过卡环固定后埋设入橡胶层及帘布层内,经过硫化后成为辁轮,而辁轮和轮毂之间由沿车轮周向均匀分布的多个三(或二)连杆式铰链组连接。机械弹性安全车轮这种免充气轮毂铰链式结构设计不会存在充气轮胎具有的漏气、胎压不稳甚至爆胎等潜在的危险因素[5-8]。

2.1.2 性能特点

与传统充气轮胎相比,机械弹性安全车轮具有诸多方面的优越性[9],主要包括以下几点。

(1) 越野性能强。

机械弹性安全车轮承载时,会产生类椭圆变形,车轮-地面非接触区的铰链处于拉伸状态,接触区内的铰链处于类自由弯曲状态,表现出悬浮式承载结构特征。因此,机械弹性安全车轮具有更高的承载效率,更能适应大载荷、高冲击。

(2) 动力性和热稳定性好。

机械弹性安全车轮运动时,车轮-地面接触区内的铰链处于类自由弯曲状态,辁轮可向着轴心方向,变形更加自由,挠度更大。因此,机械弹性安全车轮的弹性迟滞损失较小,生热少,滚动阻力小,动力性和热稳定性好。

(3) 机动性能高。

辁轮的设计基于仿生学原理,将橡胶与弹性环卡环骨架体相互嵌入,具有橡胶和弹性环卡环骨架的整体式圆环形的相互榫接结构特征。因此,机械弹性安全车轮不易脱胶,耐久性好,适应于高速行驶。

(4) 维修性和保障性好。

弹性环与卡环一体化设计并制备成型的整体骨架、铰链组与轮毂所构成的超静定结构特征,当局部结构受损时,基本不影响车轮的功能结构承载。而且,铰链组易于更换,不需要备胎。因此,机械弹性安全车轮的维修性和保障性好,更加适应战场上枪林弹雨的环境。

(5) 平顺性和操纵稳定性兼顾。

基于"轮毂-辁轮-铰链组"悬浮式承载、辁轮的榫接结构特征,车轮体表面橡胶缓冲层设计重点考虑轮胎的花纹及其深度,采用铝合金和碳纤维的嵌入式组合结构,实现车轮的轻量化设计,车轮的动载荷小,能够提高车辆的平顺性;通过调节铰链组的长度可以优化车轮的径向刚度,但是侧向刚度不变,因此,可以兼顾车辆的平顺性和操纵稳定性。然而,充气轮胎车轮通过胎压的充放来调节车轮的径向刚度,一旦为了提高平顺性而放气就会降低车轮的侧向刚度使得操纵稳定性变差,反之亦然。

2.1.3 设计流程

机械弹性安全车轮针对某型轮式特种车辆进行设计，以期替代或超越现在使用的某型子午线充气轮胎的性能。由于现在使用的某型充气轮胎在作业过程中易受到刺穿、弹损等破坏而使车辆丧失机动性，鉴于此，根据现有轮胎的外形尺寸参数、承载特性和机动性等，主要针对轮胎的防刺破、防爆胎、防弹等进行创新性设计。在确定了机械弹性安全车轮的主要结构组成及性能要求后，参照子午线轮胎的设计开发流程[10]，制定了机械弹性安全车轮的主要设计流程，如图 2.2 所示。

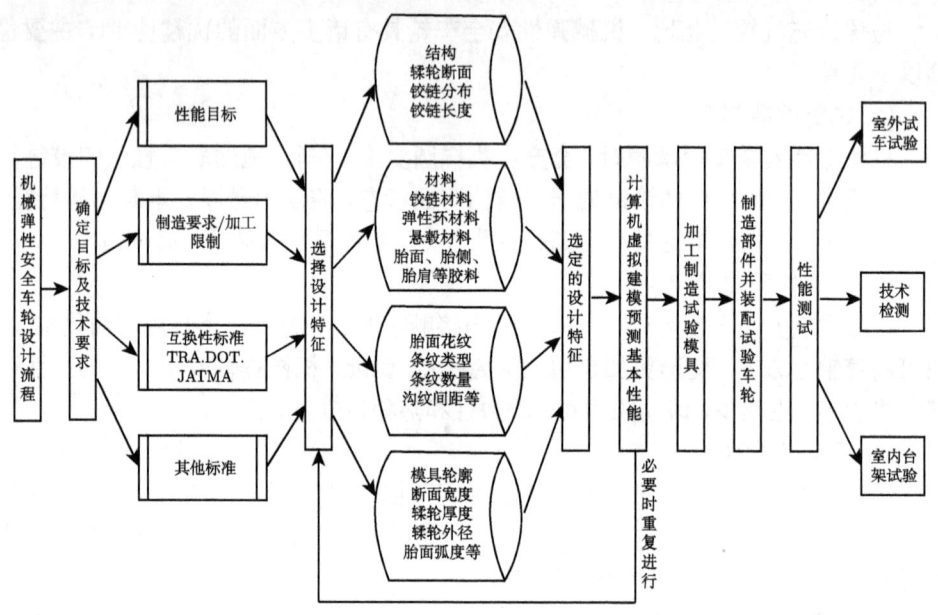

图 2.2 机械弹性安全车轮设计流程

2.2 机械弹性安全车轮的承载方式及工作原理

2.2.1 承载方式

通常情况下，传统车轮的承载方式主要包括两种：底部承载和顶部承载，如图 2.3 所示。底部承载方式多见于刚性车轮或实心轮胎，该承载方式的车轮只有和地面接触的部分承受载荷作用，承载效率极低。顶部承载结构多用于张拉式轮辐车轮以及充气轮胎，该承载方式在任意时刻，胎面的接地区域及其上部的拱门区域均可以承受载荷作用，单位质量的承载效率高[11-14]。

图 2.4 所示为机械弹性安全车轮的悬浮式承载特性示意图。从图中可以看出，该车轮的悬浮式承载结构不同于上述两种传统的承载方式，当垂向载荷作用于车

轮中心时,随着辁轮的微弯曲变形,接地区域上部的铰链组均处于受拉状态,但在接地区域内的铰链组将会发生类自由弯曲而基本不承受拉力或压力作用。机械弹性安全车轮这种悬浮式承载结构在保证了车轮具有较高的承载效率的同时,还使车轮具有良好的接地特性[15-18]及包容特性[19]等。

(a) 底部承载(刚性车轮)　　(b) 顶部承载(张拉式轮辐车轮、充气轮胎)

图 2.3　传统车轮承载方式

F_z 为地面对车轮的法向反作用力

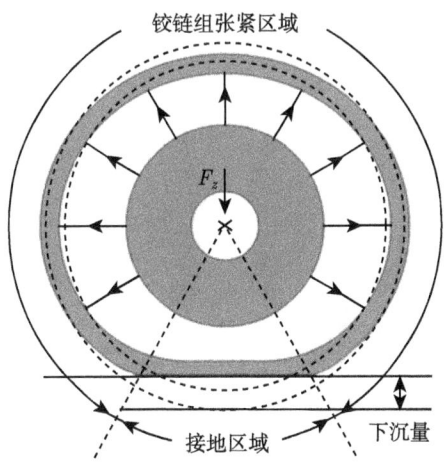

图 2.4　机械弹性安全车轮悬浮式承载特性示意图

通过受力分析可知,机械弹性安全车轮的刚度主要取决于轮辋和铰链组,其中铰链组的弹性特性、数量等对车轮性能的影响十分明显。分析铰链组弹性特性的影响时,可简化为如图 2.5 所示的结构,当铰链组的刚度增加时,车轮径向变形减小;反之,当铰链组刚度减小时,车轮径向变形变大;但是,径向刚度的变化对侧向刚度的影响较小。

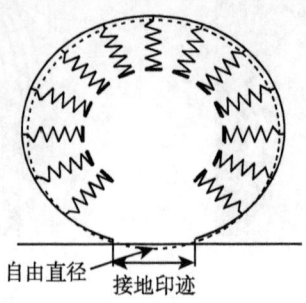

图 2.5　机械弹性安全车轮的承载变形

2.2.2　工作原理

当装配机械弹性安全车轮的车辆保持静止状态时,在接地区域附近的铰链组发生弯曲变形,如图 2.6(a) 所示;车辆启动后,车轴的扭矩传到轮毂,轮毂发生转动的同时带动铰链组拉动轮辋使之旋转,进而使车辆行驶,如图 2.6(b) 所示。在车轮滚动行驶时,各个铰链组将依次经过受拉、自由弯曲再至受拉的循环往复过程。轮辋因承受铰链组的拉力而发生轻微的变形,而车轮的轮毂在车辆行驶的任何瞬时均悬置于轮辋内,因此,来自路面不平度的振动和冲击都只能作用于轮辋胎面,并瞬时随其弹性变形与相应位置铰链组的随机自由弯曲所缓解[20,21]。因而,机

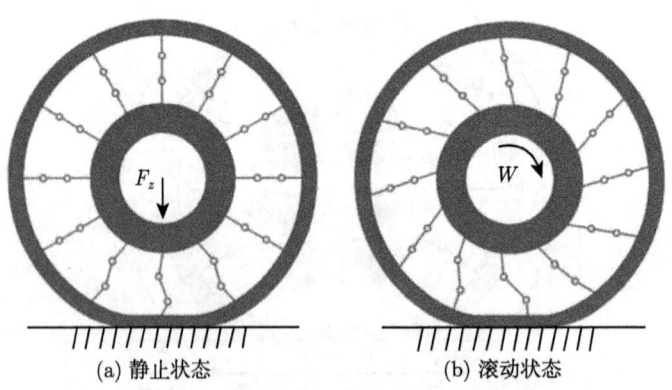

图 2.6　车轮静止及滚动状态示意图

W 为车轮上的垂直载荷

械弹性安全车轮在滚动时，辋轮所承受到的大部分刚性冲击不能直接传递至轮毂，具有优秀的缓冲减振性能。

2.3 机械弹性安全车轮的滚动机理

2.3.1 驱动力学模型

在驱动工况下，经传动系传至机械弹性安全车轮的驱动力矩为 T_t，经分布的铰链组的拉力传递到车轮的辋轮，同时辋轮发生变形。在稳态驱动工况，车轮接地区域的铰链组发生屈曲，不承受拉力，其余铰链组处于张紧状态承受拉力，且轮毂与辋轮有一个 δ 角度的转角差值，即转动滞后角，驱动工况车轮铰链组变形及受力如图 2.7 所示。由车轮驱动工况的受力可知，地面对驱动轮的切向反作用力，即驱动力为 F_t，其中 F_t 的大小为

$$F_t = \frac{T_t}{r} \tag{2-1}$$

式中，T_t 为作用于车轮的驱动力矩；r 为车轮半径。

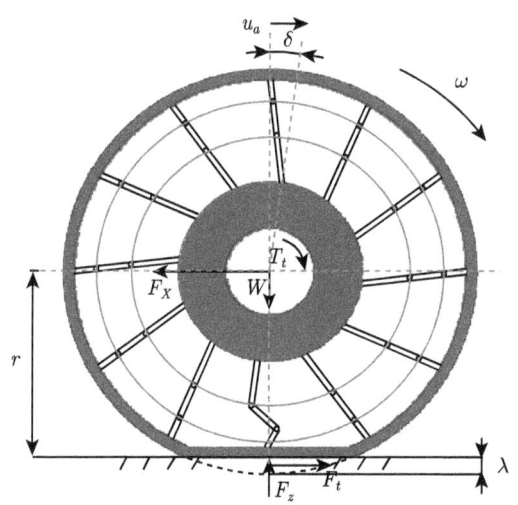

图 2.7 机械弹性安全车轮驱动力学模型 (驱动工况)

u_a 为车速；ω 为轮速；λ 为下沉量

计算驱动力的时候，可以根据车轮转动圈数与实际车轮滚动距离之间的关系进行换算，即

$$r = \frac{S}{2\pi n_w} \tag{2-2}$$

式中，n_w 为车轮转动的圈数；S 为转动 n_w 圈时车轮滚动的距离。

在稳态工况下，对机械弹性安全车轮的辗轮和轮毂进行受力分析，轮毂的平衡方程为

$$\begin{cases} \sum_{i=1}^{12} F_{Hir} + \sum_{i=1}^{12} F_{Hi\theta} + W = 0 \\ \sum_{i=1}^{12} F_{Hir} + \sum_{i=1}^{12} F_{Hi\theta} + F_X = 0 \\ \sum_{i=1}^{12} F_{Hi\theta} R_H + T_t = 0 \end{cases} \quad (2\text{-}3)$$

即

$$\begin{cases} \sum_{i=1}^{12} F_{Hi} \cos \eta_i + \sum_{i=1}^{12} F_{Hi} \sin \eta_i + W = 0 \\ \sum_{i=1}^{12} F_{Hi} \cos \eta_i + \sum_{i=1}^{12} F_{Hi} \sin \eta_i + F_X = 0 \\ \sum_{i=1}^{12} F_{Hi} \sin \eta_i R_H + T_t = 0 \end{cases} \quad (2\text{-}4)$$

辗轮的平衡方程为

$$\begin{cases} \sum_{i=1}^{12} F_{Rir} + \sum_{i=1}^{12} F_{Ri\theta} + F_z = 0 \\ \sum_{i=1}^{12} F_{Rir} + \sum_{i=1}^{12} F_{Ri\theta} + F_t = 0 \\ \sum_{i=1}^{12} F_{Ri\theta} R_R + M_f = 0 \end{cases} \quad (2\text{-}5)$$

即

$$\begin{cases} \sum_{i=1}^{12} F_{Ri} \cos \gamma_i + \sum_{i=1}^{12} F_{Ri} \sin \gamma_i + F_z = 0 \\ \sum_{i=1}^{12} F_{Ri} \cos \gamma_i + \sum_{i=1}^{12} F_{Ri} \sin \gamma_i + F_t = 0 \\ \sum_{i=1}^{12} F_{Ri} \sin \gamma_i R_R + M_f = 0 \end{cases} \quad (2\text{-}6)$$

式中，F_X 为车轴对车轮的推力；i 为铰链组编号；F_{Hi} 为 i 组铰链组对轮毂的拉力；$F_{Hi\theta}$ 为 i 组铰链组对轮毂的拉力在切向的分力；F_{Hir} 为 i 组铰链组对轮毂的

拉力在法向的分力；F_{Ri} 为 i 组铰链组对辗轮的拉力；$F_{Ri\theta}$ 为 i 组铰链组对辗轮的拉力在切向的分力；F_{Rir} 为 i 组铰链组对辗轮的拉力在法向的分力；R_H 为轮毂的半径；R_R 为辗轮的半径；M_f 为地面对车轮的阻力矩[22,23]。

此外，在稳态驱动工况下，轮毂和辗轮的转角差值 δ_i 表示为

$$\delta_i = \eta_i - \gamma_i \tag{2-7}$$

式中，η_i 为铰链组与轮毂铰链组安装孔半径方向的夹角；γ_i 为铰链组与辗轮铰链组安装孔半径方向的夹角，如图 2.8 所示。

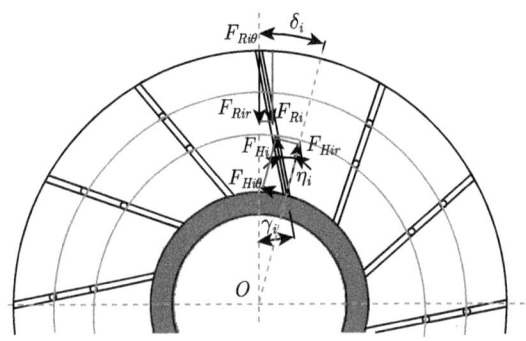

图 2.8 驱动工况下车轮铰链组的力学模型

由图 2.8 所示的几何关系可知

$$\delta_i = \eta_i - \gamma_i = \arccos\left(\frac{R_R^2 + R_H^2 - L_J^2}{2\pi R_R R_H}\right) \tag{2-8}$$

式中，L_J 为铰链组的长度。

通常设计中，轮毂与辗轮的转角差值很小，并且可以通过调整铰链组的初始预紧力和辗轮的刚度进行改变。轮毂与辗轮的转角差值的存在一定程度上能缓解车轮在启动时的冲击，但同时也带来驱动力传递滞后的问题，因此，在车轮的设计中要合理地设计该角度值，以达到既能缓解起步冲击，又能快速传递转矩的理想效果。

2.3.2 制动力学模型

在制动工况下，经传动系传至机械弹性安全车轮的制动力矩为 T_u，经分布的铰链组的拉力传递到车轮的辗轮，制动工况车轮铰链组变形及受力如图 2.9 所示。

由力矩平衡关系，可知

$$F_{Xb} = \frac{T_u}{r} \tag{2-9}$$

式中，T_u 为制动器中的制动力矩；F_{Xb} 为地面制动力。在分析车轮制动工况受力时，应忽略滚动阻力偶矩和减速时的惯性力、惯性力偶矩。

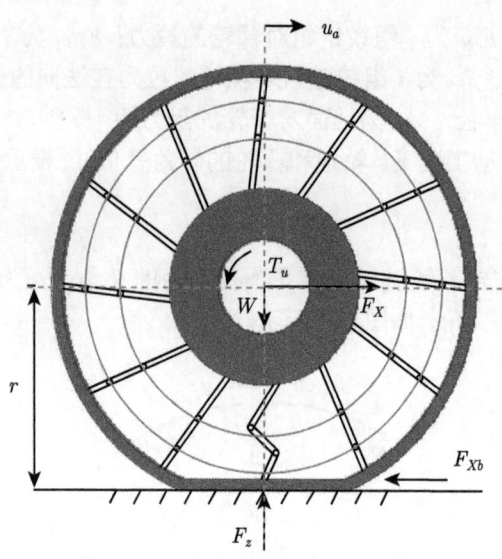

图 2.9　机械弹性安全车轮驱动力学模型 (制动工况)

采用相同的方法，在制动工况下，对机械弹性安全车轮的辁轮和轮毂进行受力分析，如图 2.10 所示。对轮毂和辁轮分别列平衡方程为

$$\begin{cases} \sum_{i=1}^{12} F_{Hi}\cos\eta_i + \sum_{i=1}^{12} F_{Hi}\sin\eta_i + W = 0 \\ \sum_{i=1}^{12} F_{Hi}\cos\eta_i + \sum_{i=1}^{12} F_{Hi}\sin\eta_i + F_X = 0 \\ \sum_{i=1}^{12} F_{Hi}\sin\eta_i R_H + T_t = 0 \end{cases} \quad (2\text{-}10)$$

$$\begin{cases} \sum_{i=1}^{12} F_{Ri}\cos\gamma_i + \sum_{i=1}^{12} F_{Ri}\sin\gamma_i + F_z = 0 \\ \sum_{i=1}^{12} F_{Ri}\cos\gamma_i + \sum_{i=1}^{12} F_{Ri}\sin\gamma_i + F_t = 0 \\ \sum_{i=1}^{12} F_{Ri}\sin\gamma_i R_R + M_f = 0 \end{cases} \quad (2\text{-}11)$$

由上述分析可知，在车轮由驱动工况过渡到制动工况时，轮毂和辁轮将发生 2δ 角度的转角差值的相对运动，一般情况下此角度值很小，不影响制动力的传递，但对缓解运动过程中的冲击有重要意义。

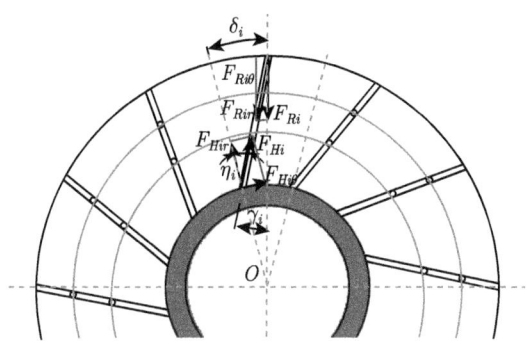

图 2.10　制动工况下车轮铰链组的力学模型

2.3.3　滚动阻力模型

车轮滚动时，与充气轮胎类似，车轮与地面的接触区域将产生法向和切向的相互作用，当车轮在硬路面上滚动时，车轮的变形为主要变形，由于存在车轮揉轮橡胶层与弹性环的弹性迟滞损失，以及胎面与接地区域的摩擦损耗等，其表现为阻碍车轮滚动的阻力，即车轮的滚动阻力。

在良好硬路面上，考虑车轮滚动阻力的车轮变形和受力，如图 2.11 所示。

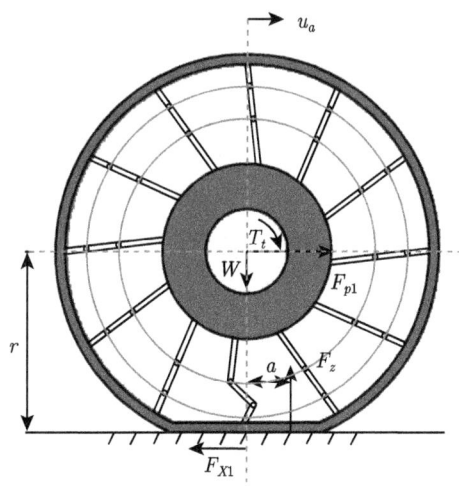

图 2.11　机械弹性安全车轮的滚动阻力

车轮的平衡方程为

$$F_{p1} r = T_f \tag{2-12}$$

$$F_{p1} = \frac{T_f}{r} = F_z \frac{a}{r} = W f \tag{2-13}$$

式中，f 为滚动阻力系数。

通过上述分析可知，机械弹性安全车轮的滚动阻力主要取决于地面的切向分力和辇轮层合结构的弹性迟滞损失，可通过增大车轮的径向刚度并减小接地面积，优化辇轮层合结构等方法来降低车轮的滚动阻力。而车轮的径向刚度主要取决于辇轮的刚度和铰链组结构特性，但车轮径向刚度的增大，一般会带来缓冲减振性能和行驶平顺性变差等问题。整体来看，提高车轮的径向刚度，应从优化设计的角度综合考虑各种工况下的车轮最佳刚度[22,23]。

参 考 文 献

[1] 佟金, 杨欣, 张伏, 等. 零压续跑轮胎技术现状与发展 [J]. 农业机械学报, 2007, 38(3): 182-187.

[2] Cho J R, Lee J H, Jeong K M, et al. Optimum design of run-flat tire insert rubber by genetic algorithm[J]. Finite Elements in Analysis and Design, 2012, 52: 60-70.

[3] Narasimhan A, Ziegert J, Thompson L. Effects of material properties on static load-deflection and vibration of a non-pneumatic tire during high-speed rolling[J]. SAE International Journal of Passenger Cars-Mechanical Systems, 2011, 4(1): 59-72.

[4] 杨欣. 零压续跑轮胎内支撑虚拟设计与性能分析 [D]. 长春: 吉林大学, 2007.

[5] Zhao Y Q, Zang L G, Chen Y Q, et al. Non-pneumatic mechanical elastic wheel natural dynamic characteristics and influencing factors[J]. Journal of Central South University, 2015, 22(5): 1707-1715.

[6] Wang Q, Zhao Y Q, Du X B, et al. Equivalent stiffness and dynamic response of new mechanical elastic wheel[J]. Journal of Vibroengineering, 2016, 18(1): 431-445.

[7] Du X B, Zhao Y Q, Wang Q, et al. Numerical analysis of the dynamic interaction between a non-pneumatic mechanical elastic wheel and soil containing an obstacle[J]. Proceedings of the Institution of Mechanical Engineers, Part D: Journal of Automobile Engineering, 2017, 231(6): 731-742.

[8] 臧利国, 赵又群, 李波, 等. 非充气机械弹性车轮接地特性试验研究 [J]. 汽车工程, 2016, 38(3): 350-355.

[9] 赵又群. 一种非充气机械弹性安全车轮的研究进展 [J]. 机械工程学报, 2019, 55(24): 105-116.

[10] Gent A N, Walter J T. 轮胎理论与技术 [M]. 危银涛, 李勇, 冯希金, 等. 译. 北京: 清华大学出版社, 2013.

[11] Rhyne T B, Cron S M. Development of a non-pneumatic wheel[J]. Tire Science and Technology, 2006, 34(3): 150-169.

[12] Zang L G, Zhao Y Q, Sun H Y, et al. Static radical stiffness and contact behavior of non-pneumatic mechanical elastic wheel[J]. Transactions of Nanjing University of Aeronautics and Astronautics, 2019, 36(4): 663-674.

[13] Gasmi A, Joseph P F. Development of a two-dimensional model of a compliant non-pneumatic tire[J]. International Journal of Solids and Structures, 2012, 49(13): 1723-1740.

[14] 王强, 赵又群, 杜现斌, 等. 机械弹性车轮径向刚度和阻尼模型的分析 [J]. 中国机械工程, 2016, 27(10): 1408-1413.

[15] 臧利国, 赵又群, 李波, 等. 非充气机械弹性安全车轮静态径刚度特性研究 [J]. 兵工学报, 2015, 36(2): 354-362.

[16] Kim K, Kim D M. Contact pressure of non-pneumatic tires with hexagonal lattice spokes[C]. SAE 2011 World Congress and Exhibition, Detroit, 2011: 1-6.

[17] 付宏勋, 赵又群, 林棻, 等. 胎圈结构参数对机械弹性车轮接地压力分布的影响 [J]. 农业工程学报, 2015, 31(17): 57-64.

[18] 臧利国, 赵又群, 李波, 等. 机械弹性安全车轮提高轮胎耐磨性和抓地性分析 [J]. 农业工程学报, 2014, 30(12): 56-63.

[19] 王强, 赵又群, 付宏勋, 等. 载荷与径向刚度对机械弹性车轮包容特性的影响 [J]. 农业工程学报, 2016, 32(13): 36-42.

[20] 岳红旭, 赵又群. 一种新型安全车轮的非线性有限元分析 [J]. 中国机械工程, 2012, 23(11): 124-129.

[21] 汪伟, 赵又群, 姜成, 等. 新型机械弹性车轮的力学传递特性分析 [J]. 江苏大学学报 (自然科学版), 2013, 34(3): 261-266.

[22] Deng Y J, Zhao Y Q, Lin F, et al. Simulation of steady-state rolling non-pneumatic mechanical elastic wheel using finite element method[J]. Simulation Modelling Practice and Theory, 2018, 85(6): 60-79.

[23] Zhao Y Q, Deng Y J, Lin F, et al. Transient dynamic characteristics of a non-pneumatic mechanical elastic wheel rolling over a ditch [J]. International Journal of Automotive Technology, 2018, 19(3): 499-508.

第3章 机械弹性安全车轮的接地特性

在轮胎与路面相互作用过程中，胎面与路面的接触状态决定了两者之间的载荷传递特性，并对车辆的平顺性、操纵稳定性、轮胎磨损与噪声产生重要的影响[1-4]。轮胎接地压力过高或分布不均将导致轮胎快速磨损产生噪声，影响车辆舒适性；轮胎接地压力过小将给轮胎控制带来困难。因此，研究轮胎接地特性，尤其是分析接地区域的压力分布尤为重要。接地压力分布的合理与否，对轮胎的力传递、力矩传递、高速、安全、节能、耐磨和舒适等性能有着直接的影响。本章通过建立机械弹性安全车轮的有限元模型，对车轮的接地压力分布特性进行了仿真分析，并与充气轮胎进行了对比分析，最后采用压敏膜法对有限元仿真结果进行了验证。

3.1 轮胎接地特性

轮胎接地特性的研究对车辆的操纵稳定性、制动和驱动性、轮胎与地面的接触噪声以及轮胎的耐磨和滚动阻力特性等均有重要影响。接地印迹及接地区域的压力分布是轮胎接地特性的主要研究内容[5-7]。

3.1.1 接地印迹

轮胎接地印迹主要包括轮胎与路面或者试验台表面的接触、轮胎与轮辋的接触。前一类接触问题是与轮胎的各种性能，包括轮胎与路面之间的接触噪声、磨损等，此外还与车辆的操纵性能、平顺性、通过性等密切相关的一类接触问题[8,9]。机械弹性安全车轮与充气轮胎相对比，具有共性的是轮胎与路面或者试验台表面的接触。

轮胎接地印迹的研究是一个十分复杂的课题，主要原因在于轮胎是一个双曲率壳体，它在圆周方向和横向都有曲率。双曲率曲面是一种不可展开的曲面，它不能被简单地弯曲展开成平面或者圆面。轮胎是一种相对较柔韧的结构，是一种弹性

(充气) 预应力结构, 它的力学行为依赖于所施加的载荷及操作条件。另外, 道路或者试验台表面的摩擦系数也会影响轮胎的变形行为, 进而对轮胎的接地印迹产生影响[10-13]。

尽管接地印迹的研究存在许多困难, 但是鉴于该问题的重要性, 人们对轮胎与路面的接触研究一直在进行。接地印迹可以为设计提供非常有用的信息, 包括接地印迹的总体尺寸 (宽度和长度)、形状、与路面接触的实际橡胶块的接触面积 (净接触面积)、沟的面积 (包括横沟、纵沟和导槽等)。

有关轮胎接地印迹的力学与物理学描述主要包括印迹形状、胎面花纹形状、应力、胎面花纹块的滑移等。为方便对轮胎的接地印迹进行描述, 特建立一个轮胎印迹坐标系, 如图 3.1 所示, 印迹坐标系是三轴正交笛卡儿坐标系, 三个轴之间遵守右手法则, 其原点在接地印迹的中心, 路面在接地印迹中心处与胎面相切。接地中心是路面上轮辋平面投影与轮轴平面投影的交点。接地印迹坐标系的 X 轴位于路面上, 正方向与轮胎速度方向一致, Y 轴正方向规定为沿 X 轴正向看, Y 轴正方向指向右侧。Z 轴与路面垂直, 正方向指向路面[14,15]。

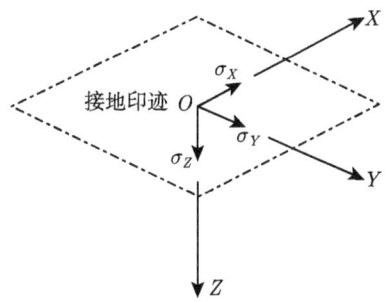

图 3.1 接地印迹坐标系

在接地印迹坐标系中印迹应力是路面作用在轮胎上的应力, σ_X^+ 表示该应力产生驱动力, 驱动轮胎前进, σ_X^- 表示该应力产生制动力, 使车轮向后运动; σ_Y^+ 表示使轮胎向右运动, σ_Y^- 表示使轮胎向左运动; σ_Z 只有负值, 支撑轮胎, 使轮胎不会下沉到路面以下。

3.1.2 接地压力分布测量

轮胎接地区域的压力分布在其结构设计中占有重要的地位, 压力分布是否合理直接影响轮胎的使用性能。通常情况下, 轮胎接地压力分布的试验方法主要包括压敏膜法、压力传感器法、压力板法及光吸收法等[16,17]。

1. 压敏膜法[18]

压敏膜法测量轮胎接地压力具有测量简单、结果精确、可视化和数字化等优点。其测量原理是压敏膜在受到不同压力作用时会在相应位置产生不同密度或颜色深度的显示,如图 3.2 所示,对不同的颜色深度或密度显示与压力值之间的关系进行标定,从而可将压敏膜上的颜色深度或密度分布转换成压力分布。早在 20 世纪 70 年代,国外一些学者就已将这项技术应用到轮胎的接地压力试验。压敏膜法还可以与压力分析系统结合使用以获得更为精确的压力值表达,因此,压敏膜法能够高效便捷地观察到整个接地区域内极为详细的压力分布状况。

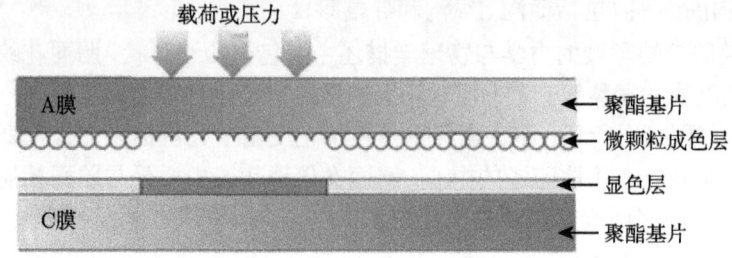

图 3.2 压敏膜法原理

2. 压力传感器法 [19]

压力传感器法测量接地压力的精确度主要取决于压力传感器的数量及排列。常用的压力传感器有电阻应变片式压力传感器、半导体应变片传感器、压阻式压力传感器及电容式压力传感器等。对于静态或低速滚动状态的轮胎,用压力传感器法测量接地压力时,压力传感器一般安装在刚性平板中;而对于高速滚动的轮胎,通常是在转鼓表面安装响应频率较高的压力传感器。图 3.3 所示为美国 Tekscan 公司利用一种专利技术 —— 柔性薄膜网络传感器开发的一种压力分布测量系统,该系统结合 Tirescan 软件可以快速准确地获得轮胎接地区域的压力分布特征。

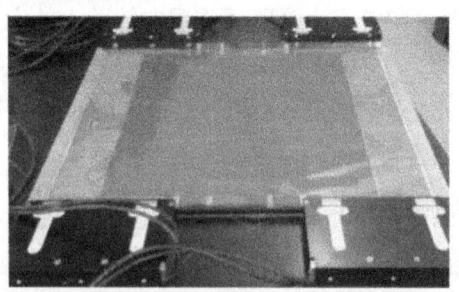

图 3.3 Tekscan 压力分布测量系统

3. 压力板法 [20]

压力板是表面覆盖有相同大小锥形颗粒的硫化橡胶板,如图 3.4 所示。通过利用橡胶板上的锥形颗粒在印痕纸上的印迹来分析接触区域的压力大小及分布。压力板法测量简单、成本低,但是由于环境温度等的变化会对橡胶的硬度产生影响,试验前需要对原有的压力换算曲线进行重新标定。

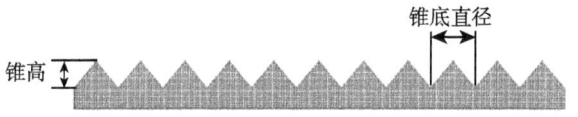

图 3.4　压力板断面结构

4. 光吸收法[21]

光吸收法测量轮胎接地压力分布的原理是,光学棱镜或平板玻璃与粗糙橡胶表面之间某一点的光吸收量是压力的函数。试验时以某一很小的间隔逐点测量接地区域内光吸收量就可得到接地区域的光吸收量分布,然后基于标定的压力曲线就可转换成轮胎的接地压力分布,如图 3.5 所示。光吸收法的测量精度受压力转换曲线的

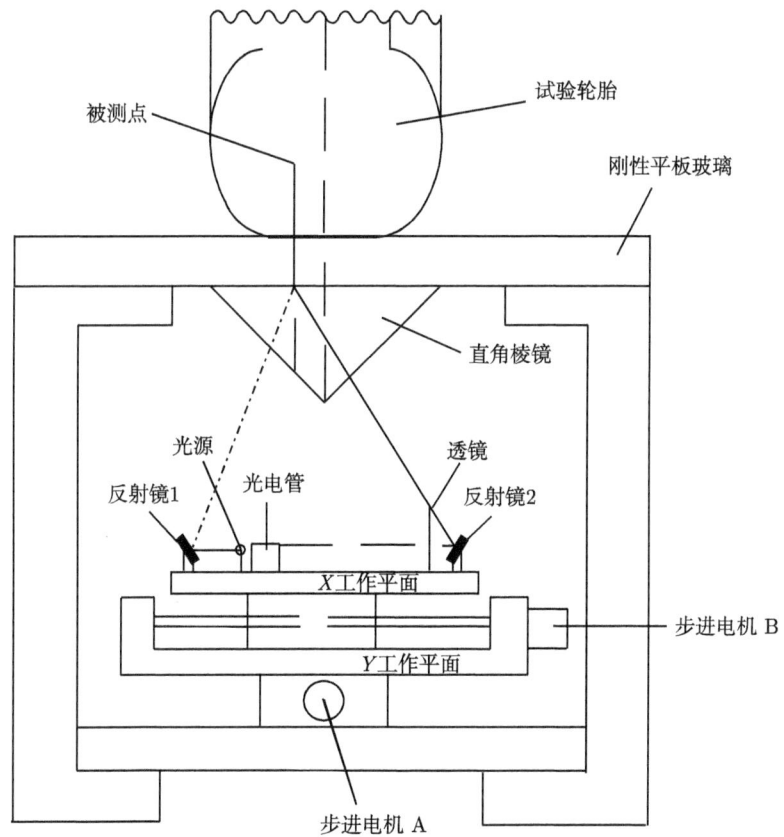

图 3.5　光吸收法测量轮胎接地压力分布装置结构

直接影响，但由于橡胶的种类不同其对光的吸收度也不尽相同，因此，利用光吸收法测量接地压力时必须对压力曲线进行实时标定才能保证试验结果具有较好的精确度。

3.1.3 接地压力分布评价

轮胎接地压力分布主要从两个方面进行评价，即几何特征与力学特征。几何特征主要是与接地压力分布区域相关的几何形状特征参数，力学特征主要是与接地压力分布区域相关的力学特征参数。参考《轮胎术语及其定义》(GB/T 6326—2014)，接地压力分布评价的几何特征参数主要包括接地长度、接地宽度、接地系数、接地面积、印痕面积、接地海陆比和接地形状系数。轮胎接地压力分布力学评价的力学特征参数包括硬度系数、平均接地压力和接地压力偏度值[22-26]。

(1) 接地长度 L_j 指轮胎在静止工况承受垂向负荷，胎面与刚性平面接触，在所形成的接地印迹上沿轮胎圆周切线方向的最大距离。

(2) 接地宽度 W_j 指轮胎在静止工况承受垂向负荷，胎面与刚性平面接触，在所形成的接地印迹上沿轮胎轴向的最大距离。

(3) 接地系数 k_j 指接地印迹面积长轴与短轴的比值，即接地长度与接地宽度的比值。

(4) 接地面积 S_j 指轮胎在静止工况承受垂向负荷，胎面与刚性平面接触，胎面花纹在刚性平面上压印的面积。

(5) 印痕面积 s_j 指轮胎在静止工况承受垂向负荷，胎面与刚性平面接触，胎面接地部分在刚性平面上的投影面积。

(6) 接地海陆比 Z_j 指印痕面积中胎面花纹沟槽面积与花纹块面积的比值，该参数对轮胎的滑水与噪声有直接影响。

(7) 接地形状系数 α_j 定义为接地印痕的外轮廓对应的几何形状的 4 个外角之和与 360° 的比值。该参数表征印痕外轮廓对应的形状在沿行驶方向的凹凸特征。

$$\alpha_j = \frac{\alpha_1 + \alpha_2 + \alpha_3 + \alpha_4}{360°} \tag{3-1}$$

(8) 硬度系数 K_j 表征轮胎承载负荷的能力，定义为轮胎负荷与接地面积和轮胎气压乘积的比值，当 $K_j = 1$ 时，表明轮胎气压刚好承担了全部负荷；当 $K_j < 1$ 时，表明轮胎气压足够承担负荷且有剩余；当 $K_j > 1$ 时，表明轮胎气压不够承担负荷，部分负荷需要轮胎自身材料承担。机械弹性安全车轮为非充气结构，不能用硬度系数这个参数进行评价。

$$K_j = \frac{F}{S_j \times P_c} \tag{3-2}$$

(9) 平均接地压力 $\overline{P}$ 定义为负荷与接地面积的比值，平均接地压力直接影响轮胎的抓地性能，同时也是路面破坏的重要因素，较大的平均接地压力会导致轮胎的磨损严重。

$$\overline{P} = \frac{F}{S_j} \tag{3-3}$$

(10) 接地压力偏度值 β_j 是衡量轮胎胎面接地压力分布离散程度的指标,表示为

$$\beta_j = \sqrt{\frac{1}{n_p - 1} \sum_{i=1}^{n_p} (P_i - \overline{P})^2} \tag{3-4}$$

式中,n_p 为测量点数;P_i 为各测量点的压力值,MPa;$\overline{P}$ 为平均接地压力,MPa。

3.2 接地特性仿真

3.2.1 仿真模型

利用有限元分析软件 ANSYS 对车轮的接地特性进行虚拟仿真试验分析[27-32]。机械弹性安全车轮的构造和几何形状相对复杂,原始模型约束相对较多,且存在大量的变曲率曲面、圆倒角和微小凸起及凹陷等结构,这对有限元模型的网格划分质量有很大影响,严重时甚至会影响分析结果的正确性。因此为了研究方便需要对模型进行简化处理,去掉或修改不影响仿真分析的结构,建立适用于机械弹性安全车轮的简化模型。根据机械弹性安全车轮的特点和受力情况,提出以下简化条件:

(1) 车轮轮毂只传递来自半轴的载荷,不考虑其变形情况,作刚体处理;
(2) 不考虑连接和接触部位的摩擦作用,作理想情况下的无摩擦接触处理;
(3) 不考虑车轮受力时铰链组各铰链绕铰接点弯曲变形对受力方向的影响,即将铰链组作为直线方向受力单元,受拉时产生力,受压时不受力,不考虑其转动;
(4) 假设所有连接点均为刚性连接,不存在相对位移;
(5) 辁轮主要部件作一体化处理;
(6) 不考虑胎面花纹以及主销后倾、前轮外倾等车轮定位对车轮动态特性的影响;
(7) 假设所有材料属性为各向同性;
(8) 车轮结构相对轮心完全对称。

机械弹性安全车轮的轮毂简化为有宽度的单层圆环模型,弹性环则忽略原有多股细钢丝间隙而用单根粗钢丝代替模拟,组合卡忽略销轴、螺栓等连接件合并简化形状后作一体化处理。辁轮的胎体、胎面等因内有帘布、带束层等结构,材料复杂多样,故用等效橡胶复合材料的简化结构近似模拟。对于铰链组的模拟,目前只有一种二力杆模型,但是二力杆模型因受力是双向的,无法模拟铰链组受压时因绕铰接点转动而不承力的性质。

针对机械弹性安全车轮结构中铰链组的传力特性，提出铰链组简化模型，以实现近似模拟铰链组传力的过程。基于二力杆模型的铁摩辛柯梁理论，在有限元分析软件 ANSYS 中可采用三维杆单元并同时设置其仅受拉力的性质。

机械弹性安全车轮的等效橡胶结构选用各向同性的超弹性体材料表示，其具有体积不可压缩性本构关系。这里选用 Mooney-Rivilin 本构模型[33-38]，根据经验公式，其系数与杨氏模量具有如下关系：

$$\begin{cases} C_{01} = 0.25 C_{10} \\ 6(C_{10} + C_{01}) = E \end{cases} \tag{3-5}$$

解得

$$\begin{cases} C_{10} = \dfrac{2E}{15} \\ C_{01} = \dfrac{E}{30} \end{cases} \tag{3-6}$$

另外，由于铰链组是用单向作用的弹簧模拟，故需计算其等效刚度 k。杨氏模量定义为

$$E = \frac{\sigma}{\varepsilon} \tag{3-7}$$

式中，应力 $\sigma = \dfrac{F}{A}$，F 为轴向力，A 为横截面积；应变 $\varepsilon = \dfrac{\Delta l}{l}$，$l$ 为原长，Δl 为长度变化量。刚度定义为

$$k = \frac{F}{\Delta l} \tag{3-8}$$

刚度与杨氏模量的关系为

$$k = \frac{EA}{l} \tag{3-9}$$

所述机械弹性安全车轮的铰链组的传力和作用过程类似弹性绳索，其受拉时允许有一定的微小变形，而受压时则不承力，同时在车轮转动时可以传递转矩，即可承受弯矩作用。因而根据以上特性，在 ANSYS/Workbench 中选用单向作用弹簧连接来模拟铰链组实现其传力过程。如图 3.6 所示，对有限元简化模型划分网格后，设置轮毂处施加向下的位移载荷，地面施加固定约束。具体材料参数设置如表 3.1 所示。

为对比机械弹性安全车轮与普通充气轮胎的接地特性，建立了具有相同外径和宽度的子午线轮胎有限元模型，如图 3.7 所示。

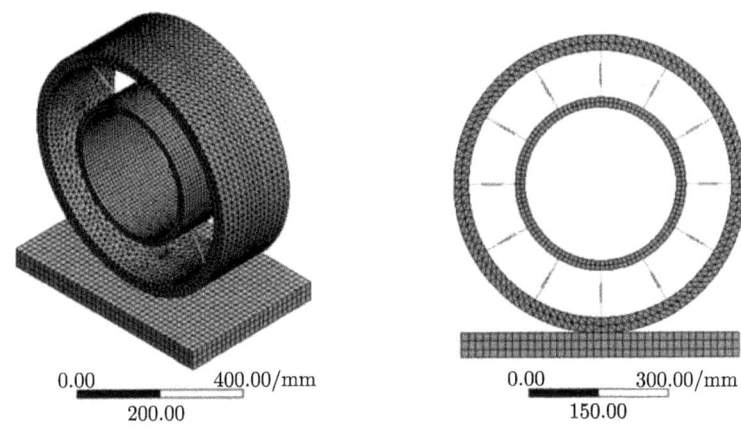

图 3.6 机械弹性安全车轮有限元简化模型

表 3.1 机械弹性车轮材料属性参数

结构部位	杨氏模量 E/MPa	泊松比 μ	密度 ρ/(kg/m^3)	对应 Mooney-Rivilin 系数	
				C_{10}	C_{01}
轮毂	110000	0.28	7200	—	—
铰链组	120	0.35	2509	—	—
弹性环	200000	0.3	7850	—	—
弹性组合卡	110000	0.28	7200	—	—
等效橡胶体	18	0.49	1200	2.4	0.6

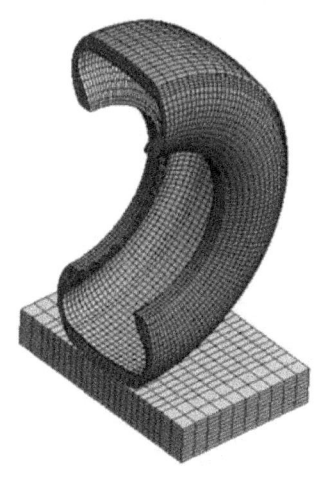

图 3.7 充气轮胎有限元模型

3.2.2 充气轮胎接地压力仿真

仿真计算了充气轮胎在三种不同车轮负荷作用下,轮胎的静态接地压力如图 3.8

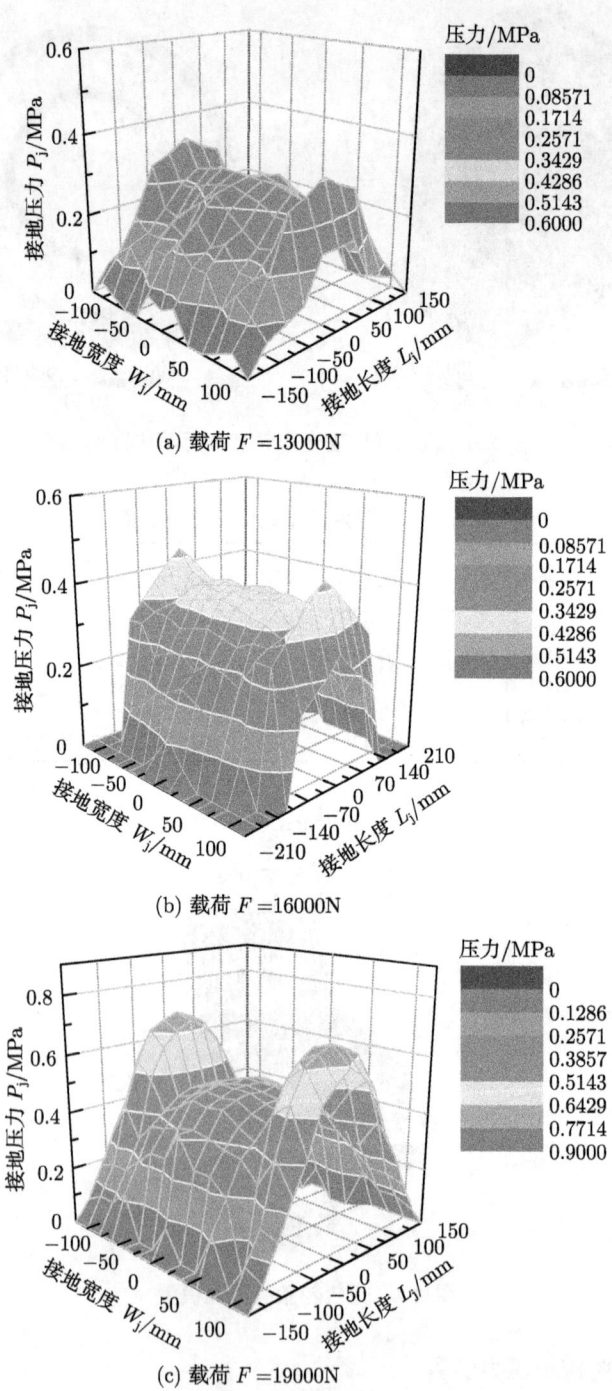

图 3.8 充气轮胎不同载荷下的接地压力分布

所示。由图可知，在小负荷轮胎变形较小时，接地印迹的形状近似为椭圆，随着负荷的增加轮胎变形增大，接地宽度、接地长度和接地印迹都有不同程度的增加，且接地印迹逐渐趋于矩形分布。从接地压力分布值来看，随着车轮负荷的增加，接地压力分布的平均值和最大值都在变大，且都是在接地长度方向的中部压力值最大。当压力值达到一定值时，轮胎胎肩处的值开始变大，出现一定的应力集中现象，如图 3.8(c) 所示，在车轮负荷为 19000N 时，接地面积和接地压力分布平均值都达到最大值。

不同载荷下充气轮胎接地印迹中心线上的接地压力分布如图 3.9 所示。由图 3.9

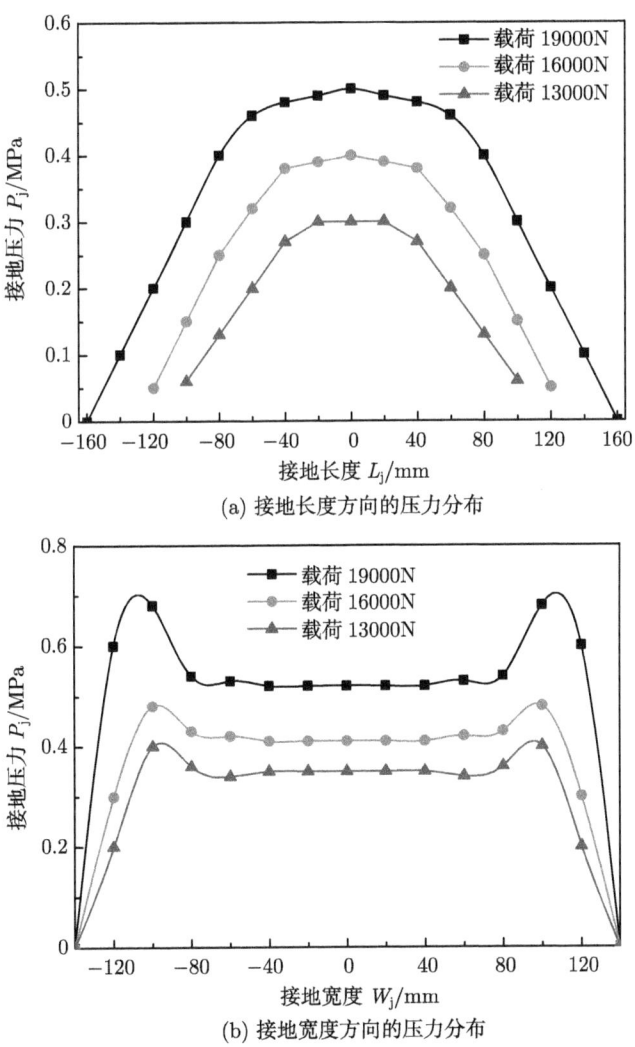

(a) 接地长度方向的压力分布

(b) 接地宽度方向的压力分布

图 3.9 充气轮胎接地印迹中心线上的接地压力分布

可知，沿接地印迹纵向（图 3.9(a)）从两侧接地印迹逐渐变大，压力分布类似马鞍形，且随着载荷的增加接地印迹纵向长度、接地压力均变大。在小负荷时，横向（图 3.9(b)）接地印迹中部压力分布较均匀，随着载荷的增加压力最大值转向胎肩处。充气轮胎接地压力分布仿真结果与试验结果具有良好的一致性[39]。

3.2.3 机械弹性安全车轮接地压力仿真

在不同垂直载荷下，机械弹性安全车轮静态接地压力如图 3.10 所示。由图 3.10 可知，机械弹性安全车轮接地印迹形状近似为矩形。在小负荷时，车轮中部压力值

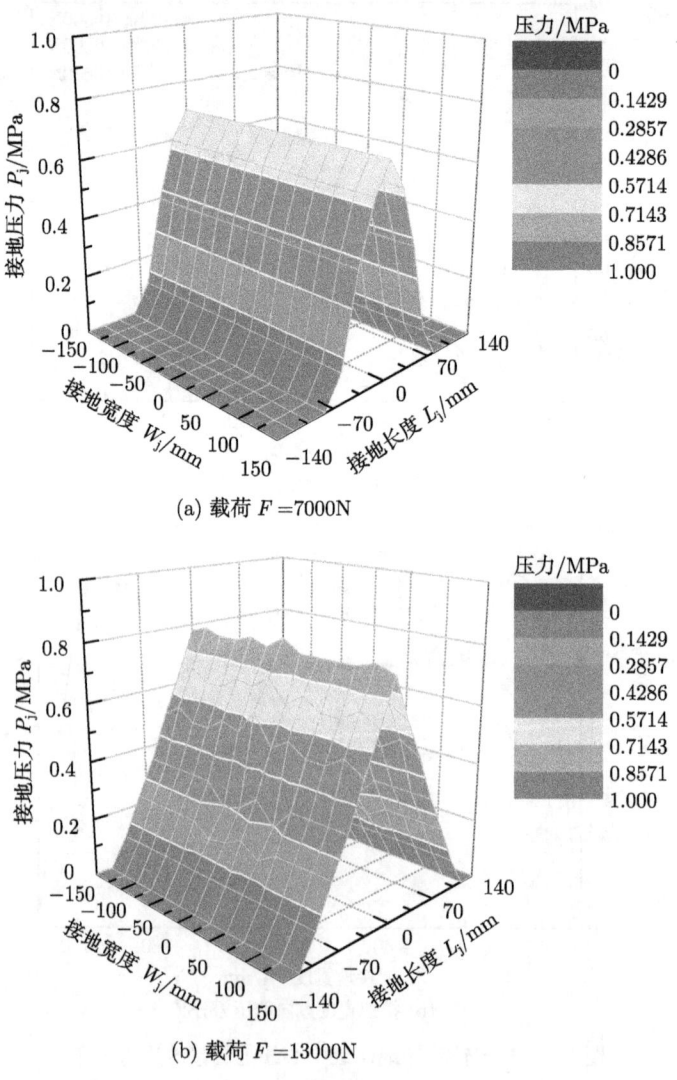

(a) 载荷 $F = 7000$N

(b) 载荷 $F = 13000$N

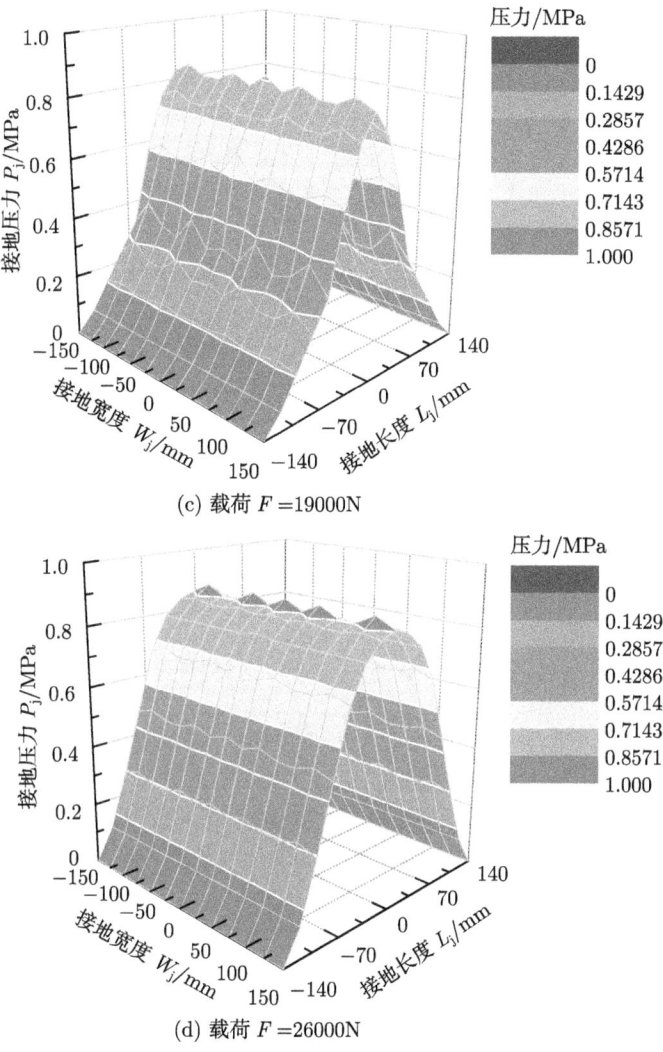

(c) 载荷 $F=19000\text{N}$

(d) 载荷 $F=26000\text{N}$

图 3.10 机械弹性安全车轮不同载荷的接地压力分布

最大,随着载荷的增加,接地长度和接地面积增加,压力分布沿纵向扩展。在大负荷时,机械弹性安全车轮没有出现胎肩处的应力集中,接地压力分布的均匀性得到改善;相比于充气轮胎车轮,机械弹性安全车轮能有效地提高车轮耐磨性能和抓地性能。

不同载荷下机械弹性安全车轮纵向接地中心线上的压力分布如图 3.11 所示,由图可知,纵向接地中心线上的压力分布近似呈抛物线,在中间位置压力值最大,且随着载荷的增加,接地压力分布的均匀性越来越好。

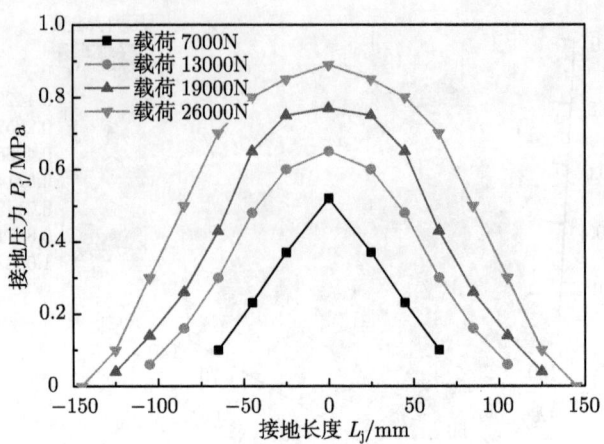

图 3.11 机械弹性安全车轮纵向接地中心线上压力分布

3.3 接地压力试验与验证

3.3.1 试验设备与试验步骤

采用压敏膜法对车轮接地压力分布进行测试,测试原理如图 3.12 所示,通过在车轮轴处施加不同的轴荷,模拟不同承载工况。在车轮和测试平台之间布置两片压敏膜,即 A 型压敏膜和 B 型压敏膜,压敏膜采用日本 FUJI 公司生产的双片型 Prescale TM 压敏膜。压敏膜在压力作用下即产生与压力值呈比例的不同颜色深度的变化,便可得到在静态下车轮的接地压力分布情况。

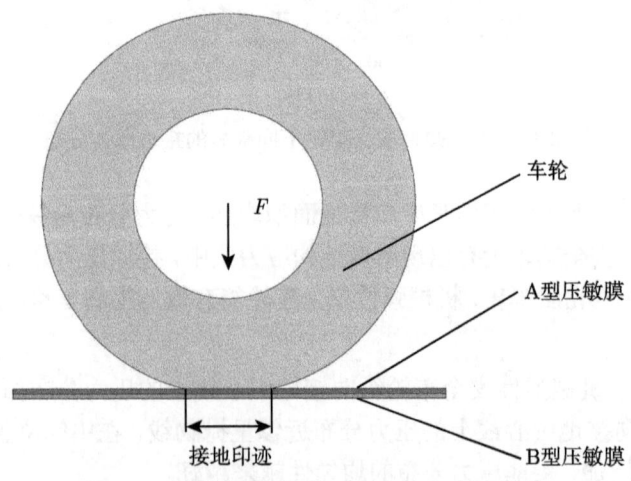

图 3.12 压敏膜法测试接地压力分布原理图

第 3 章　机械弹性安全车轮的接地特性

车轮静态接地特性试验在自行研制的轮胎特性试验台架上进行，如图 3.13 所示，轮胎特性试验台主要由加载和定位装置、接地面积测量系统、模拟路面的平台等部分组成。加载装置为任意的能够给车轮提供径向力并能保持负荷的装置。定位装置为可对轮胎径向位移进行测量记录的装置。接地面积测量系统应可测绘出加载系统给定了目标载荷后轮胎与模拟路面的平台接触部分的图形。模拟路面的平台应具有一个光滑的平面，且能满足如下要求：

(1) 平台能够完全容纳整个接触印迹；
(2) 平台应具有足够的刚度，使加载到轮胎最大力值的情况下平台不会发生变形。

(a)　　　　　　　　　　　　(b)

图 3.13　轮胎特性试验台架

试验前对所测试的内支撑型充气安全轮胎按照《汽车轮胎静态接地压力分布试验方法》(GB/T 22038—2018) 的相关要求进行预处理，并对试验台架进行标定。将充气轮胎的胎压重新调整至标准气压，通过车轴将轮胎固定在试验台架上，轮胎与模拟路面平台间放置压感胶片，保持一定的速度施加径向负荷到规定值，施加的速度应确保压感胶片不起皱。为了保证试验结果具有可比性，试验所用的机械弹性安全车轮的宽度与内支撑型充气安全轮胎断面宽度尺寸相同。试验所用的内支撑型充气安全轮胎的最大负荷为 1750kg，额定气压为 350kPa。

试验操作步骤如下：

(1) 对轮胎表面的泥土、碎屑以及其他污染物进行清理，并修剪排气胶须和模缝胶边，然后称重再将其装配到试验轮辋上，充标定气压，按规定停放；
(2) 将停放后的轮胎气压重新调整至规定气压，将试验轮胎和轮辋组合体固定在试验机上；
(3) 在轮胎胎侧标出需要的试验点；

(4) 按照《轮胎外缘尺寸测量方法》(GB/T 521—2012) 的规定测量轮胎外直径和断面宽度;

(5) 在轮胎与模拟路面平台间放置压感胶片,给轮胎一定的速度施加径向负荷到规定值,施加的速度应确保压感胶片不起皱,加载完保持 2min 以上,测量轮胎静负荷半径和断面宽度;

(6) 对压感胶片按要求进行数据处理。

按照上述步骤,进行机械弹性安全车轮辇轮顶部加载、机械弹性安全车轮加载、内支撑型充气安全轮胎车轮加载试验,即可得到在不同压力下的接地压力分布。

3.3.2 充气轮胎接地压力试验与验证

按照上述试验方法,对内支撑型充气安全轮胎进行接地压力分布试验,得到在不同载荷下的接地压力分布如图 3.14 所示。

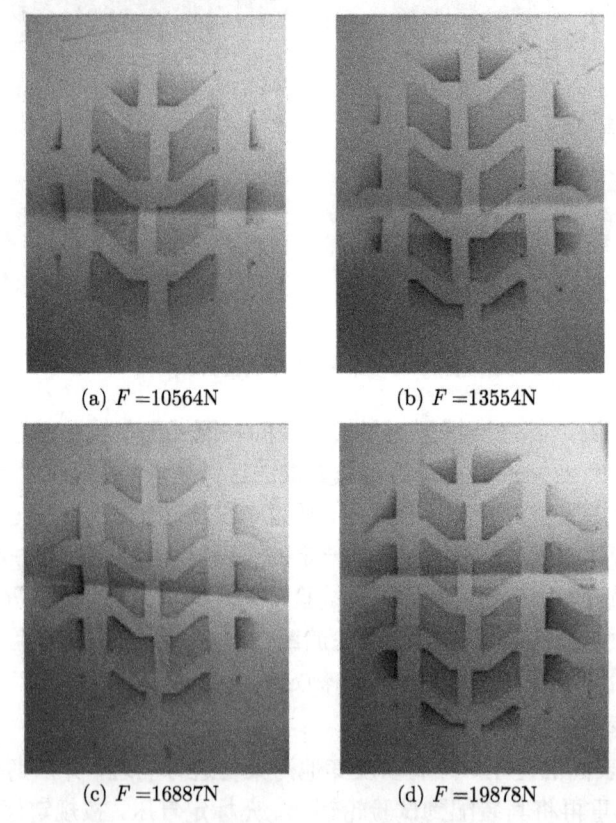

(a) $F=10564$N (b) $F=13554$N

(c) $F=16887$N (d) $F=19878$N

图 3.14 充气轮胎不同载荷的接地压力分布

由图 3.14 可知,在径向负荷较小时,轮胎变形也较小,接地印迹的形状近似为椭圆,随着负荷的增加轮胎变形增大,接地宽度、接地长度和接地印迹都有不同程度的增加,且接地印迹中间部分为矩形,两端部分是弧形。在小负荷时,轮胎接地压力在胎面中心处较大,随着负荷的增加,轮胎压力分布沿接地宽度和长度方向扩展,在轮胎接地印迹的几何中心,沿宽度方向的压力分布类似于马鞍形,在长度方向的压力分布中部趋于平坦,两边呈曲线分布。但是随着负荷的增加,轮胎两侧胎肩处的压力逐渐变大,发生胎面的翘曲,这在使用过程中容易造成轮胎偏磨。

内支撑型充气安全轮胎在额定气压下,内支撑体和胎面橡胶内侧不接触,该轮胎的接地特性与普通充气轮胎一样。只有在轮胎气压降低到使内支撑体与橡胶内侧接触时,内支撑体才能影响到轮胎的接地压力分布。需要提出的是随着载荷的增加,充气轮胎接地区域会发生翘曲,即接地印迹中心压力变小,接地印迹四周压力变大,在胎肩部位产生应力集中现象。尤其是在轮胎超出最大负荷时,如图 3.15 所示,胎肩两侧的应力集中十分明显,轮胎的翘曲会造成轮胎的快速磨损,减少轮胎的使用寿命。这就是轮胎在长期超负荷使用时,既严重破坏行驶路面,又能造成自身快速磨损的原因。

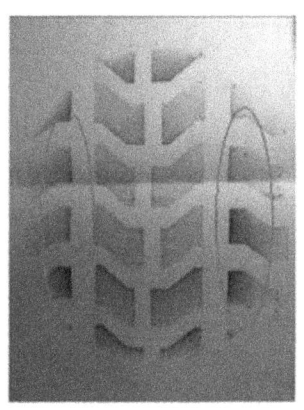

图 3.15 充气轮胎在超载时胎肩的翘曲

通过对充气轮胎在不同载荷下的试验结果分析可知,充气轮胎接地压力分布变化规律与有限元仿真结果具有一致性,接地长度、接地宽度、平均接地压力等参数指标的误差也在允许范围内。

3.3.3 机械弹性安全车轮接地压力试验与验证

试验所用的机械弹性安全车轮及辇轮均为没有胎面花纹的光胎。对机械弹性安全车轮的辇轮进行静态接地特性试验,辇轮未安装轮毂及铰链组结构,因此通过试验台架的承载压力板对其进行径向加载试验,得到不同负荷下辇轮的接地压力分布如图 3.16 所示。由图 3.16 可知,辇轮接地印迹形状近似为矩形,随着负荷的增加,接地宽度基本保持不变,接地长度和接地面积均增加。在小负荷时,在辇轮接地印迹的几何中心,沿长度方向的压力分布类似于抛物线,中部压力值最大,两侧压力值逐渐减小,宽度方向的压力分布类似于矩形波,压力值变化不大。随着载荷的增加,压力沿长度方向扩展,在宽度方向的压力值逐渐变大,分布仍类似于矩形波分布,但是在辊轮的弹性环骨架处压力值逐渐变大。

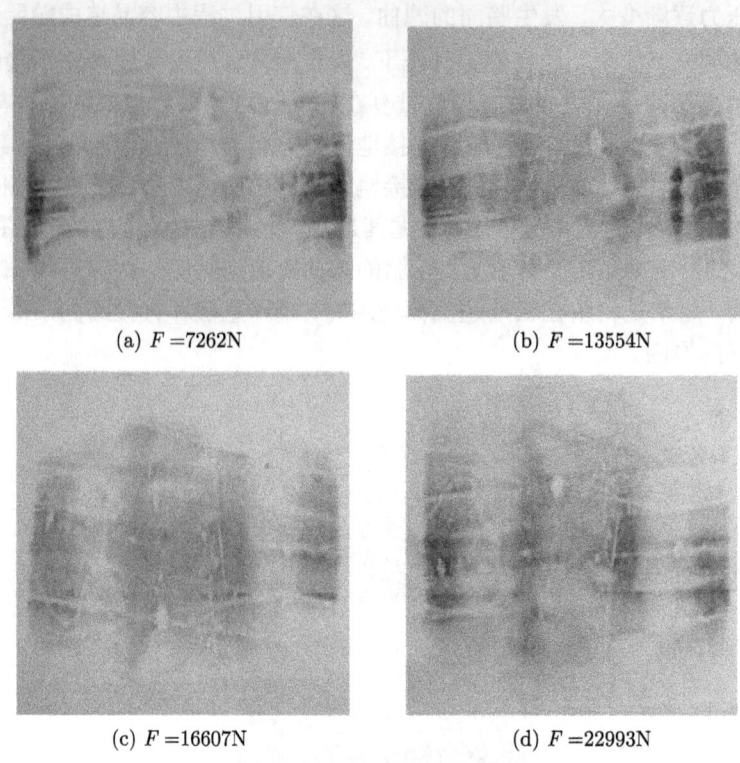

(a) $F=7262N$ (b) $F=13554N$

(c) $F=16607N$ (d) $F=22993N$

图 3.16　辊轮在不同载荷下的接地压力分布

对机械弹性安全车轮进行静态接地特性试验,得到不同载荷下的接地压力分布如图 3.17 所示。由图 3.17 可知,与辊轮的接地压力分布类似,机械弹性安全车轮的接地印迹形状近似为矩形,随着负荷的增加,接地宽度基本保持不变,接地长度和接地面积均增加。在小负荷时,在机械弹性安全车轮接地印迹的几何中心,沿长度方向的压力分布类似于抛物线,宽度方向的压力分布类似于矩形波。随着载荷的增加,压力沿长度方向扩展,在宽度方向的压力值逐渐变大,分布仍类似于矩形波分布,但是在辊轮的弹性环骨架处压力值逐渐变大。较充气轮胎而言,在大负荷时机械弹性安全车轮的接地压力均匀性得到改善。

图 3.17 的试验结果与机械弹性安全车轮接地压力仿真分析结果具有一致性,接地印迹形状均近似为矩形,随着负荷的增加,接地宽度基本保持不变,接地长度和接地面积均增加。随着载荷的增加,压力沿长度方向扩展,在宽度方向的压力

值逐渐变大，分布仍类似于矩形波分布，但是在辇轮的弹性环骨架处压力值逐渐变大。

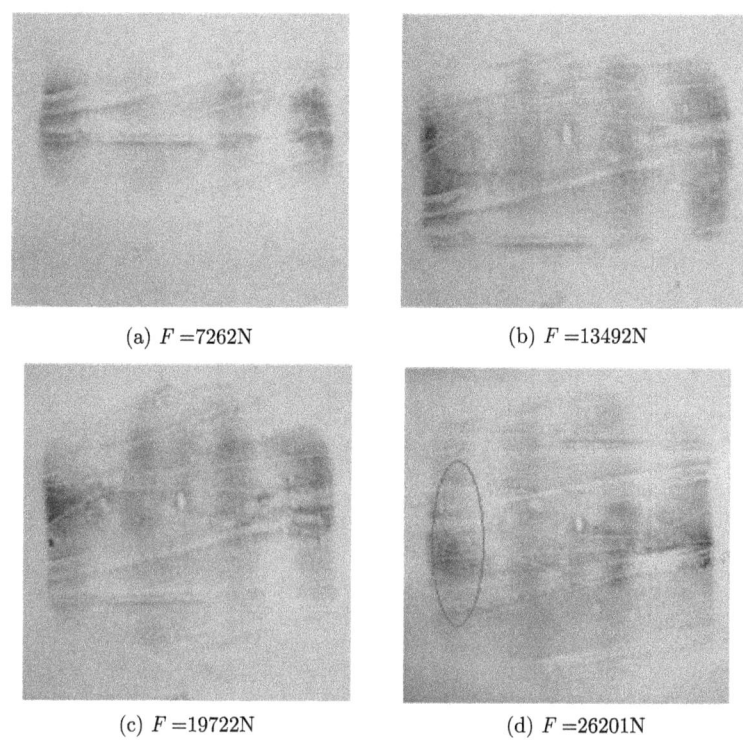

图 3.17 机械弹性安全车轮在不同载荷下的接地压力分布

3.3.4 接地压力试验评价

接地压力分布几何特征主要是指与接地压力分布区域，即接地印迹的几何形状相关的指标，主要包括接地长度 L_j、接地宽度 W_j、接地系数 k_j、接地面积 S_j 等，其中接地系数为接地长度与接地宽度的比值。

由于设计的机械弹性安全车轮为未带胎面花纹的光胎，为了便于对比两种不同轮胎的性能，此处的接地面积指胎面行驶面在刚性平面上的投影面积，而非接地印迹的面积[39]。接地压力分布力学评价指标包括硬度系数 K_j、平均接地压力 $\overline{P}$ 和接地压力偏度值 β_j。图 3.18 所示为接地压力分布坐标系，X 轴和 Y 轴的交点为接地印迹的几何中心。

辇轮和机械弹性安全车轮的接地压力分布特征参数分别如表 3.2 和表 3.3 所示。由表 3.2 和表 3.3 可知，随着载荷的增加，辇轮和机械弹性安全车轮接地宽度基本保持不变，接地长度、接地系数、接地面积逐渐增加。平均接地压力整体变化趋势为先随着载荷的增大,平均接地压力值变大,当达到一定值后,随着接地面积的增加,平均接地压力有所降低。

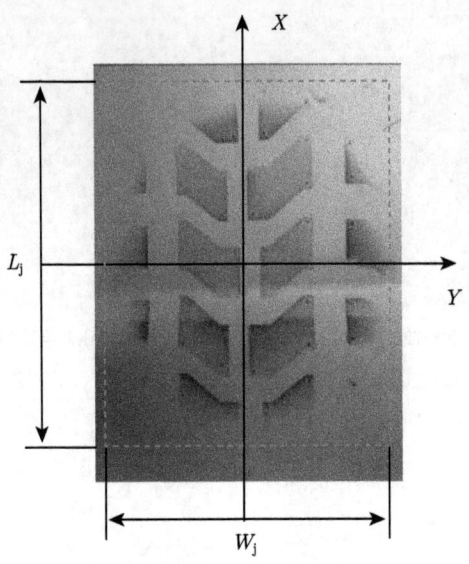

图 3.18 接地压力分布坐标系

表 3.2 辇轮接地压力分布特征参数

F/N	W_j/mm	L_j/mm	k_j	S_j/mm²	$\overline{P}$/kPa
0	284	68	0.24	19312	—
7262	285	130	0.46	37050	196.01
13554	285	150	0.53	42750	317.05
16607	286	180	0.63	51480	322.59
22993	285	257	0.90	73245	313.92

表 3.3 机械弹性安全车轮接地压力分布特征参数

F/N	W_j/mm	L_j/mm	k_j	S_j/mm²	$\overline{P}$/kPa
0	285	90	0.32	25650	—
7262	285	120	0.42	34200	212.34
10377	287	135	0.47	38745	267.83
13492	285	143	0.50	40755	331.05
16607	285	168	0.59	47880	346.85
19722	286	217	0.76	62062	317.78
23148	285	232	0.81	66120	350.09
26201	285	272	0.95	77520	337.99

对比辇轮和机械弹性安全车轮接地压力特征参数可知,在相同载荷下,两者接

地宽度基本一样,辁轮的接地长度、接地面积和接地系数大于机械弹性安全车轮的相应参数,进一步反映出车轮径向刚度对接地特性参数的影响,为优化设计机械弹性安全车轮径向刚度提供了参考。

由表 3.4 可知,随着载荷的增加,充气轮胎接地宽度逐渐增加,当接地宽度值达到 230mm 时,其值基本保持不变,接地长度、接地系数和接地面积这三个特征参数均变大,平均接地压力总体表现为随着载荷的增加,其值逐渐变大。

表 3.4 充气轮胎接地压力分布特征参数

F/N	W_j/mm	L_j/mm	k_j	S_j/mm^2	$\overline{P}$/kPa
0	115	100	0.87	9028	—
7449	165	190	1.15	24610	302.69
10564	200	230	1.15	36110	292.55
13554	230	245	1.07	44235	306.41
16887	230	280	1.22	50554	334.04
19878	230	300	1.30	54165	366.99

对比机械弹性安全车轮和充气轮胎的接地特征参数可知,在具有相同的断面宽度和负荷的情况下,机械弹性安全车轮的接地宽度值明显大于充气轮胎接地宽度,但是由于机械弹性安全车轮的径向刚度较大,接地长度比充气轮胎的接地长度要小。

轮胎的平均接地压力直接影响轮胎的抓地性能,同时也是路面破坏的重要因素。较大的平均接地压力将导致轮胎的快速磨损。

为定量分析机械弹性安全车轮与普通充气轮胎的接地压力均匀性,引入接地压力偏度值。接地压力偏度值是衡量轮胎胎面接地压力分布离散程度的重要指标,其值越小,表示接地均匀性越好,反之则均匀性越差。

分别计算载荷为 16000N 时,两种轮胎接地压力偏度值。机械弹性安全车轮的接地压力偏度值为 0.324MPa,充气轮胎的接地压力偏度值为 0.356MPa,说明机械弹性安全车轮较充气轮胎具有较好的接地压力均匀性,因而具有更好的耐磨性能。

需要指出的是,虽然机械弹性安全车轮通过轮毂式承载改善了胎冠的接触刚度,没有充气轮胎胎肩处的应力集中现象,提升了接地压力的均匀性,且随着载荷的增加,在横向接地中心线上出现了明显的压力集中的区域,这是随着载荷的增加弹性环变形导致的。因此机械弹性安全车轮需要进一步通过匹配辁轮刚度、铰链组刚度及弹性环等设计参数优化其接地性能。

由以上分析可知,机械弹性安全车轮能有效改善充气轮胎在一定负荷范围内的磨损,提高抓地性能。但是,机械弹性安全车轮径向刚度比充气轮胎径向刚度值大,从平均接地压力的角度考虑仍需要进一步进行优化设计,提高其综合接地性能。

参 考 文 献

[1] 庄继德. 现代汽车轮胎技术 [M]. 北京: 北京理工大学出版社, 2001.
[2] 杨慧, 游长江. 轮胎 [M]. 北京: 化学工业出版社, 2013.
[3] 梁守智, 钟延熩, 张丹秋. 橡胶工业手册: 第四分册: 轮胎 [M]. 北京: 化学工业出版社, 1993.
[4] 郭孔辉. 汽车操纵动力学原理 [M]. 南京: 江苏科学技术出版社, 2011.
[5] Pottinger M G, Yeager T J. The Tire/pavement Interface[M]. Baltimore: American Society for Testing and Materials, 1986.
[6] Gong S. A study of in-plane dynamics of tires[D]. Delft: Delft University of Technology, 1993.
[7] Liang C, Wang G L, An D F, et al. Tread wear and footprint geometrical characters of truck bus radial tires[J]. Chinese Journal of Mechanical Engineering, 2013, 26(3): 506-511.
[8] 程刚. 子午线轮胎力学行为仿真及试验方法研究 [D]. 济南: 山东大学, 2004.
[9] 王吉忠, 刘晓斌, 张泰, 等. 花纹磨光轮胎接地特性试验研究 [J]. 农业机械学报, 2001, 32(2): 18-20.
[10] 臧利国, 赵又群, 李波, 等. 机械弹性安全车轮提高轮胎耐磨性和抓地性分析 [J]. 农业工程学报, 2014, 30(12): 56-63.
[11] 付宏勋, 赵又群, 林棻, 等. 胎圈结构参数对机械弹性车轮接地压力分布的影响 [J]. 农业工程学报, 2015, 31(17): 57-64.
[12] Huang H B, Chiu Y J, Jin X X. Numerical calculation of irregular tire wear caused by tread self-excited vibration and sensitivity analysis[J]. Journal of Mechanical Science and Technology, 2013, 27(7): 1923-1931.
[13] 王国林, 董自龙, 梁晨, 等. 子午线轮胎接地特性与滚动阻力关系的研究 [J]. 机械工程学报, 2014, 50(16): 186-192.
[14] Wang W, Yan S, Zhao S G. Experimental verification and finite element modeling of radial truck tire under static loading[J]. Journal of Reinforced Plastics and Composites, 2013, 32(7): 490-498.
[15] Moslem N, Hossein G. Numerical simulation of tire/soil interaction using a verified 3D finite element model[J]. Journal of Central South University, 2014, 21: 817-821.
[16] 胡小弟, 孙立军. 重型货车轮胎接地压力分布实测 [J]. 同济大学学报 (自然科学版), 2005, 33(1): 1443-1448.
[17] 臧利国, 赵又群, 李波, 等. 非充气机械弹性车轮接地特性试验研究 [J]. 汽车工程, 2016, 38(3): 350-355.
[18] 张安强, 姚钟尧. 轮胎接地压力分布及其测试方法[J]. 橡胶工业, 2001, 48(6): 368-374.
[19] 兰民国. TEKSCAN 压力分布测量系统[J]. 测控技术, 2002, 21(4): 8-17.

[20] 戴元坎, 俞淇. 轮胎接触问题的分析与研究[J]. 轮胎工业, 1997, 17(3): 136-147.

[21] Sakai E H. Measurement and visualization of the contact pressure distribution of rubber disks and tires[J]. Tire Science and Technology, 1995, 23(4): 238-255.

[22] Cho J, Jung B. Prediction of tread pattern wear by an explicit finite element model[J]. Tire Science Technology, 2007, 35(4): 276-299.

[23] 中国石油和化学工业联合会. 轮胎术语及其定义: GB/T 6326—2014[S]. 北京: 中国标准出版社, 2014.

[24] Mavros G, Rahnejat H, King P D. Transient analysis of tyre friction generation using a brush model with interconnected viscoelastic bristles[J]. Proceedings of the Institution of Mechanical Engineers, Part K: Journal of Multi-body Dynamics, 2005, 219(3): 275-283.

[25] Ali R, Dhillon R, EI-Gindy M. Prediction of rolling resistance and steering characteristics using finite element analysis truck tyre model[J]. International Journal of Vehicle Systems Modelling and Testing, 2013, 8(2): 179-201.

[26] Li H, Schindler C. Three-dimensional finite element and analytical modeling og tyre-soil interaction[J]. Proceedings of the Institution of Mechanical Engineers, Part K: Journal of Multi-body Dynamics, 2012, 227(1): 42-60.

[27] Huang H B, Chiu Y J, Wang C, et al. Three-dimensional global pattern prediction for tyre tread wear[J]. Proceedings of the Institution of Mechanical Engineers, Part D: Journal of Automobile Engineering, 2015, 229: 197-213.

[28] Guan Y J, Zhao G Q, Cheng G. 3-dimensional non-linear FEM modeling and analysis of steady-rolling of radial tires[J]. Journal of Reinforced Plastics and Composites, 2010, 30(3): 229-240.

[29] Guan Y J, Zhao G Q, Cheng G. FEA and testing studies on static camber performance of the radial tire[J]. Journal of Reinforced Plastics and Composites, 2007, 26(18): 1921-1936.

[30] Wang H, Al-Qadi I L, Stanciulesu I. Simulation of tyre-pavement interaction for predicting contact stresses at static and various rolling conditions[J]. International Journal of Pavement Engineering, 2012, 13(4): 310-321.

[31] Perumpral J V, Liljedahl J B, Perloff W H. A numerical method for predicting the stress distribution and soil deformation under a tractor wheel[J]. Journal of Terramechanics, 1971, 8: 9-22.

[32] Wang H, Al-Qadi I L, Stanciulescu I. Effect of surface friction on tire-pavement contact stresses during vehicle maneuvering[J]. Journal of Engineering Mechanics, 2014, 140(4): 04014001.

[33] Li J L, Zhang Y Z, Yi J G. A hybrid physical-dynamic tire/road friction model[J]. Journal of Dynamic Systems, Measurement and Control, 2013, 135(1): 011007.

[34] Bruzelius F, Hjort M, Svendenius J. Validation of a basic combined-slip tyre model for

use in friction estimation applications[J]. Proceedings of the Institution of Mechanical Engineers, Part D: Journal of Automobile Engineering, 2014, 228(13): 622-629.

[35] Zheng D. Prediction of tire tread wear with FEM steady state rolling contact simulation[J]. Tire Science and Technology, 2003, 31(3): 189-202.

[36] Pottinger M G. The three-dimensional contact patch stressfield of solid and pneumatic tires[J]. Tire Science and Technology, 1999, 27(3): 128-160.

[37] Grogger H, Weis M. Calculation of the hydroplanine of a defoemable smooth-shaped and longitudinally-grooved tire[J]. Tire Science and Technology, 1997, 25(4): 265-287.

[38] Okonieski R E, Moseley D J, Cai K Y. Simplified approach to calculating geometric stiffness properties of tread pattern elements[J]. Tire Science and Technology, 2003, 31(3): 132-158.

[39] 赵又群, 杜现斌, 林棻, 等. 侧倾角对机械弹性车轮刚度及接地特性的影响 [J]. 兵工学报, 2018, 39(3): 444-450.

第4章 机械弹性安全车轮滚动阻力特性

车轮的滚动阻力主要来源于内部弹性迟滞损失,是轮胎变形做功不能完全回收的主要原因[1-5]。橡胶是轮胎的主要组成材料,具有黏弹性和迟滞性。黏弹性是材料在变形时,表现出黏性和弹性的特征。弹性是在有序的固体中,分子沿着晶体学平面延展表现出的性能;黏性是分子在非晶体材料中扩散表现出的性能。迟滞性表现为材料受力变形时,恢复力的大小不但受当下变形量的影响,还与上一时刻材料受力变形和速度有关。关于迟滞模型,主要利用 Bouc-Wen 模型进行描述[6-11]。这种半经验模型由非线性微分方程组成,并需要进行复杂的参数辨识。

利用刷子模型和弹性迟滞理论建立一种新型滚动阻力解析模型。将车轮与地面的接触区域分为加载区和卸载区,通过加载和卸载复合恢复力在相应的加载区和卸载区内对印迹中心取矩,建立起滚动阻力模型。在不同的负载和速度条件下进行滚动阻力试验来验证模型的有效性,为轮胎的结构优化提供理论依据。

4.1 滚动阻力理论

4.1.1 弹性迟滞损失原理

如图 4.1 所示,轮胎在路面上加载和卸载变形与受力情况。在轮胎-地面接触区域分为两部分 (由法线 OO' 划分):加载变形区和卸载变形区,而且速度 v 正方向为加载变形区,反方向为卸载变形区。在加载变形区内,道路对胎面做功,此时图 4.1(b) 中 OBA 为加载受力变形曲线,$OBAGO$ 所包围的面积为加载变形区地面对胎面所做的功;ACE 为卸载受力变形曲线,$ACEGA$ 所包围的面积为卸载过程中胎面对路面做的负功。而且 $OBAGO$ 所包围的面积与 $ACEGA$ 所包围的面积之差 $OBACE$ 所包围的面积为胎面在加载和卸载过程中损耗的能量,这部分能量主要被胎面内部橡胶和帘布的相互摩擦消耗掉,最终以热能的形式扩散到胎面周围的大气中[12,13]。

对这种能量损耗作进一步研究，弹性迟滞损耗是轮胎滚动阻力产生的根源[14,15]。具体分析如下：首先，若轮胎处于静止状态，如图 4.1(a) 所示，车轮 OO' 左右两侧就不会分为加载变形区和卸载变形区，而且也不会出现图 4.1(b) 所示的损耗面积，此时加载变形区和卸载变形区垂向力分布相同，不会产生滚动阻力矩；但是在车轮滚动过程中，OO' 左右两侧分为加载变形区和卸载变形区；如图 4.1(b) 所示，加载变形区和卸载变形区垂向力分布不同；如在一定的变形量 $\Delta\delta$ 情况下，加载状态时轮胎受力为 F_{zb}，而卸载时受力为 F_{zc}，很显然 $F_{zb} > F_{zc}$。因此，图 4.1(a) 的加载变形区垂向力积分 ($ABOGA$ 所包围的面积) 大于卸载区垂向力积分 ($ACEGA$ 所包围的面积)，这样在 O 点左右形成了加载力矩和卸载力矩，两者符号相反，最终形成阻碍 v 方向行驶的滚动阻力矩，随着胎面材料迟滞损失的增大而增大。

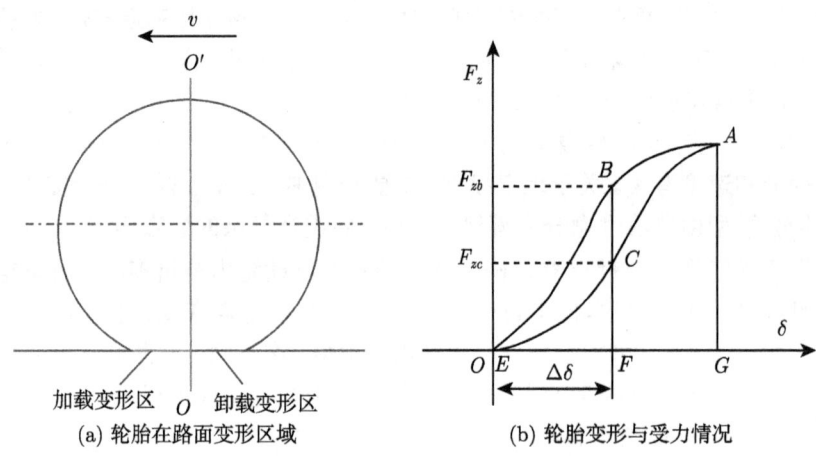

(a) 轮胎在路面变形区域   (b) 轮胎变形与受力情况

图 4.1 轮胎在路面上加载和卸载变形与受力情况

4.1.2 弹性迟滞力理论模型

轮胎内部弹性迟滞损失是滚动阻力的最主要原因，而且占轮胎滚动阻力整体的比重为 80%~95%。根据胡克定律，弹性体的应力与应变呈正比例关系[16,17]；而标准的黏性液体特性可以用牛顿定律进行描述，也就是应力受到应变率和黏性的共同影响。许多弹性材料具有以上两种材料属性[18,19]。

线性黏弹性数学模型关系式可以表示为

$$\sigma = E\varepsilon + \eta_e \left(\frac{d\varepsilon}{dt}\right) \tag{4-1}$$

式中，E 为弹性材料的杨氏模量；σ 为弹性材料所受的应力；η_e 为弹性材料的黏性系数；$\dfrac{\mathrm{d}\varepsilon}{\mathrm{d}t}$ 为弹性材料的应变率。则模型对恒定负荷的响应函数为

$$D(t) = \frac{\varepsilon}{\sigma} = \frac{1}{E}\left[1 - \exp\left(\frac{-t}{\tau}\right)\right] \tag{4-2}$$

式中，τ 定义为迟滞时间；$D(t)$ 为弹性材料蠕变柔量。

用振幅 ε_0 和角频率 ω 的正弦表示胎面橡胶材料的应变 ε 随时间的变化情况[20]，则可以描述为

$$\varepsilon(t) = \varepsilon_0 \sin(\omega t) \tag{4-3}$$

如果材料为理想的弹性固体，则应力与应变的相位变化一致，但是轮胎为黏弹性的橡胶材料，如图 4.2 所示应力滞后于应变 δ 相位角，可以表示为

$$\sigma(t) = \sigma_0 \sin(\omega t + \delta) \tag{4-4}$$

将式 (4-4) 进行变换，可得

$$\begin{aligned}
\sigma(t) &= \sigma_0 \cos\delta \sin(\omega t) + \sigma_0 \sin\delta \cos(\omega t) \\
&= \varepsilon_0[E' \sin(\omega t) + E'' \cos(\omega t)] \\
&= \sigma_{\mathrm{st}} + \sigma_1
\end{aligned} \tag{4-5}$$

定义 E' 为弹性储能模量，E'' 为弹性损耗模量，具体表达式为

$$\begin{cases} E' = \dfrac{\sigma_0}{\varepsilon_0}\cos\delta \\ E'' = \dfrac{\sigma_0}{\varepsilon_0}\sin\delta \\ E^* = \sqrt{E'^2 + E''^2} \end{cases} \tag{4-6}$$

式中，E^* 为弹性储能模量与弹性损耗模量之和。这样可以求出滞后相位 δ 与 $\dfrac{E''}{E'}$ 的关系为

$$\frac{E''}{E'} = \tan\delta \tag{4-7}$$

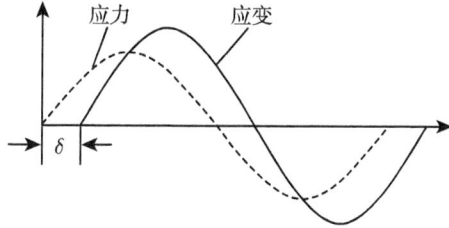

图 4.2　应力与应变之间的相位关系

4.2 滚动阻力影响因素

4.2.1 内部因素

轮胎滚动阻力内部影响因素主要有[20,21]：

(1) 质量问题，质量越小滚动阻力越小；

(2) 帘布层布置形式，子午线轮胎比同规格的斜交轮胎滚动阻力低；

(3) 高宽比，轮胎截面的宽高比小，轮胎变形小，迟滞损失也会降低；

(4) 胎面类型，不同类型的胎面形状和材料，对轮胎的抓地性、耐磨性和滚动阻力具有重要影响，合理设计胎面形状和尺寸，可以有效降低滚动阻力；

(5) 其他因素，如轮辋直径和帘线排布都对滚动阻力有影响。

4.2.2 外部因素

(1) 负载。

一般情况下，负载的增大会导致滚动阻力的增大，基本呈线性关系，但当达到一定程度后，负载的增大会降低滚动阻力。

(2) 胎压。

轮胎的气压直接影响了轮胎的刚度，刚度越大，变形越小，迟滞损失也越少，因此胎压是滚动阻力的重要影响因素。

(3) 滚动速度。

在低速时，轮胎的滚动速度增大会导致滚动阻力的缓慢增大；但是当超过一定速度时，轮胎滚动过程中会出现驻波现象，这会导致滚动阻力的急剧增大。

(4) 轮胎温度。

轮胎的行驶过程中由于迟滞损失而引起的温度升高，会一定程度上减小滚动阻力，这主要是由于温度升高，胎压也会相应增大，导致轮胎刚度增大。

(5) 路面状况。

车轮行驶的路面状况对其滚动阻力具有一定影响，路面状况主要包括硬度、材料、粗糙度和平滑度等。路面硬度越大，粗糙度越小，滚动阻力越小；路面材料引起滚动阻力变化的作用较小。

4.3 滚动阻力测量方法

从 20 世纪 70 年代起，为了应对全球能源危机，轮胎研究者对轮胎滚动阻力进行了广泛和深入的研究。同时，测试滚动阻力的方法和设备也取得了长足的发展[22-25]。下面对轮胎的滚动阻力测试方法进行介绍。

4.3.1 室内试验方法

滚动阻力的室内试验方法包括直接测量方法和间接测量方法,这样可以很方便地对滚动阻力试验的各种条件进行调整,如胎压、负载、速度和环境温度等。同时考虑一些测量过程中引起滚动阻力误差的因素。

1. 间接测量方法

轮胎在滚动过程中受到周期正弦应力应变作用,构成轮胎的橡胶材料具有迟滞现象,使橡胶的应变慢于应力的变化。用橡胶材料的损耗因子 $\tan\delta$ 来表征滚动阻力[22],计算公式为

$$\tan\delta = \frac{G''}{G'} = \frac{E''}{E'} \tag{4-8}$$

式中,G' 为剪切储存模量;G'' 为剪切损耗模量;E'' 和 E' 通过压缩或拉伸试验方法获得,G' 和 G'' 通过剪切试验方法获得。

2. 直接测量方法

我国一般采用转鼓试验方法测量滚动阻力,主要参照 SAE J-1269 和《汽车轮胎和摩托车轮胎滚动阻力试验方法 多点试验》(GB/T 18861—2012) 标准进行相应滚动阻力的测试[26,27],主要包括扭矩法、测力法、减速法和功率法。以上几种方法,为了达到更高的测量精度,需要考虑一些额外影响因素,如轮辋和转鼓轴承的空气阻力。

4.3.2 道路试验方法

1. 滑行法

这种测量方法的具体步骤:设定车辆行驶到某一速度,然后踩下离合器踏板将发动机与传动轴相分离,车辆凭借惯性自由滑行至静止,同时测量速度的变化情况[28],滚动阻力的计算公式如下:

$$F_r = m\frac{dv}{dt} - \frac{T_r}{r_0} - F_w \tag{4-9}$$

式中,m 为车轮质量;T_r 为车轮滑行时,车轮主轴所受的摩擦阻力矩;$\dfrac{dv}{dt}$ 为车轮滑行时,车轮滑行过程中速度的变化率;F_w 为车轮滑行时,车轮滑行过程中受到的空气阻力。

滑行法测量滚动阻力中要考虑空气阻力对结果的影响,因为在高速行驶时,空气阻力急剧增大,对测量数据造成影响,因此需将空气阻力作为变量进行计算。

2. 功率平衡法 [29]

功率平衡法的基本测量原理为：当车辆行驶达到某一匀速稳定状态时，传动轴的输出功率与四种阻力——空气阻力、坡度阻力、加速阻力和滚动阻力所消耗的功率之和相等：

$$P_\mathrm{d} = P_\mathrm{f} + P_\mathrm{w} + P_\mathrm{i} + P_\mathrm{j} \tag{4-10}$$

式中，P_d 为车辆稳定行驶时，车轮轴的输出功率；P_f 为车辆稳定行驶时，滚动阻力功率；P_w 为车辆稳定行驶时，空气阻力功率；P_i 为车辆稳定行驶时，坡度阻力功率；P_j 为车辆稳定行驶时，加速阻力功率。

当车辆匀速行驶时，$P_\mathrm{j} = 0$，功率平衡方程为

$$P_\mathrm{d} = P_\mathrm{f} + P_\mathrm{w} + P_\mathrm{i} \tag{4-11}$$

滚动阻力功率为

$$P_\mathrm{f} = \frac{GC_\mathrm{r}v\cos\alpha_0}{3600} \tag{4-12}$$

式中，G 为车辆重力；C_r 为待测滚动阻力系数；v 为行驶速度；α_0 为路面坡度。

4.3.3 经验方法

通过分析大量的试验数据，科研人员总结出了轿车轮胎和载重汽车轮胎滚动阻力系数的一般经验公式，轿车轮胎滚动阻力系数经验计算公式具体如下 [12,30]：

$$C_\mathrm{r} = 0.165 \times [1 + 0.01 \times (v - 50)] \tag{4-13}$$

当 $v < 50\mathrm{km/h}$ 时，$C_\mathrm{r} = 0.0165$。

载重轮胎滚动阻力系数经验计算公式如下：

$$C_\mathrm{r} = 0.0076 + 0.00056v \tag{4-14}$$

式 (4-13) 和式 (4-14) 只考虑速度这一项影响因素，而没有考虑胎压、温度、载荷和路面状况等因素，所以经验公式计算简单，但误差较大。

当车轮低速滚动 (小于 50km/h) 时，只考虑路面条件，轮胎滚动阻力系数的经验取值如表 4.1 所示。

根据标准 SAE J1263-2010 *Road Load Measurement and Dynamometer Simulation Using Coastdown Techniques* 可以进行轮胎滚动阻力系数的半经验求解 [31,32]：

$$C_\mathrm{r} = C_0\left(1 + C_\mathrm{v}v^2\right) \tag{4-15}$$

式中，C_0 为滚动阻力系数初值，一般在标准良好路面、沙石路面和卵石路面分别为 0.014、0.020 和 0.025；C_v 为速度影响因子，随速度变化而变化，一般通过试验数据进行拟合获得。

表 4.1 不同路面滚动阻力系数经验取值范围

路面类型	滚动阻力系数取值范围
良好 (混凝土或沥青) 路面	0.01~0.018
一般 (混凝土或沥青) 路面	0.018~0.020
碎石路面	0.020~0.025
良好卵石路面	0.025~0.030
坑洼卵石路面	0.035~0.050
干燥压紧土路	0.025~0.035
雨后压紧土路	0.050~0.150
泥泞土路	0.100~0.250
干沙	0.100~0.300
湿沙	0.060~0.150
结冰路面	0.015~0.030
压紧雪道	0.030~0.050

4.4 机械弹性安全车轮滚动阻力模型

4.4.1 基本原理

一般理论模型假定轮胎复合材料恢复力主要包括三部分[33,34]：线性弹性部分 $kx(t)$、非线性阻尼部分 $\sigma(w)\dot{x}(t)$、非线性迟滞部分 $F_H(t)$。

$$F(t) = kx(t) + \sigma(w)\dot{x}(t) + F_H(t) \tag{4-16}$$

式中，k 为弹性系数；$\sigma(w)$ 为随角速度变化的阻尼函数；$x(t)$ 为变形函数；$\dot{x}(t)$ 为速度。

Ikhouane 等[33]将迟滞力定义为

$$\begin{aligned} F_H(x(t)) &= k_{BW}x(t) + k_w w(t)\dot{w}(t) \\ &= \rho\dot{x}(t)\left\{1 + |w(t)|^n \sigma_{BW}\left[1 - \text{sgn}(\dot{x}(t)w(t)) - \frac{1}{\sigma_{BW}}\right]\right\} \end{aligned} \tag{4-17}$$

式中，k_{BW}、k_w、ρ、σ_{BW}、n 为迟滞环的形状系数；$w(t)$ 为角速度；$F_H(x(t))$ 为迟滞力。

将迟滞力简化为

$$\begin{cases} F_H(t) = k_w w(t) \\ \dot{w}(t) = \rho\dot{x}(t)[1 - \text{sgn}(\dot{x})w(t)] \end{cases} \tag{4-18}$$

统一的迟滞力解析表达式为

$$F_H(t) = \begin{cases} k_w \left(1 - \left\{\mathrm{e}^{-\rho(x(t)-\delta_{\min})} \left[1 + \tanh\left(\rho \frac{\delta_{\max}-\delta_{\min}}{2}\right)\right]\right\}\right), & \dot{x}(t) \geqslant 0 \\ k_w \left(-1 + \left\{\mathrm{e}^{-\rho(x(t)-\delta_{\min})} \left[1 + \tanh\left(\rho \frac{\delta_{\max}-\delta_{\min}}{2}\right)\right]\right\}\right), & \dot{x}(t) < 0 \end{cases}$$

(4-19)

式中,$\delta_{\max}$ 和 $\delta_{\min}$ 分别为轮胎变形的极大值和极小值。

将式 (4-19) 代入式 (4-16) 可得

$$F(t) = \begin{cases} kx(t) + \sigma(w)\dot{x}(t) \\ \quad + k_w \left(1 - \left\{\mathrm{e}^{-\rho(x(t)-\delta_{\min})} \left[1 + \tanh\left(\rho \frac{\delta_{\max}-\delta_{\min}}{2}\right)\right]\right\}\right), & \dot{x}(t) \geqslant 0 \\ kx(t) + \sigma(w)\dot{x}(t) \\ \quad + k_w \left(-1 + \left\{\mathrm{e}^{-\rho(x(t)-\delta_{\min})} \left[1 + \tanh\left(\rho \frac{\delta_{\max}-\delta_{\min}}{2}\right)\right]\right\}\right), & \dot{x}(t) < 0 \end{cases}$$

(4-20)

此模型结构复杂,而且参数辨识难度较大,本书采用一种简单的模型进行描述。

4.4.2 复合恢复力

图 4.3 所示为机械弹性安全车轮辁轮截面图,主要包括三部分:橡胶层、帘布层和弹性环。

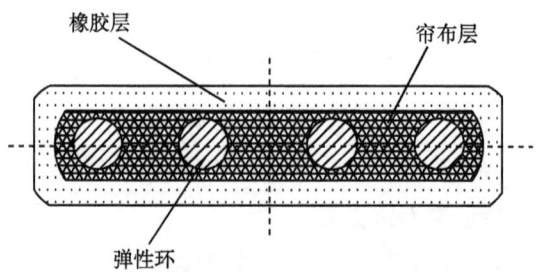

图 4.3 机械弹性安全车轮辁轮截面图

机械弹性安全车轮在滚动过程中弹性辁轮的胎面橡胶层和弹性环各部分受循环应力和应变作用,而且帘布层与弹性环之间以及铰链各部分链接处都会产生摩擦,这些复杂的相互作用力都会导致能量的损失。鉴于以上机械弹性安全车轮结构变形和特性迟滞模型的复杂性,轮胎非线性系统微分方程提出复合恢复力模型,将其分为两部分:复合弹性力和复合阻尼力。

系统微分方程:

$$F = m\ddot{z} + c\dot{z} + kz = m\ddot{z} + f[z(t), \dot{z}(t)] \tag{4-21}$$

式中，m 为机械弹性安全车轮的质量；c 为阻尼常系数；z 为垂向位移；$\dot{z}$ 为垂向速度；F 为外力；$f[z(t),\dot{z}(t)]$ 为复合恢复力。

机械弹性安全车轮在滚动中，轮胎所受垂向作用力为时间的周期函数，由傅里叶级数的理论可以展开为

$$f[z(t),\dot{z}(t)] = \frac{a_0}{2} + \sum_{n=1}^{\infty}[b_n\sin(nwt) + a_n\cos(nwt)] \tag{4-22}$$

式中

$$a_0 = \frac{2}{T}\int_0^T f[z(t),\dot{z}(t)]\mathrm{d}t$$

$$a_n = \frac{2}{T}\int_0^T f[z(t),\dot{z}(t)]\cos(n\omega t)\mathrm{d}t, \quad n = 1,2,3,\cdots$$

$$b_n = \frac{2}{T}\int_0^T f[z(t),\dot{z}(t)]\sin(n\omega t)\mathrm{d}t, \quad n = 1,2,3,\cdots$$

当 $n \to \infty$ 时，傅里叶级数无限接近 $f[z(t),\dot{z}(t)]$。实际中，误差须满足一定值 ε，即

$$\left|f[z(t),\dot{z}(t)] - \left\{\frac{a_0}{2} + \sum_{n=1}^{\infty}[b_n\sin(nwt) + a_n\cos(nwt)]\right\}\right| < \varepsilon \tag{4-23}$$

取 $n = 3$，则式 (4-23) 变为

$$f[z(t),\dot{z}(t)] = \frac{a_0}{2} + \sum_{n=1}^{3}[b_n\sin(nwt) + a_n\cos(nwt)] \tag{4-24}$$

或者

$$f(z,\dot{z}) = \sum_{i=0}^{3} k_i z^i + \left(\sum_{i=0}^{2} c_i z^i\right)\dot{z} \tag{4-25}$$

从式 (4-25) 可以看出刚度与阻尼系数为 z 的函数，定义 $K(z)$ 为复合弹性系数，$C(z)$ 为复合阻尼系数。

非线性弹性力 F_{ela}：

$$F_{\mathrm{ela}} = \sum_{i=0}^{3} k_i z^i = \left(\sum_{i=0}^{3} k_i z^{i-1}\right) z = K(z)z \tag{4-26}$$

非线性阻尼力 F_{res}：

$$F_{\mathrm{res}} = \left(\sum_{i=0}^{2} c_i z^i\right)\dot{z} = C(z)\dot{z} \tag{4-27}$$

如图 4.4 所示，将式 (4-25) 变为

$$f(z,\dot{z}) = K(z)z + C(z)\dot{z} \tag{4-28}$$

在复合恢复力模型中，刚度与阻尼系数都是关于位移 z 的函数，其值由某一时刻所在的位置决定，表现出记忆特性。

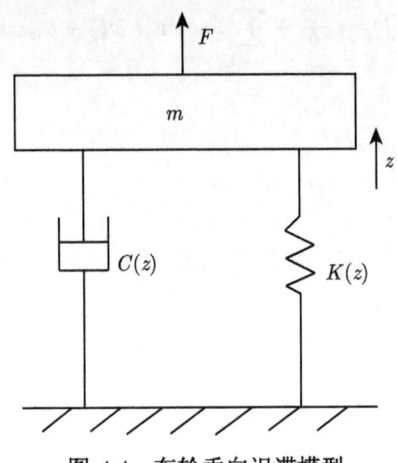

图 4.4　车轮垂向迟滞模型

4.4.3　复合恢复力参数辨识

将机械弹性安全车轮固定在自制试验台架上，如图 4.5(a) 所示，具体步骤如下：

(a) 试验台架　　　　　(b) 三维力传感器和速度传感器

图 4.5　垂向迟滞模型参数辨识

(1) 将机械弹性安全车轮安装在试验台架上,启动电源;

(2) 控制液压缸内活塞杆以一定速度向下运动,机械弹性安全车轮被压缩 (模拟车轮负载状态),通过三维力传感器和速度传感器图 4.5(b) 记录加载力变化情况,以及下沉量;

(3) 液压泵泄油,控制活塞向上运动速度,使机械弹性安全车轮以同样的速度回弹,记录恢复力变化情况;

(4) 在相同下沉量要求下,重复步骤 (2) 和步骤 (3),进行不同速度加载和卸载测试,并记录加载力和卸载力的变化情况;

(5) 选择另一种下沉量,重复步骤 (2)~步骤 (4),记录不同下沉量情况下各种速度加载和卸载测试结果;

(6) 整理分析试验数据,为参数辨识做准备。

下沉速度对应车轮在路面上的滚动速度,下沉量对应车轮负载值。

根据式 (4-28) 和测量数据建立如下参数辨识矩阵:

$$f(z,\dot{z}) = ZK = \begin{bmatrix} z_{11}^0 & z_{12}^1 & z_{13}^2 & z_{14}^3 & z_{15}^0\dot{z}_{15} & z_{16}^1\dot{z}_{16} & z_{17}^2\dot{z}_{17} \\ z_{21}^0 & z_{22}^1 & z_{23}^2 & z_{24}^3 & z_{25}^0\dot{z}_{25} & z_{26}^1\dot{z}_{26} & z_{27}^2\dot{z}_{27} \\ \vdots & \vdots & \vdots & \vdots & \vdots & \vdots & \vdots \\ z_{n1}^0 & z_{n2}^1 & z_{n3}^2 & z_{n4}^3 & z_{n5}^0\dot{z}_{n5} & z_{n6}^1\dot{z}_{n6} & z_{n7}^2\dot{z}_{n7} \end{bmatrix} \begin{bmatrix} k_0 \\ k_1 \\ k_2 \\ k_3 \\ c_0 \\ c_1 \\ c_2 \end{bmatrix} \quad (4\text{-}29)$$

式中,Z 为测量数据矩阵;K 为未知参数矩阵。

4.4.4 滚动阻力模型构建

如图 4.6 所示,车轮在滚动过程中接地印迹 (AB) 分为两部分:OA 为加载区域,此处垂向作用力为 $\dfrac{F_{\text{lo}}}{2}$;OB 为卸载区域,此处垂向作用力为 $\dfrac{F_{\text{un}}}{2}$。这样接地印迹内滚动阻力矩可以表示为

$$T_{\text{r}} = \frac{F_{\text{lo}}}{2}\delta_{\text{c}} - \frac{F_{\text{un}}}{2}\delta_{\text{c}} = \left(\frac{F_{\text{lo}}}{2} - \frac{F_{\text{un}}}{2}\right)\delta_{\text{c}} \quad (4\text{-}30)$$

式中,δ_{c} 为加载区域或卸载区域垂向合力作用点 x 轴坐标。根据接地印迹内压力分布函数,且不考虑偏置系数 Δ 的影响时,可以建立如下关系式:

$$\frac{F_{\text{lo}}}{2}\Delta\delta = \int_0^a q_z(x)x\mathrm{d}x = \int_0^a \frac{Gh}{R}\left[1-\left(\frac{x}{a}\right)^2\right]x\mathrm{d}x = \frac{Gha^2}{4R} \quad (4\text{-}31)$$

可得,$\delta_{\text{c}} = \dfrac{Gha^2}{2RF_{\text{lo}}}$,求解出滚动阻力矩为

$$T_r = \left(\frac{F_{lo}}{2} - \frac{F_{un}}{2}\right)\frac{Gha^2}{2RF_{lo}} \tag{4-32}$$

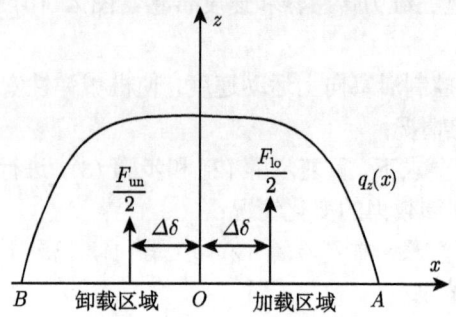

图 4.6 滚动阻力矩产生原理

滚动阻力 F_r 可以描述为

$$F_r = \frac{T_r}{r_0} = \frac{\left(\frac{F_{lo}}{2} - \frac{F_{un}}{2}\right)\frac{Gha^2}{2RF_{lo}}}{r_0} = \left(\frac{F_{lo}}{2} - \frac{F_{un}}{2}\right)\frac{Gha^2}{2Rr_0F_{lo}} \tag{4-33}$$

滚动阻力系数 C_r 为

$$C_r = \frac{F_r}{F_z} = \left(\frac{F_{lo}}{2} - \frac{F_{un}}{2}\right)\frac{Gha^2}{2Rr_0F_{lo}F_z} \tag{4-34}$$

4.5 滚动阻力试验

4.5.1 试验原理

采用 4.3.2 节中功率平衡法进行测试。驱动车轮输出功率 P_d 可以通过测试获得，其余三个参数 (滚动阻力功率 P_f、空气阻力功率 P_w 和坡度阻力功率 P_i) 必须在试验中测得，如果同种工况反复测试两次，P_w 和 P_i 可以认为是相同的，这样就可以消除这两项，而只考虑 P_d 和 P_f 的关系[29]。具体操作如下。

通过改变测试车辆总重量 G_a，在同一段路面上同一车速进行测试，而且考虑空气阻力的影响因素，两次测试速度方向相同，选择水平良好路面，$P_i = 0$。

$$\begin{cases} P_{d1} = P_{f1} + P_{w1} + P_{i1} \\ P_{d2} = P_{f2} + P_{w2} + P_{i2} \end{cases} \tag{4-35}$$

式 (4-35) 中两个方程相减，由于 $P_{w1} = P_{w2}$，$P_{i1} = P_{i2} = 0$，可得

$$P_{d1} - P_{d2} = P_{f1} - P_{f2} \tag{4-36}$$

而且，$P_f = \dfrac{G_a C_r v_a \cos\alpha_0}{3600}$，于是

$$P_{d1} - P_{d2} = \dfrac{C_r v_a \cos\alpha_0}{3600}(G_{a1} - G_{a2}) \tag{4-37}$$

滚动阻力系数 C_r 为

$$C_r = \dfrac{3600(P_{d1} - P_{d2})}{v_a \cos\alpha_0 (G_{a1} - G_{a2})} \tag{4-38}$$

由于选择水平路面，坡度角 $\alpha_0 = 0°$，$\cos\alpha_0 = 1$：

$$C_r = \dfrac{3600(P_{d1} - P_{d2})}{v_a (G_{a1} - G_{a2})} \tag{4-39}$$

4.5.2 装车试验

采用机械弹性安全车轮装车试验，利用增减沙袋的方式改变装载质量，采样路段为 0.5km。根据 4.4.3 节所述，利用机械弹性安全车轮在台架试验上加载与卸载，模拟车轮在路面滚动过程中接地印迹内胎面加载和卸载受力变化，如图 4.1(a) 所示；通过台架试验加载的大小，模拟机械弹性安全车轮在路面滚动中的垂向负载；通过台架试验上加载与卸载的速度，模拟机械弹性安全车轮滚动过程胎面与路面之间垂向力作用速度 (车轮滚动速度)。由于液压试验台架控制机械弹性安全车轮加载和卸载运动速度有限，只进行了低速实车验证。

根据功率平衡法对机械弹性安全车轮和充气轮胎车轮分别进行装车试验。选择行驶速度分别为 v_a = 5km/h、10km/h、15km/h、20km/h 工况，进行滚动阻力系数测试；在每一速度工况下，分别进行多次测量，取平均滚动阻力系数；选择车轮负载变化范围为 5000~15000N，分别进行多次测量，取平均值，具体测试结果如图 4.7 和图 4.8 所示。

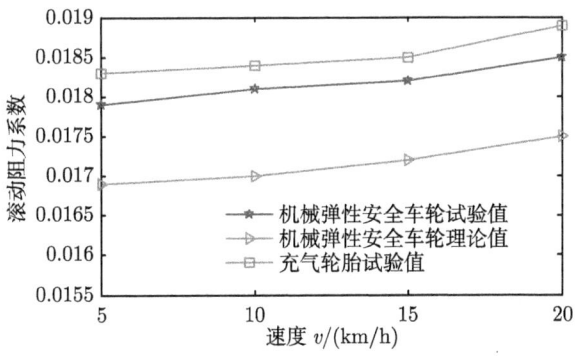

图 4.7 滚动阻力系数随速度变化情况

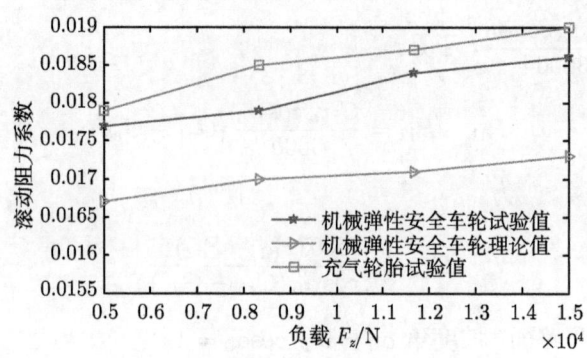

图 4.8 滚动阻力系数随负载的变化

图 4.7 为滚动阻力系数随速度变化情况。随着行驶速度的增大 (5km/h→20km/h)，机械弹性安全车轮和充气轮胎车轮滚动阻力系数都有所增大。充气轮胎滚动阻力系数平均值为 0.0186，机械弹性安全车轮滚动阻力系数试验平均值为 0.0181，机械弹性安全车轮滚动阻力系数理论平均值为 0.0173。

图 4.8 为滚动阻力系数随负载变化情况。随着负载增大 (5000~15000N)，机械弹性安全车轮和充气轮胎车轮的滚动阻力系数都有所增大。

在不同速度和负载下，机械弹性安全车轮和充气轮胎车轮的滚动阻力系数变化情况表明：机械弹性安全车轮滚动阻力系数小于充气轮胎车轮的滚动阻力系数，主要是由于机械弹性安全车轮径向刚度和纵向刚度大，滚动变形小，弹性迟滞损失少。机械弹性安全车轮的滚动阻力系数理论值小于试验值，存在一定误差；原因在于所建立的滚动阻力模型主要考虑车轮垂向力引起的迟滞损失，而实际中，车轮在路面上匀速稳定滚动时，水平摩擦力的存在会引起相应变形并导致一定的迟滞损失，所以滚动阻力系数理论值小于试验值。

参 考 文 献

[1] Taghavifar H, Mardani A. Investigating the effect of velocity, inflation pressure and vertical load on rolling resistance of a radial-ply tire[J]. Journal of Terramechanics, 2013, 50(2): 99-106.

[2] Cho J R, Lee H W, Jeong W B, et al. Numerical estimation of rolling resistance and temperature distribution of 3-D periodic patterned tire[J]. International Journal of Solids & Structures, 2013, 50(1): 86-96.

[3] Cho J R, Lee H W, Jeong W B, et al. Finite element estimation of hysteretic loss and rolling resistance of 3-D patterned tire[J]. International Journal of Mechanics and Materials in Design, 2013, 9(4): 355-366.

[4] Jackson R L, Willis J R, Arnold M, et al. Synthesis of the effects of pavement properties

on tire rolling resistance[J]. Crop & Pasture Science, 2011, 7(6): 608-624.

[5] Tannoury C E, Moussaoui S, Plestan F, et al. Synthesis and application of nonlinear observers for the estimation of tire effective radius and rolling resistance of an automotive vehicle [J]. IEEE Transactions on Control Systems Technology, 2013, 21(6): 2408-2416.

[6] Rakotondrabe M. Bouc-Wen modeling and inverse multiplicative structure to compensate hysteresis nonlinearity in piezoelectric actuators[J]. IEEE Transactions on Automation Science and Engineering, 2011, 8(2): 428-431.

[7] Sengupta P, Li B. Modified Bouc-Wen model for hysteresis behavior of RC beam-column joints with limited transverse reinforcement[J]. Engineering Structures, 2013, 46: 392-406.

[8] Olsson H, Aström K J, Canudas de Wit C, et al. Friction models and friction compensation[J]. European Journal of Control, 1988, 4(3): 176-195.

[9] Zhu H T, Rui X T, Yang F F. An efficient parameters identification method of normalized Bouc-Wen model for MR damper[J]. Journal of Sound and Vibration, 2019, 448: 146-158.

[10] Wen Y K. Method of random vibration of hysteretic systems[J]. American Society of Civil Engineers, 1976, 102(2): 249-263.

[11] 李波, 赵又群, 臧利国, 等. 基于弹性迟滞理论的轮胎滚动阻力解析模型构建 [J]. 农业工程学报, 2014, 30(17): 56-62.

[12] 余志生. 汽车理论 [M]. 北京: 机械工业出版社, 2009.

[13] Kabe K, Morikawa T. A new tire construction which reduces ply steer[J]. Tire Science & Technology, 1991, 19(1): 37-65.

[14] Wakeham H, Honold E. Hysteresis and related elastic properties of tire cords[J]. Journal of Applied Physics, 1946, 17(8): 698-711.

[15] 李波, 赵又群, 臧利国, 等. 基于复合滑移理论的轮胎抓地状态建模与验证 [J]. 农业工程学报, 2014, 30(16): 68-74.

[16] Rychlewski J. On Hooke's law[J]. Journal of Applied Mathematics & Mechanics, 1984, 48(3): 303-314.

[17] Thompson J O. Hooke's law[J]. Science, 1926, 64(1656): 298-299.

[18] Popov A A, Cole D J, Winkler C B, et al. Laboratory measurement of rolling resistance in truck tyres under dynamic vertical load[J]. Proceedings of the Institution of Mechanical Engineers, Part D: Journal of Automobile Engineering, 2003, 217(12): 1071-1079.

[19] Miege A J P, Popov A A. Truck tyre modelling for rolling resistance calculations under a dynamic vertical load[J]. Proceedings of the Institution of Mechanical Engineers, Part D: Journal of Automobile Engineering, 2005, 219(4): 441-456.

[20] 马改陵. 重型子午线轮胎橡胶材料时滞特性引起的滚动阻力分析 [D]. 北京: 北京化工大学, 2005.

[21] O'Shea J I, Wheeler C A, Munzenberger P J, et al. The influence of viscoelastic property measurements on the predicted rolling resistance of belt conveyors[J]. Journal of Applied Polymer Science, 2014, 131(18): 9170-9178.

[22] 王登祥. 轮胎滚动阻力文献述评 [J]. 轮胎工业, 1997, 17(12): 707-712.

[23] 张宝军, 郭孔辉, 刘青, 等. 轮胎侧偏特性在时变载荷条件下的试验设计 [J]. 农业工程学报, 1998, 14(1): 135-137.

[24] 张绍国, 高峰, 杭柏林, 等. 汽车轮胎滚动阻力试验机测试方法分析 [J]. 中国公路学报, 2012, 25(1): 146-151.

[25] 张绍国, 高峰, 徐国艳, 等. 汽车轮胎与转鼓的滚动特性分析 [J]. 汽车工程, 2013, 35(4): 341-346.

[26] Luchini J R, Motil M M, Mars W V, et al. Tread depth effects on tire rolling resistance[J]. Tire Science and Technology, 2012, 29(3): 134-154.

[27] 王阳, 张子鹏, 朱其文, 等. 国内外轮胎滚动阻力试验方法及影响因素分析 [J]. 轮胎工业, 2013, 33(10): 628-633.

[28] 王建强. 台试轮胎滚动阻力特性研究 [D]. 长春: 吉林大学, 2002.

[29] 周锋, 尹权, 许爱民, 等. 功率平衡法测试汽车的滚动阻力系数 [J]. 华南理工大学学报 (自然科学版), 1999, 27(7): 73-76.

[30] 薛风先, 王泽鹏, 朱由锋. 轮胎滚动阻力 (因数) 测定和数值计算方法 [J]. 橡胶工业, 2006, 53(3): 174-178.

[31] Chapin C E. Road load measurement and dynamometer simulation using coastdown techniques [J]. SAE Preprints 810828, 1981: 2491-2505.

[32] J1263-201003. Road Load Measurement and Dynamometer Simulation Using coastdown Techniques[S]. SAE Technical Standard, Washington, 2010.

[33] Ikhouane F, Mañosa V, Rodellar J. Dynamic properties of the hysteretic Bouc-Wen model[J]. Systems & Control Letters, 2007, 56(3): 197-205.

[34] Mohammad N, Mohammad F, Ikhouane F. Consistency of the duhem model with hysteresis [J]. Mathematical Problems in Engineering, 2013, 2013: 586130.

第5章 机械弹性安全车轮侧向特性

轮胎侧向力学特性是轮胎力学特性研究的基础,其对车辆的动力性、操纵稳定性等具有重要影响,是整车设计分析不可或缺的参数,轮胎的侧偏特性和侧倾特性是轮胎侧向力学特性研究的主要内容[1-5]。轮胎侧偏特性定义为轮胎在转向工况下的侧向力、回正力矩与侧偏角之间的关系,它是影响车辆操纵稳定性最主要的因素,同时它还影响着轮胎的使用寿命以及耐磨性能等[6-8]。轮胎的侧倾特性对车轮转向及定位参数的合理选择具有重要影响,同时也影响着轮胎的接地特性、滚动阻力特性、侧向力特性及轮胎的磨损等[9-13]。本章首先利用自制的轮胎动态力学特性试验台架对机械弹性安全车轮的稳态侧偏力学特性进行试验研究,对比分析机械弹性安全车轮与充气轮胎车轮的侧偏特性;然后通过建立机械弹性安全车轮侧倾特性的刷子理论模型,分析侧倾角对机械弹性安全车轮侧向力及回正力矩的影响;最后分析了侧倾侧偏联合工况下机械弹性安全车轮的力学特性,为机械弹性安全车轮综合力学性能研究提供了重要参考。

5.1 机械弹性安全车轮的侧向静力学特性

5.1.1 静态侧向特性试验

轮胎静态力学特性试验台架的基本结构如图 5.1 所示。它主要由加载机构、数据采集装置、模拟路面以及导柱等组成。其中,加载机构由垂向、纵向和侧向等三个方向的机械式加载机构组成;数据采集装置包括三维力传感器、位移传感器及数显仪表等[14]。

轮胎静态力学特性试验台架主要部件的功能及要求如下。

(1) 加载机构能够给轮胎施加垂向力、纵向力以及侧向力,并能够在试验参数测定过程中保持垂向力不变。另外,加载装置的加载能力能满足试验要求。

(2) 数据采集系统能够获取试验台相对于轮胎产生的纵向、侧向位移，并能够连续记录力和位移值。

(3) 模拟路面能够完全容纳与轮胎的接触区域，试验台行程能够满足试验要求；模拟路面及其支撑结构足够坚硬，确保加载装置对轮胎施加垂向力时，平台不会发生纵向、侧向及弯曲方面的变形；模拟路面有足够的粗糙度，粗糙度值在 120 目左右。

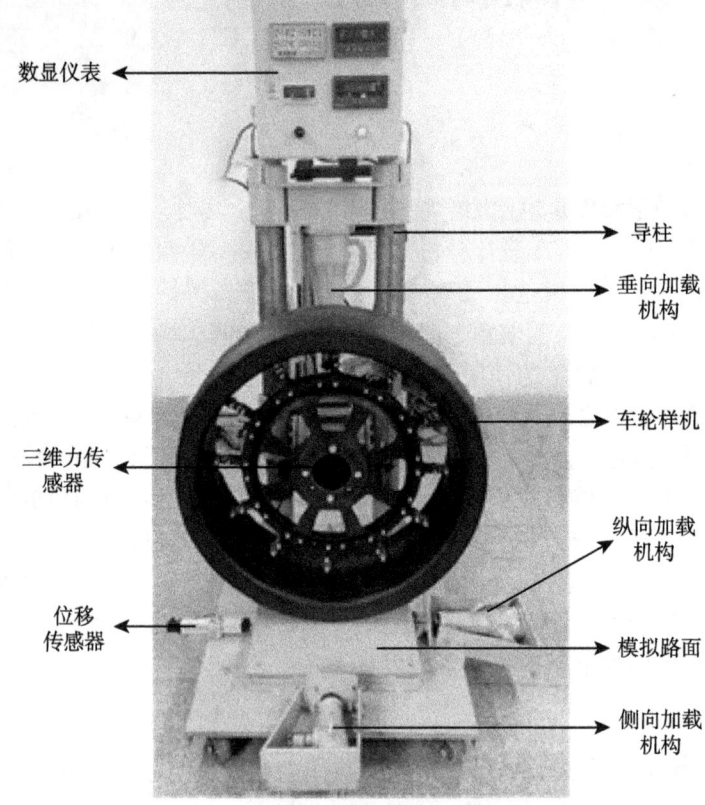

图 5.1 轮胎静态力学特性试验台架

5.1.2 车轮侧向刚度特性

试验获得的机械弹性安全车轮侧向刚度特性曲线[15]，如图 5.2 所示。图 5.2(a) 是机械弹性安全车轮侧向力随侧向变形的变化关系；图 5.2(b) 是机械弹性安全车轮侧向刚度随侧向力的变化关系。

由图 5.2(a) 可知，机械弹性安全车轮的侧向力随侧向变形的增大呈近似线性增加。由于试验条件限制，未能测得车轮出现侧向滑移时的相关数据。

第 5 章 机械弹性安全车轮侧向特性

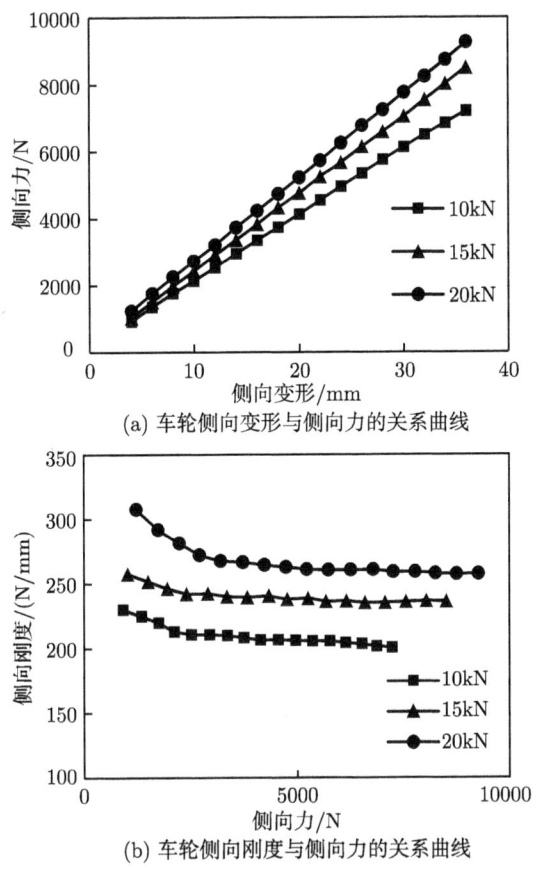

(a) 车轮侧向变形与侧向力的关系曲线

(b) 车轮侧向刚度与侧向力的关系曲线

图 5.2 不同垂向载荷下的机械弹性安全车轮侧向刚度特性

由图 5.2(b) 可知,机械弹性安全车轮的侧向刚度随侧向力的增大呈非线性变化关系。当车轮侧向力较小时,车轮侧向刚度随侧向力的增大,呈现减小趋势;之后,随着侧向力逐渐增大,车轮的侧向刚度基本保持不变。由图 5.2(b) 还可以发现,机械弹性安全车轮的垂向载荷对其侧向刚度有一定的影响,即随着垂向载荷的增大,机械弹性安全车轮的侧向刚度呈增大趋势。相比于垂向载荷为 15kN,垂向载荷为 10kN 时的侧向刚度减小近 5.6%,车轮垂向载荷为 20kN 时的侧向刚度增大近 3.4%。

对机械弹性安全车轮的辁轮部分单独进行侧向刚度试验,获得侧向力与辁轮侧向变形的试验数据,进一步求解出辁轮的侧向刚度并绘制辁轮侧向刚度随侧向力的变化曲线。垂向载荷为 15kN 时,辁轮与机械弹性安全车轮的侧向刚度特性对比如图 5.3 所示。

从图 5.3 中可以看出,辁轮和机械弹性安全车轮的侧向刚度随侧向力的变化趋势基本一致。通过计算相对误差可得，两者的最大相对误差仅为 1.5%。造成误差的可能原因是铰链组存在装配误差。通过上述试验分析可以得出结论：机械弹性安全车轮侧向承载变形主要是由辁轮实现的。

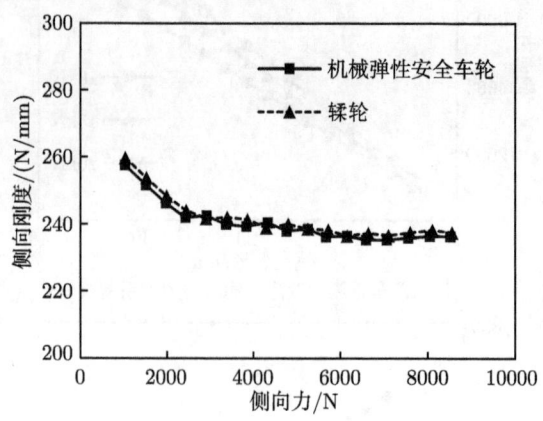

图 5.3 辁轮与机械弹性安全车轮的侧向刚度特性对比

5.2 机械弹性安全车轮侧偏特性产生机理

一般认为，车辆在沿直线行驶时，其行驶方向应该在车轮的旋转平面内，但实际情况并非如此。由于轮胎具有弹性，在车辆行驶过程中，轮胎在侧向力的作用下会产生一定的侧向变形，导致车辆的实际行驶方向并不在车轮旋转平面内，这种现象称为侧偏现象[16-20]。下面针对机械弹性安全车轮特有的结构形式，具体分析车轮侧偏现象的产生机理[21-34]。

图 5.4 是机械弹性安全车轮侧偏现象产生机理示意图。当机械弹性安全车轮处于静止状态时，车轮在垂直载荷 F_z 的作用下与路面接触，此时接地中心线在车轮平面内；若在此基础上对车轮施加侧向力 F_y，由于辁轮部分具有弹性，因此在侧向力的作用下产生侧向变形，则车轮接地中心线会产生一定的侧向偏移 Δh，不再与车轮平面共面，如图 5.4(a) 所示。当机械弹性安全车轮开始向前滚动时，车轮并没有在车轮平面内滚动，而是沿着车轮接地中心线做直线运动，此时的接地中心线不再平行于车轮平面，接地中心线与车轮平面产生一个夹角，如图 5.4(b) 所示，这个夹角即为侧偏角。

在机械弹性安全车轮发生侧偏时，由于地面微元侧向反作用力的合力作用点出现后移，机械弹性安全车轮会产生回正力矩 M_z，如图 5.5 所示。在侧向力的作用下，机械弹性安全车轮的辁轮部分产生侧向变形，同时接地面内分布的微元会产生侧向反作用力。机械弹性安全车轮处于静止状态时，车轮接地中心线与车轮平面平行，则接地中心线上各点的侧向变形相同 (均为 Δh)，可认为地面侧向反作用力沿车轮接地中心线是均匀分布的，地面侧向反作用力合力的作用点在车轮接地印迹中心。

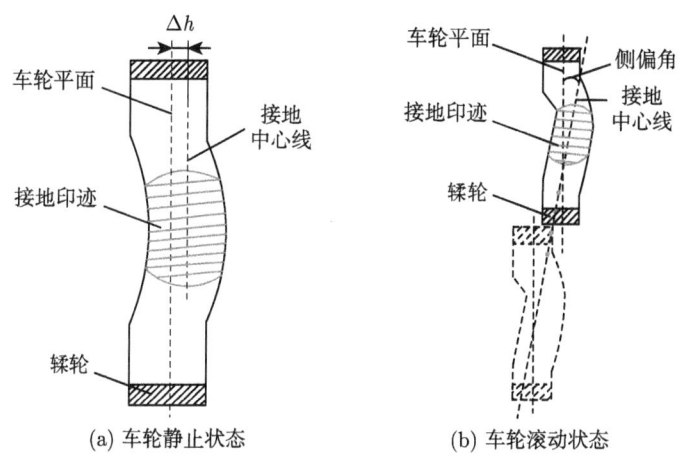

图 5.4 机械弹性安全车轮侧偏现象产生机理示意图

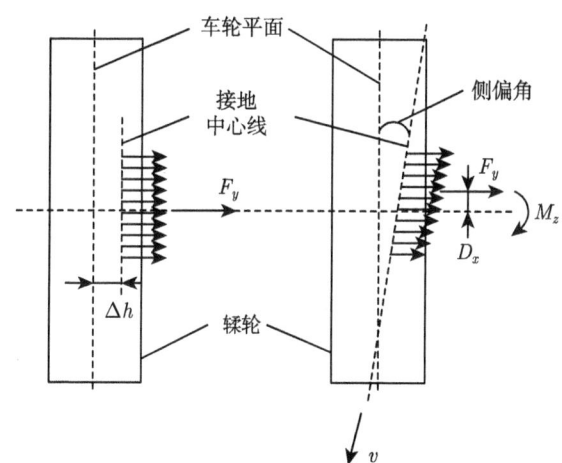

图 5.5 机械弹性安全车轮侧偏现象产生回正力矩示意图

当机械弹性安全车轮滚动并出现侧偏时，接地中心线相对于车轮平面错开了一个角度 (即侧偏角)，则接地印迹的前端离车轮平面近，此区域辂轮的侧向变形相对较小；接地印迹的后端距离车轮平面远，此区域辂轮的侧向变形相对较大，可认为此时地面微元侧向反作用力的分布与辂轮的侧向变形成正比，则地面微元侧向反作用力形成不均匀分布，其合力作用点偏移向接地印迹中心的后方 (偏移量即为车轮拖距，用 D_x 表示)，此时便会产生回正力矩 M_z。回正力矩的大小等于侧向力

F_y 与车轮拖距 D_x 的乘积。

5.3 机械弹性安全车轮的侧偏特性试验及分析

5.3.1 试验台架

为完成机械弹性安全车轮的侧偏特性试验，本项目组自主研制了轮胎力学特性试验台架，其基本结构如图 5.6 所示。它主要由动力机构、加载机构、角度调节机构、模拟路面、试验数据采集系统以及控制面板等六大部分组成。各部分的基本组成及功能如下。

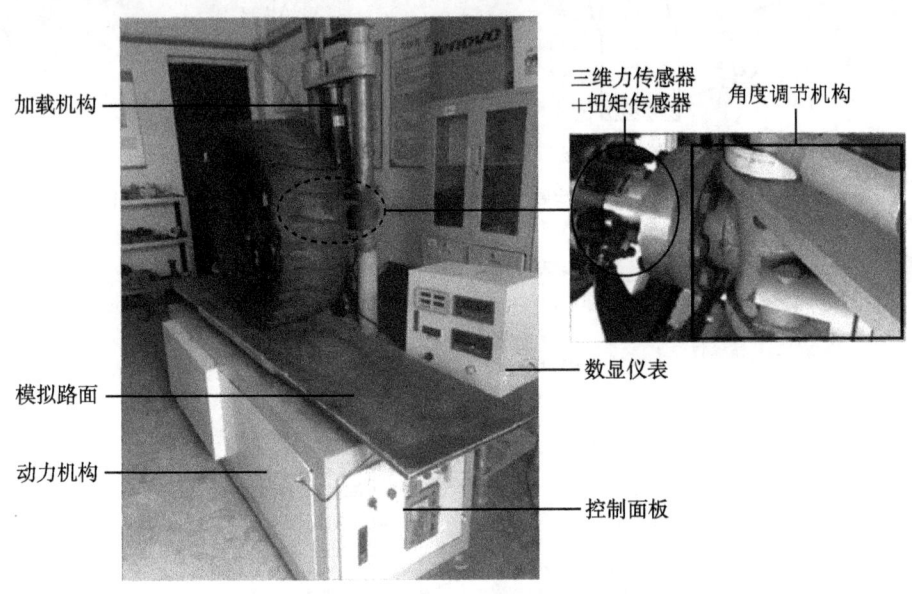

图 5.6　轮胎力学特性试验台架基本结构

(1) 动力机构主要由驱动电机和减速器组成，其主要功能是为模拟路面的平移提供驱动力，并保证模拟路面能够以一定的速度运动。

(2) 加载机构主要由加载装置及加载平台等组成，其主要功能是给车轮样机提供稳定的垂向载荷。

(3) 角度调节机构的主要功能是使试验车轮绕垂直于模拟路面的中心轴线进行旋转，从而调节车轮平面与模拟路面之间的夹角。

(4) 模拟路面主要由滑台和两条平行导轨组成，滑台的主要功能是模拟不同摩擦系数等条件的路面，平行导轨的主要功能是使滑台能够按照直线轨迹做平行滑动。在试验过程中，滑台与车轮样机接触并承受较大的垂向载荷，因此滑台需要具有较大刚度。

(5) 试验数据采集系统由三维力传感器、扭矩传感器及数显仪表等部分组成。其中,三维力传感器和扭矩传感器集成一体,三维力传感器用于测量试验轮胎所受的垂向载荷、侧向力、纵向力,扭矩传感器用于测量试验轮胎所受的回正力矩。

试验台基本性能参数如表 5.1 所示。

表 5.1 轮胎力学特性试验台基本性能参数

项目	设置范围
基底平板行程	2.6m
基底最大移动速度	0.3m/s
侧倾角	$-20°\sim20°$
侧偏角	$-25°\sim25°$
垂向载荷	$0\sim35$kN
试验轮胎半径	$0.2\sim0.6$m

轮胎力学特性试验台架模拟实现轮胎侧偏工况的基本工作原理如图 5.7 所示。通过角度调节机构旋转轮胎,使车轮平面与模拟路面之间形成一定角度,即轮胎的前进方向与车轮平面存在一个夹角,这个角度即为侧偏角;模拟路面做平移运动,轮胎与模拟路面产生相对运动,整个运动过程可等效为轮胎侧偏工况[35-37]。

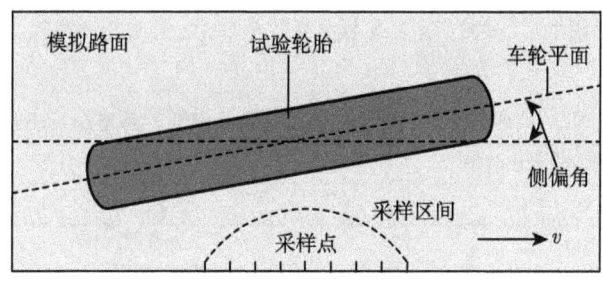

图 5.7 轮胎侧偏工况模拟示意图

5.3.2 试验步骤及内容

选用某型号机械弹性安全车轮样机作为侧偏试验研究对象,并选用结构参数相近的子午线充气轮胎车轮进行侧偏试验,如图 5.8 所示。试验所选用机械弹性安全车轮和充气轮胎车轮的基本结构参数如表 5.2 所示。

机械弹性安全车轮侧偏特性台架试验的具体步骤如下:

(1) 通过角度调节机构将车轮样机调整至指定侧偏角 α;

(2) 利用垂向加载机构给车轮样机施加指定的垂向载荷,根据三维力传感器采集的垂向载荷 F_z 控制其大小;

(3) 动力机构带动滑台以稳定的平移速度从试验台架一端移动至另一端;

(4) 在模拟路面上设定合理的采样区间和采样点,在车轮样机进入采样区间以后,利用数据采集系统获取车轮所受的侧向力 F_y 和回正力矩 M_z,在各个采样点分别记录试验数据;

(5) 改变步骤 (1) 中侧偏角大小,并重复步骤 (2)~步骤 (4),进行多组试验。

图 5.8 试验所用的机械弹性安全车轮及充气轮胎车轮

表 5.2 机械弹性安全车轮和充气轮胎车轮的基本结构参数

机械弹性安全车轮		普通充气轮胎车轮	
参数名称	数值	参数名称	数值
辁轮外径/mm	920	名义外直径/mm	920
辁轮断面宽/mm	318	断面宽/mm	318
辁轮断面高/mm	89	断面高/mm	230
辁轮断面高宽比	0.28	断面高宽比	0.72

利用自行研制的轮胎力学特性试验台架,对某型机械弹性安全车轮样机进行侧偏力学特性试验,具体内容包括:

(1) 机械弹性安全车轮物理样机在稳态侧偏工况下的力学特性;

(2) 不同试验状态参数下机械弹性安全车轮的稳态侧偏特性,以研究试验状态参数对机械弹性安全车轮侧偏特性的影响;

(3) 相同试验工况下,测试普通充气轮胎车轮的稳态侧偏力学特性,并通过试验数据对比,分析机械弹性安全车轮与普通充气轮胎车轮在侧偏力学特性方面存在的差异。

试验所涉及的试验状态参数主要包括侧偏角、垂向载荷、摩擦系数、外倾角以及纵向滑移率等,具体参见表 5.3。

表 5.3 稳态侧偏试验状态参数

试验状态参数	数值
侧偏角/(°)	0~20
垂向载荷/kN	10, 15, 20
摩擦系数	0.5, 0.8
外倾角/(°)	0
纵向滑移率	0

5.3.3 稳态侧偏特性分析

试验获得的不同垂向载荷工况下的机械弹性安全车轮侧向力 F_y 与侧偏角 α 的关系曲线如图 5.9 所示。在垂向载荷为 15kN 工况下,机械弹性安全车轮的侧向力 F_y 与侧偏角 α 呈非线性变化关系。侧偏角 α 较小时,机械弹性安全车轮的侧向力 F_y 随侧偏角 α 的增大而呈近似线性增大;侧偏角 α 约大于 8° 以后,侧向力 F_y 增大趋势放缓;侧偏角 α 继续增大,侧向力 F_y 接近其极限值。在其他垂向载荷工况下,机械弹性安全车轮侧向力 F_y 随侧偏角 α 的变化趋势与上述趋势基本相同。

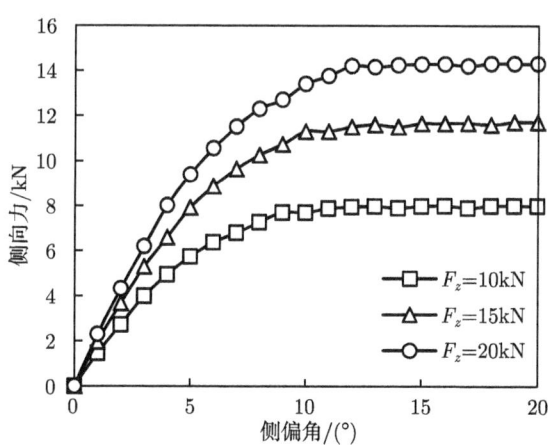

图 5.9 机械弹性安全车轮侧向力 F_y 与侧偏角 α 的关系曲线

上述侧向力随侧偏角变化趋势形成的主要原因如下:

(1) 垂向载荷一定时,机械弹性安全车轮的侧向分布刚度及车轮接地印迹长度基本保持不变,则车轮侧偏刚度基本保持不变,因此,当侧偏角较小时,侧向力随侧偏角的增大而呈近似线性增大;

(2) 随着侧偏角的增大，侧向力增大到附着极限，即车轮与路面之间的最大摩擦力；

(3) 侧偏角继续增大，侧向力不再增大，车轮产生侧向滑移。

试验获得的不同垂向载荷工况下的机械弹性安全车轮回正力矩 M_z 与侧偏角 α 的关系曲线如图 5.10 所示。在垂向载荷为 15kN 工况下，机械弹性安全车轮的回正力矩 M_z 随侧偏角 α 的增大呈现出非线性变化。侧偏角 α 为 1°~4° 时，回正力矩 M_z 随着侧偏角 α 的增大而近似线性增大；当侧偏角 α 在 4° 左右时，回正力矩 M_z 达到最大值；当侧偏角 α 从 4° 增至 12° 时，回正力矩 M_z 急剧减小；侧偏角 α 继续增大，则回正力矩 M_z 下降速度减缓，趋于零。在其他垂向载荷工况，机械弹性安全车轮回正力矩 M_z 随侧偏角 α 的变化趋势与上述趋势基本相同。

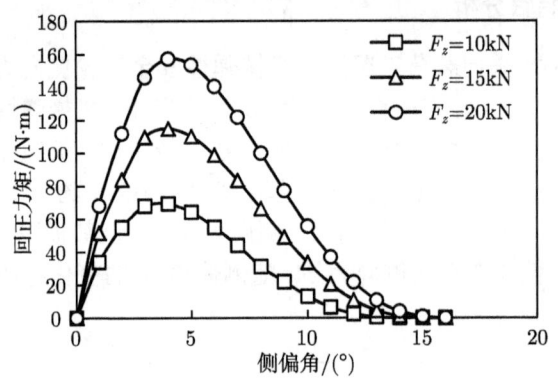

图 5.10 机械弹性车轮回正力矩 M_z 与侧偏角 α 的关系曲线

上述回正力矩随侧偏角变化趋势形成的主要原因如下：

(1) 当侧偏角较小时，随着侧偏角的增大，在车轮接地印迹后端的辇轮单元侧向应变增大，侧向应力也随之增大，从而使接地印迹上各点的侧向应力的合力作用点后移，车轮拖距增大，则产生的回正力矩增大；

(2) 随着侧偏角的增大，车轮接地印迹后端的辇轮单元侧向应力达到极限值，并开始产生滑移；

(3) 侧偏角继续增大，车轮接地印迹的滑移区域向前端扩展，使接地印迹上各点的侧向应力的合力作用点前移，车轮拖距减小，则产生的回正力矩也减小；

(4) 当车轮接地印迹区域全部开始滑移时，车轮拖距减小为零或负值，则回正力矩减小为零或负值。

5.4 机械弹性安全车轮与充气轮胎车轮侧偏特性对比分析

根据侧偏特性试验方案，利用轮胎动态力学特性试验台架对机械弹性安全车轮物理样机以及普通充气轮胎车轮分别进行了稳态侧偏特性试验,并通过获取的侧偏试验数据对比分析两种轮胎车轮的侧偏力学特性。

在相同垂向载荷 (15kN) 工况下,机械弹性安全车轮与子午线充气轮胎车轮的侧偏特性曲线对比如图 5.11 所示。通过对比可以发现,两种轮胎侧偏特性曲线的变化趋势基本相似,但是侧偏特性评价指标存在一定的差别。在相同试验工况下,与子午线充气轮胎相比,机械弹性安全车轮的侧偏刚度、回正刚度以及回正力矩峰值较大,侧向力峰值基本相同。在机械弹性安全车轮与子午线充气轮胎车轮均能满足整车匹配要求的情况下,机械弹性安全车轮可使车辆具有更好的操纵稳定性能。

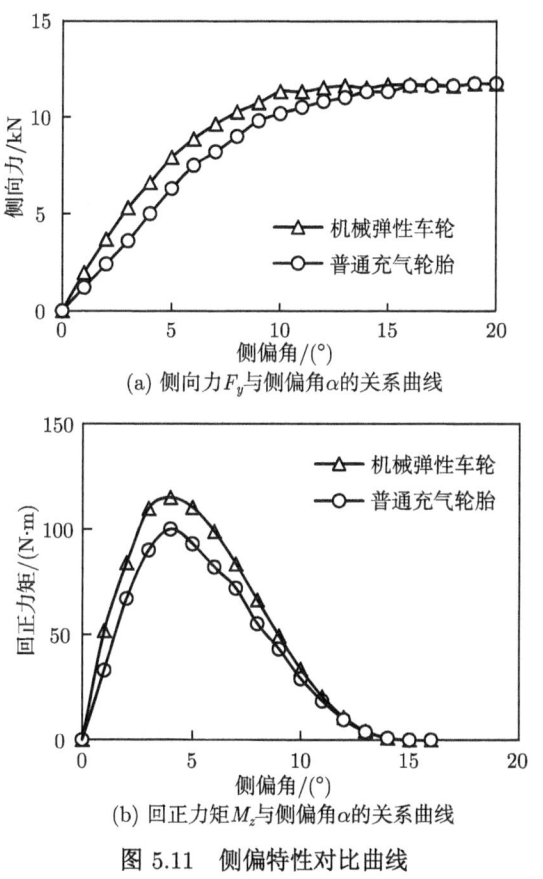

图 5.11 侧偏特性对比曲线

由子午线充气轮胎车轮与机械弹性安全车轮基本结构的对比分析可知,两者最主要的区别在于机械弹性安全车轮采用机械弹性式的非充气结构取代了普通充气轮胎的压缩空气。但是,压缩空气所形成的胎压对子午线充气轮胎的侧偏特性具有较大的影响,即随着胎压的减小,充气轮胎的侧偏特性指标出现一定变化,侧偏刚度和回正刚度均相应的减小。相比而言,机械弹性安全车轮摆脱了充气结构,因此无须考虑胎压方面对其侧偏特性的影响。

通过上述机械弹性安全车轮与普通充气轮胎车轮在侧偏特性方面的对比分析可以看出,机械弹性安全车轮具有较大的侧偏刚度和回正刚度,并且具有先天性优势,即侧偏特性不受胎压的影响;另外,通过对机械弹性安全车轮结构参数的优化设计,能够替代普通充气轮胎车轮的侧偏特性甚至超越其性能。

5.5 机械弹性安全车轮的侧倾特性

5.5.1 简化刷子模型

轮胎的侧倾特性对车轮转向及定位参数的合理选择具有重要影响,同时,侧倾角的存在会使车辆的左右轮上产生一对方向相反的侧向力,如图 5.12 所示,这将直接影响着车辆的侧向稳定性、动力性及胎面的异常磨耗等,尤其是在高速过弯、避障或换道超车等紧急情况下。因此,研究考虑侧倾时轮胎的力学特性具有重要价值[38-40]。

刷子模型是基于"弹性胎面和刚性胎体"假设的简化理论模型[41-43],其特点是假定轮胎是由一系列连接在刚性基座上的可以产生伸缩变形的弹性刷毛组成。这些刷毛既可以承受垂向载荷的作用,同时还可以产生纵向力及侧向力。刷子模型可为深入理解和分析轮胎力学特性及其建模机理提供具体方法,为建立复杂的轮胎力学理论模型或半经验模型提供理论依据[44-47]。

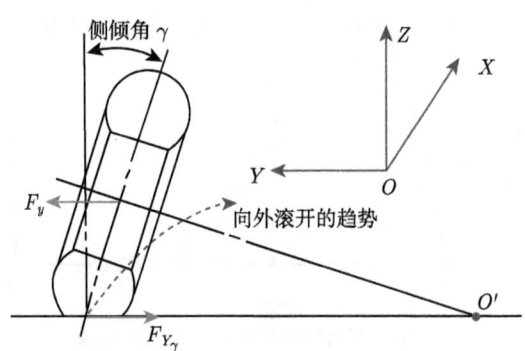

图 5.12　轮胎侧倾状态示意图

通过分析机械弹性安全车轮的结构可知,辁轮体为其主要的弹性支撑部件,因此假设辁轮体的弹性全部集中在辁轮胎面的弹性刷毛上,从而将其简化成刷子轮胎模型[48,49],如图 5.13 所示。在利用刷子模型对机械弹性安全车轮进行理论建模时作出如下假设:

(1) 忽略辁轮体本身弹性,假定其弹性全部集中在胎面刷毛;

(2) 机械弹性安全车轮做自由滚动，忽略其纵向滑移及纵向力的影响；
(3) 轮胎面与道路平面间的摩擦系数为常数；
(4) 机械弹性安全车轮的运动路径为直线。

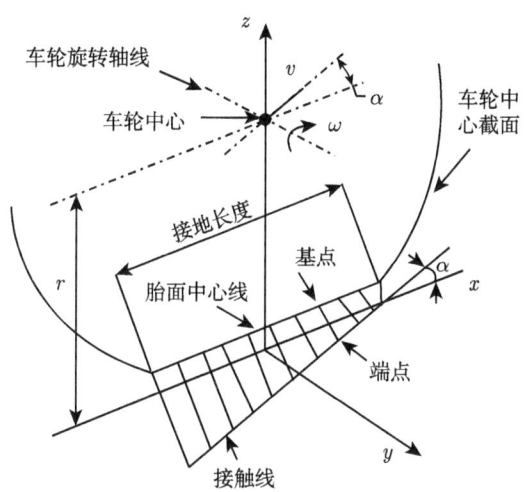

图 5.13 机械弹性安全车轮简化刷子分析模型

5.5.2 忽略辇轮体宽度的侧倾刷子模型

在对机械弹性安全车轮进行刷子理论建模时，为了方便分析，先暂时忽略辇轮宽度的影响。当忽略辇轮宽度时，机械弹性安全车轮侧倾工况下的变形示意图如图 5.14 所示。图中车轮的侧倾角为 γ，接地长度为 $2a$，车轮在侧向和垂向的最大变形分别为 Δy_m 和 Δz_m，车轮的自由半径为 R。

辇轮接地区域的垂直变形可近似认为是 x 的二次函数，可表示为

$$\Delta z = \Delta z_m l(2-l) = \frac{a^2}{2R}(2l - l^2) \tag{5-1}$$

式中，$l = \dfrac{x}{a}$ 为相对坐标。由图中的几何关系可得

$$\Delta y = \Delta z \tan\gamma = \frac{a^2}{2R}(2l - l^2)\tan\gamma \tag{5-2}$$

则 x 处的侧向力为

$$f_y = k_{wy}\Delta y \tag{5-3}$$

式中，k_{wy} 为辇轮胎面刷毛侧向分布刚度。由式 (5-3) 可得车轮印迹上所有点受到的侧向力总和为

$$F_y = \int_0^{2a} f_y \mathrm{d}x = \frac{k_{wy}a^2}{2R}\tan\gamma \int_0^{2a}(2l - l^2)\mathrm{d}x = \frac{2a^3}{3R}k_{wy}\tan\gamma \tag{5-4}$$

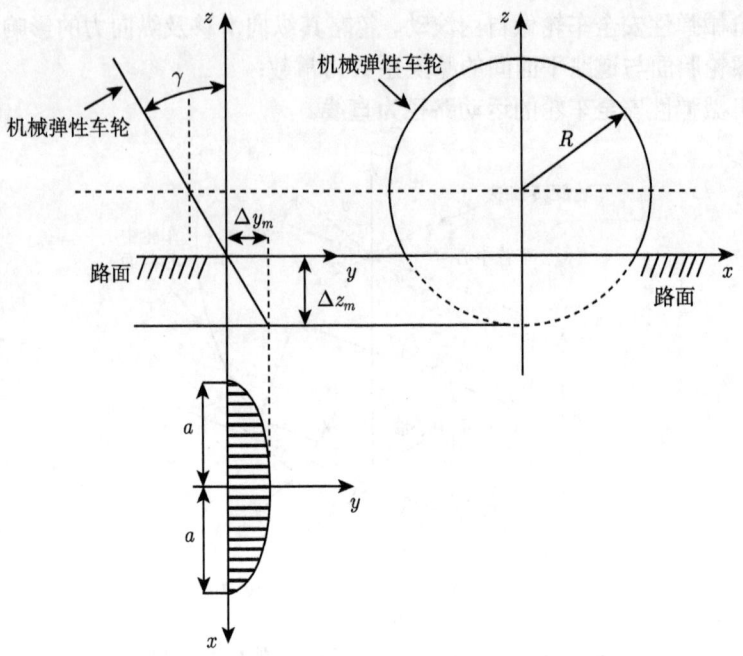

图 5.14 忽略辂轮宽时车轮纯侧倾工况变形示意图

因为在辂轮胎面与地面不发生侧向滑移的情况下,车轮印迹中心前后侧向力是对称分布的,所以忽略辂轮宽度时将不会产生回正力矩。

5.5.3 包含辂轮体宽度的侧倾刷子模型

当考虑辂轮宽度时,车轮的纵向变形在沿印迹宽度方向上是不同的,这时车轮所受纵向力将对印迹中心产生回正力矩。为了方便分析,将辂轮体等效为在胎宽方向上是由多个厚度相等的圆片组成,并且圆片以相同的角速度 ω 滚动前进,根据图 5.15 中的几何关系可知各圆片的滚动半径 $R(y)$ 可以表示为

$$R(y) = R_0 + y \sin \gamma \tag{5-5}$$

式中,R_0 为车轮未侧倾时的滚动半径。

车轮印迹半长为

$$a^2(y) = 2R(y)\Delta z(y) = 2(R_0 + y \sin \gamma)(\Delta z_0 - y \sin \gamma) \tag{5-6}$$

式中,Δz_0 为车轮未侧倾时的径向下沉量。

纵向滑移率 $S_x(y)$ 定义为

$$S_x(y) = \frac{R_0 \omega - R(y)\omega}{R(y)\omega} = \frac{-y \sin \gamma}{R_0 + y \sin \gamma} \tag{5-7}$$

则在印迹区域各圆片的纵向力可表示为

$$\mathrm{d}F_x = \frac{k_{wx}a^2(y)S_x(y)}{b/\cos\gamma}\mathrm{d}y = \frac{-k_{wx}ya^2(y)\sin 2\gamma}{2b(R_0 + y\sin\gamma)}\mathrm{d}y \tag{5-8}$$

式中，k_{wx} 为胎面纵向分布刚度；b 为未侧倾时车轮印迹半宽。

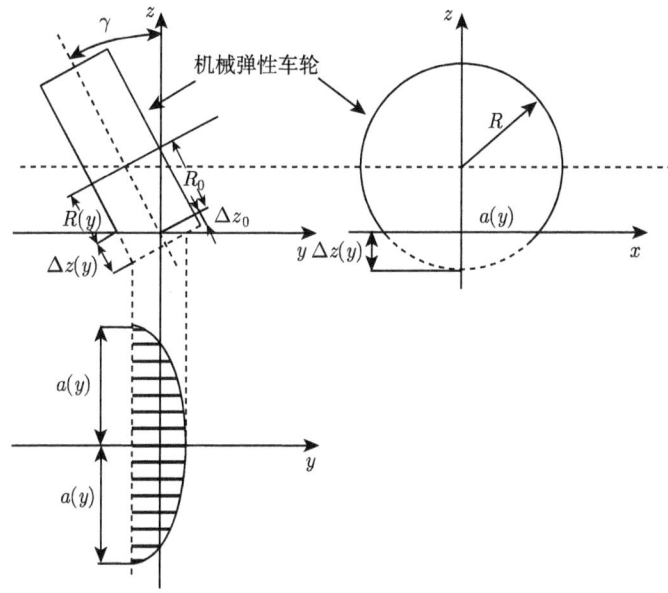

图 5.15　考虑辗轮宽度时车轮侧倾变形示意图

车轮回正力矩 M_z 可表示为

$$M_z = \int_{\frac{-b}{\cos\gamma}}^{\frac{b}{\cos\gamma}} \mathrm{d}M_z = \int_{\frac{-b}{\cos\gamma}}^{\frac{b}{\cos\gamma}} y\mathrm{d}F_x = -\frac{4}{3}b^2 k_{wx}\Delta z_0 \frac{\tan\gamma}{\cos\gamma} \tag{5-9}$$

一个圆片的切向力为

$$\mathrm{d}F_y = \frac{2}{3}\frac{k_{wy}}{2b/\cos\gamma}\frac{a^3(y)}{R}\tan\gamma \mathrm{d}y \tag{5-10}$$

则车轮侧倾时的总侧向力为

$$\begin{aligned}
F_y &= \int_{\frac{-b}{\cos\gamma}}^{\frac{b}{\cos\gamma}} \mathrm{d}F_y \\
&= \frac{k_{wy}\sin\gamma}{3bR}\int_{\frac{-b}{\cos\gamma}}^{\frac{b}{\cos\gamma}} a^3(y)\mathrm{d}y \\
&= \frac{4k_{wy}(R_0 - \Delta z_0)}{3R}\sin\gamma\tan\gamma\left(b^2\tan^2\gamma - R_0\Delta z_0\right)
\end{aligned} \tag{5-11}$$

车轮侧倾导致印迹宽度方向上的垂直变形不同，从而使车轮所受垂向载荷的合力偏离车轮中心面，假设偏离距离为 δ_y，则可得

$$\delta_y = \frac{\int_{\frac{-b}{\cos\gamma}}^{\frac{b}{\cos\gamma}} \Delta f_z(y) y \mathrm{d}y}{\int_{\frac{-b}{\cos\gamma}}^{\frac{b}{\cos\gamma}} \Delta f_z(y) \mathrm{d}y} \tag{5-12}$$

$$\Delta f_z(y) = \int_{-a(y)}^{a(y)} \Delta z(y) \left[1 - \frac{x^2}{a^2(y)}\right] K_z(\gamma) \mathrm{d}x \tag{5-13}$$

式中，$K_z(\gamma)$ 为侧倾垂直刚度。因此可得

$$\delta_y = \frac{b^2}{3\Delta z_0} \frac{\sin\gamma}{\cos^2\gamma} \tag{5-14}$$

则翻转力矩 M_x 可表示为

$$M_x = F_z \delta_y = \frac{F_z b^2 \sin\gamma}{3\Delta z_0 \cos^2\gamma} \tag{5-15}$$

5.5.4 侧倾角对侧向力和回正力矩的影响

利用建立的机械弹性安全车轮侧倾特性刷子理论模型及其数值仿真模型，对机械弹性安全车轮在不同侧倾角情况下的侧向力和回正力矩进行对比分析。图 5.16

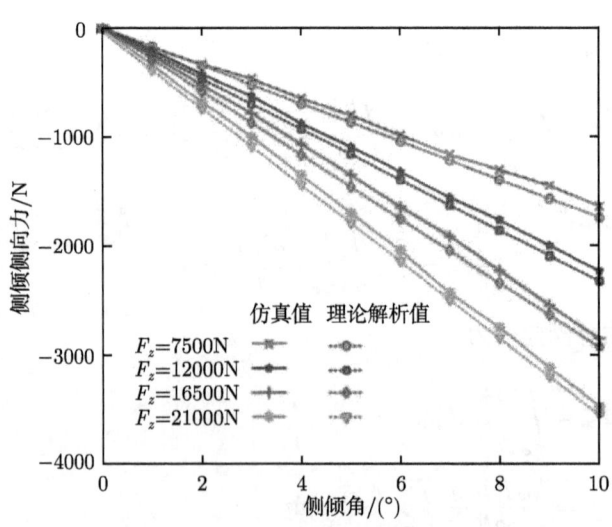

图 5.16 侧倾侧向力与侧倾角关系曲线

所示为在不同垂向载荷 F_z 工况下,侧倾侧向力随车轮侧倾角的变化关系曲线。由图 5.16 可知,侧向力随车轮侧倾角的增大呈线性增长,同时,在同一侧倾角情况下,车轮侧倾侧向力随垂向载荷的增大而增大。从图中的仿真数据和车轮侧倾特性刷子模型解析结果可知,理论值与仿真值之间虽然有一定的偏差,但是仍具有较好的一致性。

不同载荷工况下,回正力矩与侧倾角的变化关系如图 5.17 所示。由图 5.17 可知,回正力矩和侧倾角同样基本呈线性关系,在相同侧倾角时,回正力矩随垂向载荷的增大而增大;当载荷固定时,回正力矩随侧倾角的增大而增大。

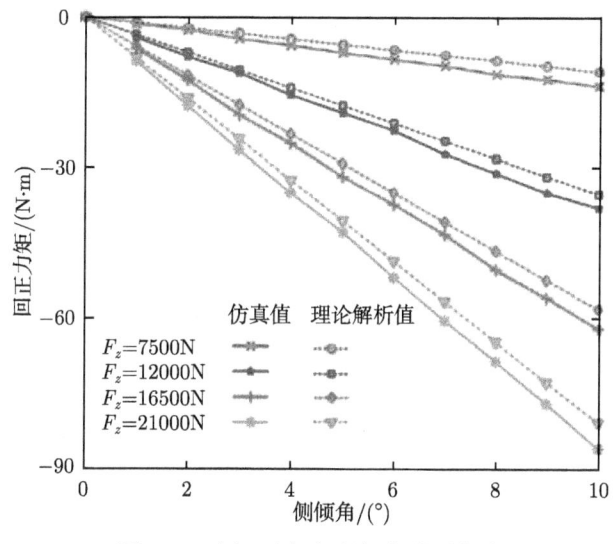

图 5.17 回正力矩与侧倾角关系曲线

5.6 机械弹性安全车轮侧倾角对侧偏特性的影响

5.6.1 侧倾侧偏特性试验

机械弹性安全车轮的侧倾侧偏特性试验是利用图 5.6 所示的平板式轮胎特性试验台进行测试的。图 5.18(a) 和图 5.18(b) 分别所示为纯侧倾和侧倾侧偏联合工况时机械弹性安全车轮的试验运动状态原理图,具体的试验过程如下[50,51]:

(1) 首先将机械弹性安全车轮倾斜一定角度,该角度即为车轮的侧倾角 γ(当侧倾角为零时此步可忽略);

(2) 利用加载装置对车轮施加一定大小的垂向载荷 F_z;

(3) 利用角度调节机构使测试车轮处于试验要求的侧偏角状态;

(4) 使试验台的平板以一定的速度进行往复运动,同时利用数据采集系统记录车轮在运动过程中的侧向力 F_y 和回正力矩 M_z；

(5) 改变侧倾角和侧偏角的大小，重复以上步骤即可获得车轮在不同侧倾角和侧偏角状态下的侧向力和回正力矩。

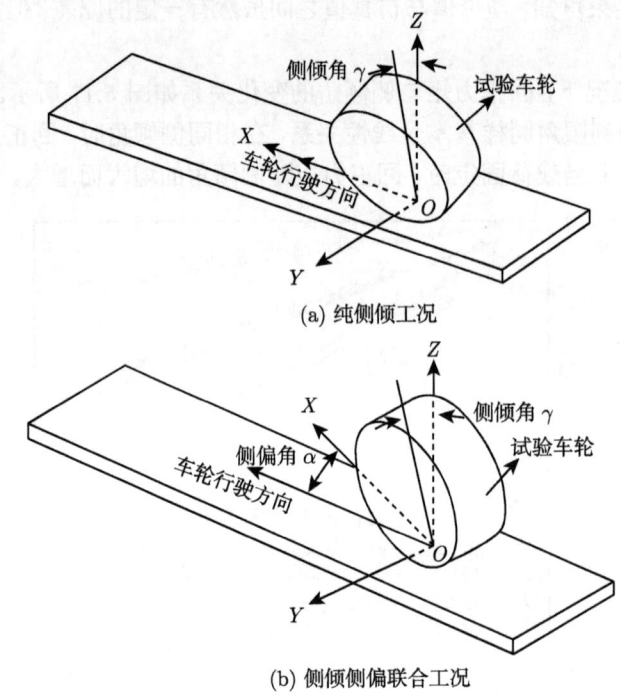

图 5.18 纯侧倾工况和侧倾侧偏联合工况试验车轮运动状态示意图

5.6.2 侧向力特性分析

图 5.19 所示为载荷为 12kN 时，不同侧倾角状态下机械弹性安全车轮侧向力随侧偏角变化的试验结果。由图 5.19 可知，在机械弹性安全车轮的侧倾角为 0° 时，侧向力曲线具有较明显的对称性，但是在侧倾侧偏联合作用下，侧向力产生了一定的偏移。在侧偏角为 8°~12° 时，侧向力逐渐发生饱和。当机械弹性安全车轮的侧倾角为 12° 时，在正侧偏角下车轮侧向力饱和的速度要大于负侧偏角时的速度。当机械弹性安全车轮的侧倾角为 −12° 时，在正侧偏角下车轮侧向力饱和速度要小于负侧偏角时的速度。因此，可以推断当机械弹性安全车轮的侧倾角和侧偏角同号时，侧倾角会促进侧向力的产生，从而使车轮更易产生全滑。当机械弹性安全车轮的侧倾角和侧偏角异号时，侧倾角会抑制侧向力的产生，从而使得车轮不易产生全滑。

第 5 章 机械弹性安全车轮侧向特性

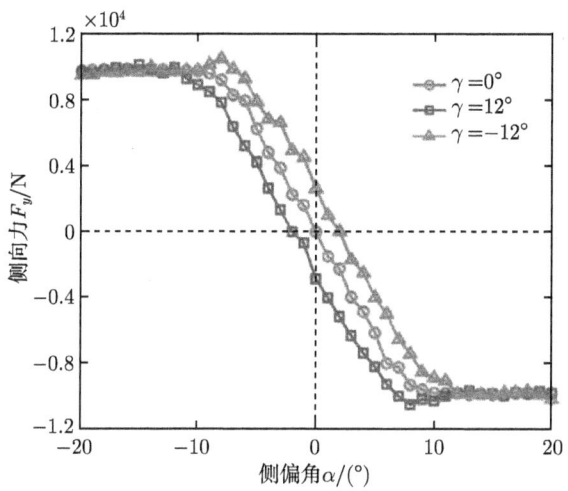

图 5.19 侧倾侧偏工况侧向力试验结果

5.6.3 回正力矩特性分析

图 5.20 所示为机械弹性安全车轮不同侧倾角下回正力矩与侧偏角的变化关系。观察图 5.20 中数据可知，当机械弹性安全车轮的侧偏角较大时，车轮的回正力矩发生了变号，只存在侧倾角时，侧倾也会产生一定大小的回正力矩。从图 5.20 中还可以看出，在机械弹性安全车轮的侧偏角为 $4°\sim 6°$ 时，回正力矩达到峰值。机械弹性安全车轮的侧倾角对回正力矩的影响同样具有方向性，当侧倾角和侧偏角同号时，侧倾角会使回正力矩减小，异号时则会使回正力矩增大。

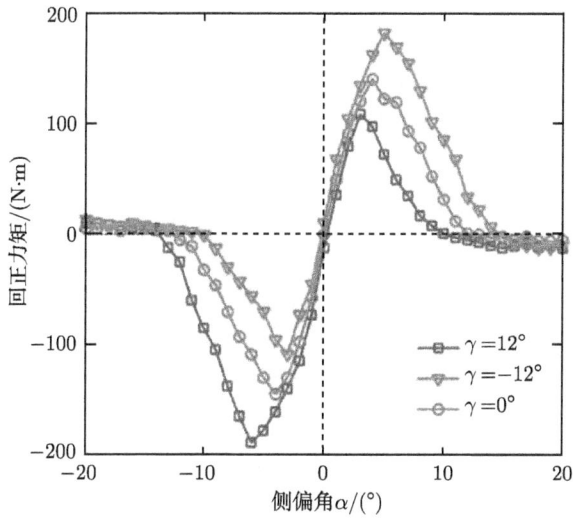

图 5.20 侧倾侧偏工况回正力矩理论及试验结果

5.6.4 载荷对侧倾侧偏特性的影响

为了研究不同垂向载荷下机械弹性安全车轮的侧倾侧偏特性,对多个载荷工况下的侧向力和回正力矩的理论和试验值进行了对比分析。图 5.21 和图 5.22 分别为当机械弹性安全车轮的侧倾角为 12° 时,在 3 种不同载荷工况下,车轮侧向力和回正力矩随侧偏角的变化关系。由图 5.21 可知,在同一侧偏角下,机械弹性安

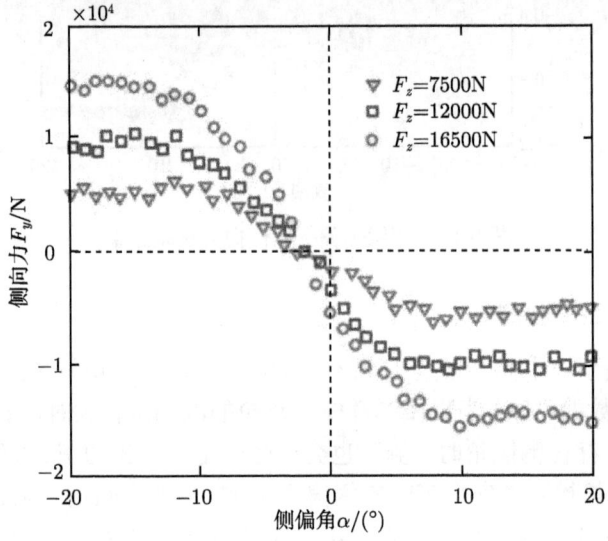

图 5.21 不同载荷工况侧向力结果 ($\gamma = 12°$)

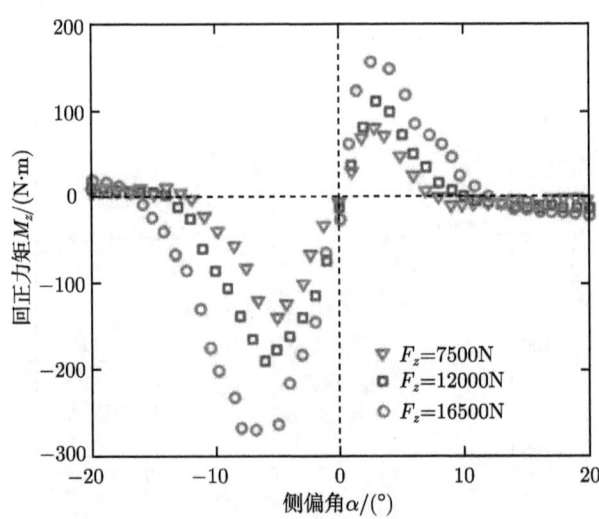

图 5.22 不同载荷工况回正力矩结果 ($\gamma = 12°$)

全车轮的侧向力和回正力矩随垂向载荷的增大而增大，同时垂向载荷的增大还会导致车轮不易产生全滑现象。由图 5.22 可知，在较大侧偏角时，试验数据发生了变号。

参 考 文 献

[1] 余志生. 汽车理论 [M]. 北京: 机械工业出版社, 2008.

[2] 庄继德. 汽车轮胎学 [M]. 北京: 北京理工大学出版社, 1996.

[3] 郭孔辉. 汽车操纵动力学原理 [M]. 南京: 江苏科学技术出版社, 2011.

[4] Sharp R S. Tyre structural mechanisms influencing shear force generation: Ideas form a multi-radial-spoke model[J]. Vehicle System Dynamics, 1991, 21: 145-155.

[5] Guo K, Liu Q. Modeling and simulation of non-steady state cornering properties and identification of structure parameters of tyres[J]. Vehicle System Dynamics, 1997, 27: 80-93.

[6] Bakker E, Nyborg L, Pacejka H B. Tyre modeling for use in vehicle dynamics studies[J]. SAE Transactions, 1987, 96: 190-204.

[7] 孙逢春, 李德圣, 李晓雷. 轮胎侧偏力学的新发展 [J]. 汽车工程, 1995, 17(2): 65-73.

[8] 赵又群, 郭孔辉. 稳态轮胎偏滑力学的发展及其展望 [J]. 汽车技术, 1997, (3): 1-5.

[9] Evans R D. Properties of tires affecting riding, steering and handling[C]. SAE Transactions, 1935, 30: 41-49.

[10] Bergman W, Clemett H R. Tire cornering properties[J]. Tire Science and Technology, 1975, 3(3): 135-163.

[11] Fiala E. Seitenkrafte am rollenden luftreifen (Lateral forces on rolling pneumatic tires) [J]. Zeitschrift-VDI, 1954, 96(29): 973-979.

[12] Kageyama I, Kuwahara S. A study on tire modeling for camber thrust and camber torque[J]. JSAE Review, 2002, 23(3): 325-331.

[13] Schuring D J, Pelz W, Pottinger M G. A model for combined tire cornering and braking forces[J]. SAE Transactions, 1996, 105: 113-125.

[14] 付宏勋, 赵又群, 林棻, 等. 机械弹性车轮稳态侧偏特性的理论与试验分析 [J]. 浙江大学学报 (工学版), 2017, 51(2): 344-349.

[15] 付宏勋, 赵又群, 杜现斌, 等. 机械弹性车轮侧向刚度的影响因素分析 [J]. 上海交通大学学报, 2017, 51(7): 863-869.

[16] Fu H X, Zhao Y Q. Steady-state cornering properties of a non-pneumatic tire with mechanical elastic structure[J]. Transactions of Nanjing University of Aeronautics and Astronautics, 2017, 34(5): 586-592.

[17] 郭孔辉. 轮胎侧偏特性的一般理论模型 [J]. 汽车工程, 1990, 12(3): 1-12.

[18] Bruzelius F, Hjort M, Svendenius J. Validation of a basic combined-slip tyre model for use in friction estimation applications[J]. Proceedings of the Institution of Mechanical

Engineers, Part D: Journal of Automobile Engineering, 2014, 228(13): 1622-1629.

[19] Huang C, Chen L, Jiang H B, et al. Lateral-slip characteristics and combined model for vehicle tyres[J]. International Journal of Vehicle Design, 2015, 67(2): 205-218.

[20] Pacejka H B. In-plane and out-of-plane dynamics of pneumatic tyres[J]. Vehicle System Dynamics, 1981, 10: 221-251.

[21] Pacejka H B. The wheel shimmy phenomenon [D]. Delft: Delft University of Technology, 1966.

[22] Guo K H, Xu N, Lu D, et al. A model for combined tire cornering and braking forces with anisotropic tread and carcass stiffness[J]. SAE International Journal of Commercial Vehicles, 2011, 4(1): 84-95.

[23] Guo K H, Ren L. A unified semi-empirical tire model with higher accuracy and less parameters[J]. SAE Transactions, 1999, 108: 1513-1520.

[24] 郭孔辉, 王裕民, 刘蕴博, 等. 轮胎侧偏特性的半经验模型 [J]. 汽车工程, 1986, (2): 44-54.

[25] Pacejka H B, Bakker E. The magic formula tyre model[J]. Vehicle System Dynamics, 1993, 21: 1-18.

[26] Pacejka H B, Besselink I J M. Magic formula tyre model with transient properties[J]. Vehicle System Dynamics, 1997, 27: 234-249.

[27] Oosten I J M, Bakker E. Determination of magic tyre model parameters[J]. Vehicle System Dynamics, 1992, 21: 19-29.

[28] Pacejka H B, Sharp R S. Shear force development by pneumatic tyres in steady state conditions: A review of modelling aspects[J]. Vehicle System Dynamics, 1991, 20(3/4): 121-175.

[29] Pacejka H B. Approximate dynamic shimmy response of pneumatic tires[J]. Vehicle System Dynamics, 1973, 2(1): 49-60.

[30] Gim G, Nikravesh P E. An analytical model of pneumatic tyres for vehicle dynamics simulations. Part I: Pure slips[J]. International Journal of Vehicle Design, 1990, 11(6): 589-618.

[31] Gim G, Nikravesh P E. An analytical model of pneumatic tyres for vehicle dynamics simulations. Part II: Comprehensive slips[J]. International Journal of Vehicle Design, 1991, 12(1): 9-39.

[32] Gim G, Nikravesh P E. An analytical model of pneumatic tyres for vehicle dynamics simulations. Part III: Validation against experimental data[J]. International Journal of Vehicle Design, 1991, 12(2): 217-228.

[33] 许男. 复合工况下轮胎稳态模型研究 [D]. 长春: 吉林大学, 2012.

[34] 危银涛, 沈筱亮. 轮胎稳态运动学与六分力预报 I: 理论与方法 [J]. 机械工程学报, 2012, 48(15): 65-74.

[35] 崔胜民. 轮胎制动与驱动特性的理论模型 [J]. 汽车技术, 1995, (1): 6-9.

[36] 李杰, 庄继德, 魏东. 沙漠仿生轮胎的静态特性和动态特性研究 [J]. 农业机械学报, 2007, 38(9): 30-33.

[37] Kim S, Kondo K, Akasaka T. Contact pressure distribution of radial tire in motion with camber angle[J]. Tire Science and Technology, 2000, 28(1): 2-32.

[38] Ali R, Dhillon R, EI-Gindy M. Prediction of rolling resistance and steering characteristics using finite element analysis truck tyre model[J]. International Journal of Vehicle Systems Modelling and Testing, 2013, 8(2): 179-201.

[39] El-Gawwad K A, Crolla D A, Soliman A M A, et al. Off-road tyre modeling II: effect of camber on tyre performance[J]. Journal of Terramechanics, 1999, 36: 25-38.

[40] Tonuk E, Unlusoy Y S. Prediction of automobile tire cornering force characteristics by finite element modeling and analysis[J]. Computers and Structures, 2001, 79: 1219-1232.

[41] Deur J, Asgari J, Hrovat D. A 3D brush-type dynamic tire friction model[J]. Vehicle System Dynamics, 2004, 42(3): 133-173.

[42] Denti E, Fanteria D. Models of wheel contact dynamics: An analytical study on the in-plane transient responses of a brush model[J]. Vehicle System Dynamics, 2000, 34(3): 199-225.

[43] Fujioka T, Goda K. Discrete brush tire model for calculating tire forces with large camber angle[J]. Vehicle System Dynamics, 1996, 25: 200-216.

[44] Mavros G, Rahnejat H, King P D. Transient analysis of tyre friction generation using a brush model with interconnected viscoelastic bristles[J]. Proceedings of the Institution of Mechanical Engineers, Part K: Journal of Multi-body Dynamics, 2005, 219(3): 275-283.

[45] 郭孔辉, 卢荡. 轮胎稳态侧倾力学特性理论建模 [J]. 中国机械工程, 2001, 12(5): 589-591.

[46] Svendenius J, Gafvert M, Bruzelius F, et al. Experimental validation of the brush tire model[J]. Tire Science and Technology, 2009, 37(2): 122-137.

[47] Guo K H, Zhuang Y, Lu D, et al. A study on speed-dependent tyre-road friction and its effect on the force and moment[J]. Vehicle System Dynamics, 2005, 43: 329-340.

[48] 杜现斌, 赵又群, 林棻, 等. 机械弹性车轮纯外倾力学特性刷子理论建模 [J]. 哈尔滨工程大学学报, 2018, 39(3): 569-574.

[49] 杜现斌, 赵又群, 肖振, 等. 基于刷子模型的悬链式非充气车轮外倾侧偏特性分析 [J]. 上海交通大学学报, 2018, 52(3): 305-311.

[50] 赵又群, 杜现斌, 林棻, 等. 侧倾角对机械弹性车轮刚度及接地特性的影响 [J]. 兵工学报, 2018, 39(3): 444-450.

[51] Du X B, Zhao Y Q, Lin F, et al. Numerical and experimental investigation on the camber performance of a non-pneumatic mechanical elastic wheel[J]. Journal of the Brazilian Society of Mechanical Sciences and Engineering, 2017, 39(9): 3315-3327.

第6章 机械弹性安全车轮垂向振动特性

机械弹性安全车轮的振动模态特性直接反映了机械弹性安全车轮的结构力学特征,通过机械弹性安全车轮的振动特性分析不仅可以了解其频域特性,并且可获得机械弹性安全车轮的模型参数。本章利用弹性基础环 (ring on elastic foundation, REF) 模型 [1-9]、有限元计算及试验测试相结合的方法,对机械弹性安全车轮和辁轮的振动特性进行研究,并对理论预测和仿真计算结果进行试验验证,通过模态试验对机械弹性安全车轮与充气轮胎车轮的振动特性进行对比分析 [10-14]。根据路径传递率和介入损失分析机械弹性安全车轮的振动传递特性。分析结果能够反映机械弹性安全车轮振动特性的客观规律性和双重缓冲减振的传递特性,可以为机械弹性安全车轮的结构优化及整车的振动特性分析提供参考。

6.1 REF 模型和有限元仿真

6.1.1 REF 模型

机械弹性安全车轮的辁轮由橡胶胎圈、弹性环和卡环等部件构成,建模过程中只考虑机械弹性安全车轮的面内变形和动力学特性,因此可将机械弹性安全车轮近似简化为 REF 模型,如图 6.1 所示,其中机械弹性安全车轮的弹性环可看作圆环,径向和周向的弹性基础分别代表铰链组效应和辁轮橡胶效应,弹性环 (圆环) 与轮毂之间由弹簧进行连接。

模型中的无约束圆环在 $XYZ\text{-}O$ 坐标系中,以角速度 Ω 绕 Y 轴进行旋转,用圆柱坐标来描述车轮离散点的位置;在非旋转系统中,用 (R,ϕ) 来表示点的坐标;在旋转系统中,用 (R,θ) 来表示。其中,k_r 为径向弹簧刚度,k_v 为切向弹簧刚度,R 为车轮未变形的有效半径,h 为圆环厚度,q_r 为外加径向力,q_v 为外加切向力,q_β 为外加力矩。

第 6 章 机械弹性安全车轮垂向振动特性

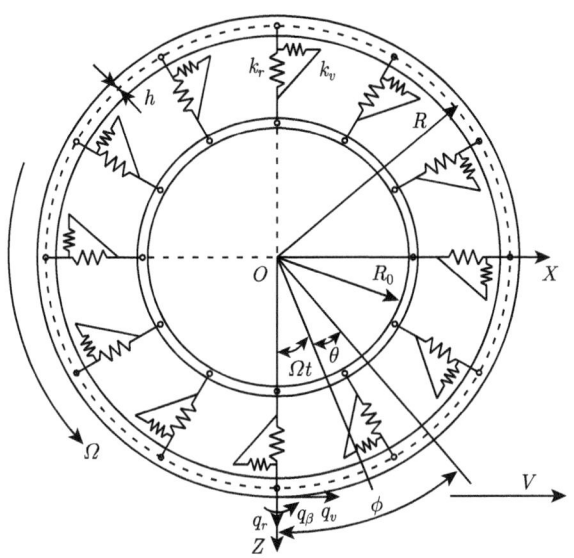

图 6.1 机械弹性安全车轮环模型及辊轮剖面结构

6.1.2 运动方程

假设横截面的剪切变形和翘曲忽略不计，根据拉格朗日应变理论，圆环的弯曲应变可表示为

$$\varepsilon_\theta = \frac{\overline{v'}+\overline{w}}{R} + \frac{1}{2}\left(\frac{\overline{v'}+\overline{w}}{R}\right)^2 + \frac{1}{2}\left(\frac{\overline{v}-\overline{w'}}{R}\right)^2 \tag{6-1}$$

式中，$\overline{v}$ 为环的周向位移；$\overline{w}$ 为环的径向位移；"′" 为对 θ 的偏导数 [9]。

将式 $\overline{v}=v+z\beta, \overline{w}=w$ 和 $\beta=(v-w'/R)$ 代入式 (6-1) 可得

$$\varepsilon_\theta = \frac{v'+w}{R} + \frac{1}{2}\left(\frac{v'+w}{R}\right)^2 + \frac{1}{2}\left(\frac{v-w'}{R}\right)^2 + \frac{z}{R^2}(v'-w'') \tag{6-2}$$

式中，v 和 w 分别为中平面周向和径向位移。

基于 Hamilton 原理，$\delta\int_{t_1}^{t_2}(U-T-W)\mathrm{d}t=0$，势能、动能和外力功可表示为

$$U = b\int_0^{2\pi}\int_{-(h/2)}^{(h/2)}\left(\frac{1}{2}\sigma_\theta\varepsilon_\theta + \sigma_\theta^0\varepsilon_\theta\right)R\mathrm{d}z\mathrm{d}\theta + \int_0^{2\pi}\left(\frac{1}{2}k_rw^2 + \frac{1}{2}k_vv^2\right)R\mathrm{d}\theta \tag{6-3}$$

$$T = \int_0^{2\pi}\frac{1}{2}\rho AR\left[(\dot{w}-\Omega v)^2 + (\dot{v}+\Omega(w+R))^2\right]\mathrm{d}\theta \tag{6-4}$$

$$W = \int_0^{2\pi}\left(q_rw + q_vv + q_\beta\frac{v'-w}{R}\right)R\mathrm{d}\theta \tag{6-5}$$

式中，δ 为振动符号；U 为势能；T 为动能；W 为外力功；σ_θ^0 为初始应力；A 为圆环截面面积；ρ 为圆环密度；b 为有效宽度。

根据不可伸展的条件 $v' + w = 0$，将式 (6-2) ~ 式 (6-5) 代入 $\delta \int_{t_1}^{t_2} (U - T - W) \mathrm{d}t = 0$ 中，可得运动方程为

$$-\frac{EI}{R^4}(v^{(6)} + 2v^{(4)} + v'') + \sigma_\theta^0 A \frac{1}{R^2}(v^{(4)} + 2v'' + v) + \rho A(\ddot{v} - \ddot{v}'' - 4\Omega \dot{v}' + \Omega^2(v'' - v))$$
$$- k_r v'' + k_v v = q_r' + q_v + \frac{1}{R}q_\beta'' + \frac{1}{R}q_\beta \tag{6-6}$$

式中，E 为有效模量；I 为惯性力矩；EI 为环的有效弯曲刚度。

非旋转车轮的固有频率可用于确定模型参数和验证模型，设参数 Ω、q_r、q_v 和 q_β 均为零，式 (6-6) 可表达为

$$-\frac{EI}{R^4}\left(v^{(6)} + 2v^{(4)} + v''\right) - k_r v'' + k_v v + \rho A(\ddot{v} - \ddot{v}'') = 0 \tag{6-7}$$

设自由振动模态用正弦级数进行表示，可得

$$v(\theta, t) = \sum_{n=0}^{\infty} A_n \sin(n\theta + \omega_n t) \tag{6-8}$$

将式 (6-8) 代入式 (6-7) 可得非旋转车轮的固有频率为

$$f_n = \frac{\omega_n}{2\pi} = \frac{1}{2\pi} \left\{ \frac{1}{\rho A(1+n^2)} \left[\frac{EI}{R^4}(n^6 - 2n^4 + n^2) + k_r n^2 + k_v \right] \right\}^{\frac{1}{2}} \tag{6-9}$$

设 q_r、q_v、q_β 均为零，可得旋转车轮的无阻尼振动频率。设振动模态的表达式为

$$v(\phi, t) = B_0 \sin \omega_0 t + (B_1 \sin \phi + \bar{B}_1 \cos \phi) \sin \omega_1 t + \sum_{n=2}^{\infty} B_n \sin(n\phi + \omega_n t) \tag{6-10}$$

式中，$\phi = \theta + \Omega t$。式 (6-10) 的假设形式反映了当 $n > 1$ 时的模态振型为复合形式。

当 $n > 1$ 时，将式 (6-10) 代入式 (6-6) 可得旋转车轮的无阻尼振动频率为

$$\bar{f}_n = \left| \frac{2\Omega n}{n^2 + 1} \pm \sqrt{\frac{\Omega^2 n^2 (n^2-1)^2}{(n^2+1)^2} + f_n^2} \right| \tag{6-11}$$

为了获得车轮与平滑地面接触的动态特性，设车轮径向和切向的黏滞阻尼系数分别为 c_r 和 c_v，则运动方程 (6-6) 可表达为

$$-\frac{EI}{R^4}\left(v^{(6)} + 2v^{(4)} + v''\right) + \frac{\sigma_\theta^0 A}{R^2}\left(v^{(4)} + 2v'' + v\right) + \rho A \left[\ddot{v} - \ddot{v}'' - 4\Omega \dot{v}' + \Omega^2(v'' - v)\right]$$
$$- k_r v'' + k_v v - c_r \dot{v}'' + c_v \dot{v} = q_r' + q_v + \frac{q_\beta''}{R} + \frac{q_\beta}{R}$$
$$\tag{6-12}$$

第 6 章 机械弹性安全车轮垂向振动特性

作为一种近似方法，函数 $v(\phi,t)$ 和 $q_r' + q_v$ 通过傅里叶级数展开可得

$$v(\phi,t) = \alpha_0/2 + \sum_{n=0}^{N} [\alpha_n(t)\cos n\phi + \beta_n(t)\sin n\phi] \qquad (6\text{-}13)$$

$$q_r' + q_v = g_0/2 + \sum_{n=0}^{N} [g_n(t)\cos n\phi + h_n(t)\sin n\phi] \qquad (6\text{-}14)$$

式中

$$g_n = \frac{1}{\pi}\int_0^{2\pi} (q_v \cos n\phi + nq_r \sin n\phi)\,\mathrm{d}\phi \qquad (6\text{-}15)$$

$$h_n = \frac{1}{\pi}\int_0^{2\pi} (q_v \sin n\phi - nq_r \cos n\phi)\,\mathrm{d}\phi \qquad (6\text{-}16)$$

将式 (6-13)、式 (6-14) 和 $q_\beta = 0$ 代入式 (6-12)，可得一系列线性二阶常微分方程组。

$n = 0$:

$$\rho A \ddot{\alpha}_0 + c_v \dot{\alpha}_0 + k_v \alpha_0 = g_0 \qquad (6\text{-}17)$$

$n \neq 0$:

$$\begin{bmatrix} m_n & \\ & m_n \end{bmatrix}\begin{bmatrix} \ddot{\alpha}_n \\ \ddot{\beta}_n \end{bmatrix} + \begin{bmatrix} c_n & \gamma_n \\ -\gamma_n & c_n \end{bmatrix}\begin{bmatrix} \dot{\alpha}_n \\ \dot{\beta}_n \end{bmatrix} + \begin{bmatrix} k_n & \tau_n \\ -\tau_n & k_n \end{bmatrix}\begin{bmatrix} \alpha_n \\ \beta_n \end{bmatrix} = \begin{bmatrix} g_n \\ h_n \end{bmatrix} \qquad (6\text{-}18)$$

式中

$$m_n = \rho A(1+n^2), \quad c_n = n^2 c_r + c_v, \quad \gamma_n = -4\rho A n\Omega$$

$$k_n = \frac{EIn^2(n^2-1)^2}{R^4} + k_r n^2 + k_v - \rho A(n^2+1)\Omega^2, \quad \tau_n = n\Omega c_n$$

假设车轮接地表面无摩擦，接触力只作用于车轮垂直方向上，则径向和切向力可表示为

$$q_r(\phi) = \bar{F}(\phi)\sin\phi \qquad (6\text{-}19)$$

$$q_v(\phi) = \bar{F}(\phi)\cos\phi \qquad (6\text{-}20)$$

式中，$\bar{F}(\phi)$ 为接触外力。

根据式 (6-13) 和车轮与地面接触点的角位置，接触外力可表示为

$$\bar{F}(\phi) = \sum_{i=1}^{m} \bar{F}_{ci}\eta(\phi - \phi_{ci}) \qquad (6\text{-}21)$$

式中，m 为接触点的数量；η 为脉冲函数；ϕ_{ci} 为第 i 接触点的位置，且接触点的数量主要取决于环的基础刚度 [7]。

针对所研究的问题，接触主要发生在四个接触点处，在垂直方向上力的平衡可表达为

$$\sum_{i=1}^{m} \bar{F}_{ci} = F/(Rb) \tag{6-22}$$

$$r(\phi_{ci}) = r(\phi_{c,i+1}), \quad i = 1, 2, \cdots, m-1 \tag{6-23}$$

式中，$r(\phi)$ 为在角位置 ϕ_{ci} 处外力作用下的位移，利用无伸展性的假设 $w = -v'$，可得

$$r(\phi) = [R - v'(\phi)]\sin\phi + v(\phi)\cos\phi \tag{6-24}$$

在接触点处有

$$r'(\phi_{ci}) = 0, \quad i = 1, 2, \cdots, m \tag{6-25}$$

在无振动情况下，利用式 (6-15)、式 (6-16) 和式 (6-19) ~ 式 (6-22) 可得

$$\alpha_0 = g_0/k_v \tag{6-26}$$

$$\alpha_n = (k_n g_n - n\Omega c_n h_n)/(k_n^2 + n^2\Omega^2 c_n^2) \tag{6-27}$$

$$\beta_n = (k_n h_n + n\Omega c_n g_n)/(k_n^2 + n^2\Omega^2 c_n^2) \tag{6-28}$$

式中

$$g_n = \sum_{i=1}^{m} \bar{F}_{ci}(\cos n\phi_{ci}\cos\phi_{ci} + n\sin n\phi_{ci}\sin\phi_{ci})/\pi \tag{6-29}$$

$$h_n = \sum_{i=1}^{m} \bar{F}_{ci}(\sin n\phi_{ci}\cos\phi_{ci} - n\cos n\phi_{ci}\sin\phi_{ci})/\pi \tag{6-30}$$

将式 (6-13) 代入式 (6-24) 可得

$$r(\phi) = R\sin\phi + \frac{\alpha_0}{2}\cos\phi$$
$$+ \sum_{n=1}^{N}[\alpha_n(n\sin n\phi\sin\phi + \cos n\phi\cos\phi) - \beta_n(n\cos n\phi\sin\phi - \sin n\phi\cos\phi)] \tag{6-31}$$

将式 (6-31) 对 ϕ 进行微分可得

$$r'(\phi) = R\cos\phi - \frac{\alpha_0}{2}\sin\phi + \sum_{n=1}^{N}(n^2-1)(\alpha_n\cos n\phi\sin\phi + \beta_n\sin n\phi\sin\phi) \tag{6-32}$$

$$r''(\phi) = -R\sin\phi - \frac{\alpha_0}{2}\cos\phi$$

第 6 章 机械弹性安全车轮垂向振动特性

$$+ \sum_{n=1}^{N}(n^2-1)[\alpha_n(\cos n\phi \cos\phi - n\sin n\phi \sin\phi)$$
$$+ \beta_n(\sin n\phi \cos\phi + n\cos n\phi \sin\phi)] \tag{6-33}$$

根据 Newton 法，利用约束条件 (6-23) 和 (6-25) 可将式 (6-26) ~ 式 (6-32) 表达为关于 $\bar{F}_{ci}$ 和 ϕ_{ci} 的函数公式。但当车轮无阻尼无转动且只有一个接触点时，上述解可表达为 $\bar{F}_{c1} = F/(Rb)$ 和 $\phi_{c1} = 0$。

假设静态平衡下的变量 $\bar{\alpha}_n$、$\bar{\beta}_n$、$\bar{F}_{ci}$ 和 $\bar{\phi}_{ci}$ 的摄动分别为

$$\bar{\alpha}_n = \alpha_n - \tilde{\alpha}_n, \quad \bar{\beta}_n = \beta_n - \tilde{\beta}_n, \quad \bar{\bar{F}}_{ci} = \bar{F}_{ci} - \tilde{\bar{F}}_{ci}, \quad \bar{\phi}_{ci} = \phi_{ci} - \tilde{\phi}_{ci} \tag{6-34}$$

关于静态平衡，对式 (6-17) 和式 (6-18) 进行线性化可得

$$(\rho A \ddot{\bar{\alpha}}_0 + c_v \dot{\bar{\alpha}}_0 + k_v \bar{\alpha}_0)/2 = (d_{01}^{\mathrm{T}} \bar{\bar{F}}_c + d_{03}^{\mathrm{T}} \tilde{f}_c \bar{\phi}_c)/(2\pi), \quad n = 0 \tag{6-35}$$

$$\begin{bmatrix} m_n & \\ & m_n \end{bmatrix} \begin{bmatrix} \ddot{\bar{\alpha}}_n \\ \ddot{\bar{\beta}}_n \end{bmatrix} + \begin{bmatrix} c_n & \gamma_n \\ -\gamma_n & c_n \end{bmatrix} \begin{bmatrix} \dot{\bar{\alpha}}_n \\ \dot{\bar{\beta}}_n \end{bmatrix} + \begin{bmatrix} k_n & \tau_n \\ -\tau_n & k_n \end{bmatrix} \begin{bmatrix} \bar{\alpha}_n \\ \bar{\beta}_n \end{bmatrix}$$
$$= \frac{1}{\pi} \begin{bmatrix} d_{n1}^{\mathrm{T}} \bar{\bar{F}}_c + d_{n3}^{\mathrm{T}} \tilde{f}_c \bar{\phi}_c \\ d_{n2}^{\mathrm{T}} \bar{\bar{F}}_c + d_{n4}^{\mathrm{T}} \tilde{f}_c \bar{\phi}_c \end{bmatrix}, \quad n \neq 0 \tag{6-36}$$

式中

$$\bar{\bar{F}}_c = [\bar{\bar{F}}_{c1}, \cdots, \bar{\bar{F}}_{cm}]^{\mathrm{T}}, \quad \bar{\phi}_c = [\bar{\phi}_{c1}, \cdots, \bar{\phi}_{cm}]^{\mathrm{T}}, \quad \tilde{f}_c = \mathrm{diag}[\tilde{\bar{F}}_{c1}, \cdots, \tilde{\bar{F}}_{cm}]$$

$$d_{n1}(i) = \cos n\tilde{\phi}_{ci} \cos \tilde{\phi}_{ci} + n\sin n\tilde{\phi}_{ci} \sin \tilde{\phi}_{ci}, \quad d_{n2}(i) = \sin n\tilde{\phi}_{ci} \cos \tilde{\phi}_{ci} - n\cos n\tilde{\phi}_{ci} \sin \tilde{\phi}_{ci}$$

$$d_{n3}(i) = (n^2-1)\cos n\tilde{\phi}_{ci} \sin \tilde{\phi}_{ci}, \quad d_{n4}(i) = (n^2-1)\sin n\tilde{\phi}_{ci} \sin \tilde{\phi}_{ci}$$

关于静态平衡，对边界条件 $r(\phi_{ci}) = r(\phi_{c,i+1})$ 和 $r'(\phi_{ci}) = 0$ 进行线性化可得

$$H_1^{\mathrm{T}} Q = 0 \tag{6-37}$$

$$\Phi \bar{\phi}_c + H_2^{\mathrm{T}} Q = 0 \tag{6-38}$$

式中，$H_1 = [d_{01}/2 \ d_{11} \ d_{12} \ \cdots \ d_{M1} \ d_{M2}]^{\mathrm{T}}$；$H_2 = [d_{03}/2 \ d_{13} \ d_{14} \ \cdots \ d_{M3} \ d_{M4}]^{\mathrm{T}}$；$Q = [\bar{\alpha}_0 \ \bar{\alpha}_1 \ \bar{\beta}_1 \ \cdots \ \bar{\alpha}_N \ \bar{\beta}_N]^{\mathrm{T}}$；$\Phi = \mathrm{diag}[r''(\tilde{\varphi}_{c1}), \cdots, r''(\tilde{\varphi}_{cm})]$。

式 (6-35) ~ 式 (6-38) 合并为

$$\begin{bmatrix} \hat{m}_n & 0 & 0 \\ 0 & 0 & 0 \\ 0 & 0 & 0 \end{bmatrix} \begin{bmatrix} \ddot{Q} \\ \ddot{\bar{F}}_c \\ \ddot{\bar{\phi}}_c \end{bmatrix} + \begin{bmatrix} \hat{\lambda} & 0 & 0 \\ 0 & 0 & 0 \\ 0 & 0 & 0 \end{bmatrix} \begin{bmatrix} \dot{Q} \\ \dot{\bar{F}}_c \\ \dot{\bar{\phi}}_c \end{bmatrix}$$

$$+\begin{bmatrix} \hat{\psi} & -H_1/\pi & -H_2\tilde{f}_c/\pi \\ H_1^T & 0 & 0 \\ H_2^T & 0 & \Phi \end{bmatrix}\begin{bmatrix} Q \\ \bar{\bar{F}}_c \\ \bar{\phi}_c \end{bmatrix}=\begin{bmatrix} 0 \\ 0 \\ 0 \end{bmatrix} \quad (6\text{-}39)$$

式中，$\hat{m}_n(n,n)=\rho A/(n^2+1)$；$\hat{m}_1(1,1)=\rho A/2$；$\hat{\lambda}(1,1)=c_v/2$；$\hat{\psi}(1,1)=k_v/2$；$\hat{\lambda}(2n,2n)=c_n$；$\hat{\lambda}(2n,2n+1)=\gamma_n$；$\hat{\lambda}(2n+1,2n)=-\gamma_n$；$\hat{\lambda}(2n+1,2n+1)=c_n$；$\hat{\psi}(2n,2n)=k_n$；$\hat{\psi}(2n,2n+1)=\tau_n$；$\hat{\psi}(2n+1,2n)=-\tau_n$；$\hat{\psi}(2n+1,2n+1)=k_n$。

车轮接地状态的模态频率和振型可根据式 (6-39) 进行求解。

6.1.3 REF 模型参数确定

机械弹性安全车轮的几何与结构模型参数如表 6.1 所示。

表 6.1 机械弹性安全车轮几何与结构模型参数

参数类型	参数值
ρ	$2.56\times 10^3\,\mathrm{kg/m^3}$
h	0.054m
b	0.317m
A	$0.017\mathrm{m}^2$
R	0.45m

通过与试验模态振型和频率进行对比，可获得模型的物理参数 k_r、k_v 和 EI。

鉴于机械弹性安全车轮简化的 REF 模型，通过试验模态振型与计算振型的对比，将 $n=1,4,6$ 的试验模态频率代入式 (6-9)，可求得环的有效弯曲刚度、径向刚度和切向刚度，即 $EI=1642.24\mathrm{N\cdot m^2}$，$k_r=2.39\times 10^7\mathrm{N/m^2}$，$k_v=-2.036\times 10^7\mathrm{N/m^2}$，从而可获得与试验结果相对应的所有理论计算的模态频率，如表 6.2 所示。

表 6.2 机械弹性安全车轮固有频率 (REF 模型值和试验值)

阶次	$n=0$	$n=1$	$n=2$	$n=3$	$n=4$	$n=5$	$n=6$
REF 模型值/Hz	—	32.26	94.24	112.16	132.05	160.81	203.13
试验值/Hz	—	32.14	88.12	105.47	131.73	153.65	202.59

通过 REF 模型和模态试验获得的固有频率和振型的对比可知，理论预测的模态频率的误差最大为 6.94%，从而说明了基于 REF 模型预测的机械弹性安全车轮模态和试验模态吻合性较好，同时验证了 REF 模型对机械弹性安全车轮振动特性的预测具有较高的可靠性。

同时，根据理论预测和试验模态可获得机械弹性安全车轮在负荷为 3000N 状态下的振动模态频率，如表 6.3 所示。

根据试验模态 $n=1$ 和 $n=2$ 的频率，利用 $c_v=2\zeta_0\sqrt{k_v\rho h}$ 和 $c_r=$

$2\zeta_1\sqrt{2(k_r+k_v)\rho h}-c_v$ 可获得理论预测模型的阻尼系数 c_r 和 c_v 的值，从而可解得和试验模态频率相对的其他预测频率。

表 6.3 机械弹性安全车轮负荷振动频率 (REF 模型值和试验值)

阶次	$n=1$	$n=2$	$n=3$	$n=4$	$n=5$	$n=6$
REF 模型值/Hz	35.39	101.13	119.87	142.08	171.82	219.86
试验值/Hz	33.26	96.68	116.59	136.92	164.27	211.45

6.1.4 基于 REF 的有限元模型

根据弹性基础环模型理论的特点，为更加明确机械弹性安全车轮面内的力学特性，机械弹性安全车轮弹性环的柔度由对应节点之间的径向与切向弹性单元来模拟，帘布–橡胶复合材料采用 rebar 单元来模拟，橡胶体通过 C3D10M 单元来模拟，单元材料为超弹性橡胶材料，为了较好地表征橡胶材料力学特性，采用 Mooney-Rivilin 超弹性本构模型进行描述。根据弹性环模型理论简化的辁轮和机械弹性安全车轮有限元模型[15-22]如图 6.2 所示。

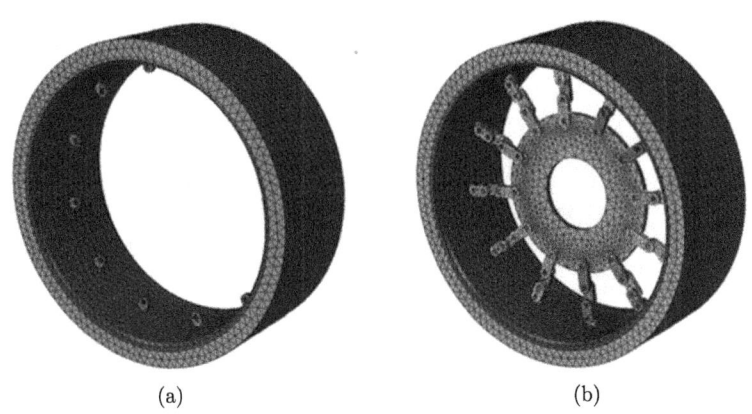

图 6.2 基于 REF 理论的辁轮及车轮有限元模型

6.1.5 仿真分析

由有限元模型计算得到辁轮和机械弹性安全车轮面内的径向模态参数，与试验振型结果进行对照，选出与试验模态振型相近的计算模态振型及所对应的频率，得出前六阶带阻尼结构的模态频率和振型，如表 6.4 和表 6.5 所示。

通过上述分析可知，采用单一变量法，可以通过固有频率的变化来研究机械弹性安全车轮的振动特性，以及不同工况对车轮振动特性的影响规律。

表 6.4 辘轮有限元计算模态结果

阶次	1	2	3
模态频率 /Hz	26.72	54.34	75.82
模态振型	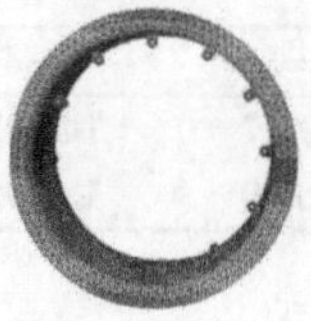 错动	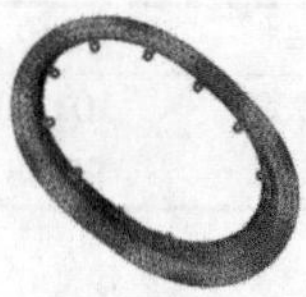 椭圆	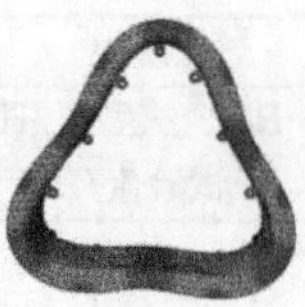 三瓣

阶次	4	5	6
模态频率 /Hz	103.57	123.63	156.45
模态振型	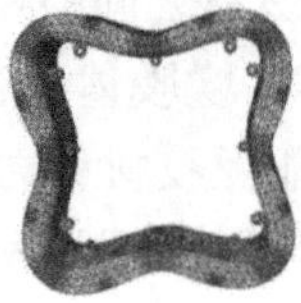 四瓣	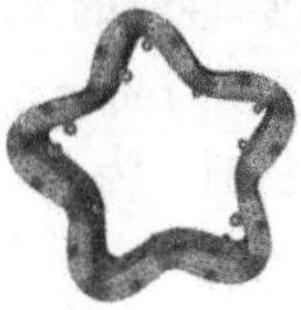 五瓣	 六瓣

表 6.5 机械弹性安全车轮有限元计算模态结果

阶次	1	2	3
模态频率 /Hz	30.31	90.83	107.46
模态振型	 错动	 椭圆	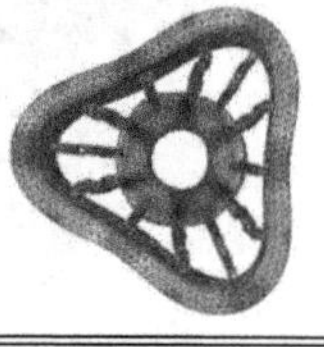 三瓣

阶次	4	5	6
模态频率 /Hz	134.27	158.64	207.36
模态振型	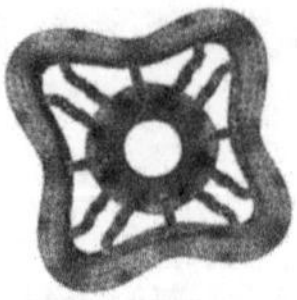 四瓣	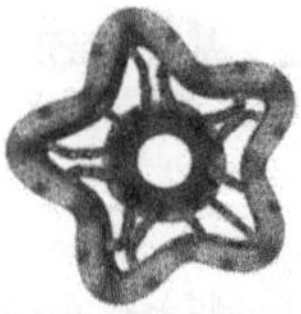 五瓣	 六瓣

6.2 试验模态分析

6.2.1 模态试验理论模型

根据模态试验的基本原理[23,24]，将机械弹性车轮进行离散化，其弹性和阻尼

特性用线性模型来描述，系统的振动微分方程为

$$M\ddot{x}(t) + C\dot{x}(t) + Kx(t) = F(t) \tag{6-40}$$

式中，M、C 和 K 分别为系统的质量矩阵、阻尼矩阵和刚度矩阵；$\ddot{x}(t)$、$\dot{x}(t)$ 和 $x(t)$ 分别为系统节点的加速度矩阵、速度矩阵和位移矩阵；$F(t)$ 为系统节点的激振力矩阵，其中 t 为时间。

在振动模态试验中，对式 (6-40) 两边进行傅里叶变换可得

$$(j\omega)^2 MX(\omega) + j\omega CX(\omega) + KX(\omega) = F(\omega) \tag{6-41}$$

式中，$F(\omega)$、$X(\omega)$ 分别为激振力 $F(t)$ 和位移响应向量 $x(t)$ 的傅里叶变换。

令

$$H(\omega) = -\omega^2 M + j\omega C + K \tag{6-42}$$

式 (6-41) 可简化为

$$X(\omega) = H(\omega)F(\omega) \tag{6-43}$$

式中，$H(\omega)$ 为传递函数矩阵。

当在第 j 点激振时，在 i 点测响应，可得传递函数矩阵中第 j 行 i 列元素为

$$H_{ij}(\omega) = \sum_{r=1}^{n} \frac{\varphi_{ir}\varphi_{jr}}{K_r - \omega^2 M_r + j\omega C_r} \tag{6-44}$$

式中，φ_{ir}、φ_{jr} 为 i、j 点振型元素。

6.2.2 模态测试系统

机械弹性安全车轮分别安装在自由悬置支撑架和多功能试验台上，采用移动力锤法对车轮的固有频率和负荷振动频率进行分析，并利用模态试验分析软件 LMS Test.Lab 进行识别分析，试验设备如表 6.6 所示。

表 6.6 试验仪器设备

设备名称	型号
多通道数据采集系统	SCM205
模态试验分析系统	LMS Test.Lab 13A
模态力锤	086C03
加速度传感器	333B30
计算机工作站	Dell

利用棕绳将车轮自由悬置，如图 6.3 所示，采用单点激振多点拾振的方法对机械弹性车轮进行模态分析。自由悬置的自振频率 (小于 1Hz) 远低于车轮一阶固有

频率 (约为 30Hz)，因此可忽略支撑对模态参数提取的影响。设置频带为 512Hz 和频率分辨率为 0.83Hz，进行自由模态试验。

图 6.3　自由悬置状态机械弹性安全车轮模态试验

机械弹性安全车轮加载状态如图 6.4 所示，对不同垂直载荷作用下的车轮振动模态进行试验研究。在加载过程中，通过静态应变传感器获得车轮负荷数值，并可根据液压机构对其大小进行调节。

考虑机械弹性安全车轮结构的特点，在辘轮胎面径向中心圆处共布置 12 个测点，形成的车轮模态试验测点布置如图 6.5 所示。

图 6.4　负荷状态机械弹性安全车轮模态试验

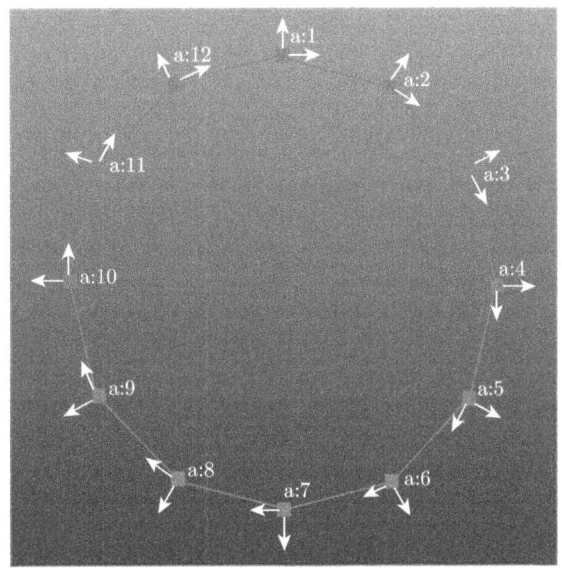

图 6.5　车轮测点布置图

6.2.3　试验模态分析

测试前多次试测，以避免激振点处于节点上，以此可减少模态的丢失。采用 PolyMAX 识别技术，在模态重叠、大阻尼系统及噪声干扰等情况下都可得出清晰的稳态图，从中可较好地识别出低频和高频范围的模态参数，同时还可以识别出高度密集的模态和重根模态。根据频响函数矩阵的多行与多列数据参数识别及模态试验 PolyMAX 识别方法，得出的机械弹性安全车轮自由悬置状态下的径向激振模态振型如图 6.6 所示。

通过模态试验和参数识别方法，得出的轮辋和机械弹性安全车轮的试验模态固有频率如表 6.7 所示。

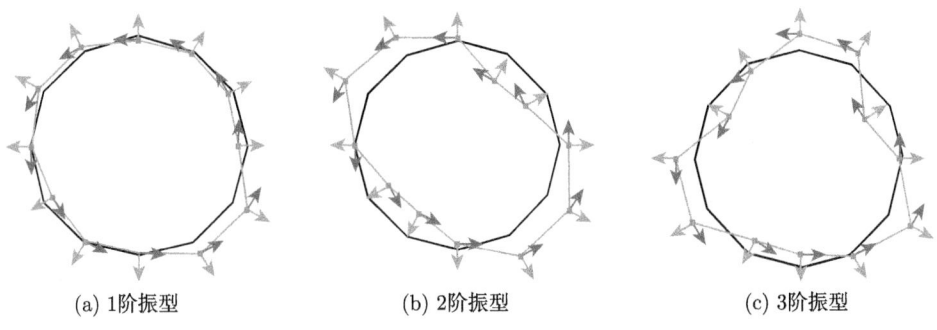

(a) 1阶振型　　　　　　　　(b) 2阶振型　　　　　　　　(c) 3阶振型

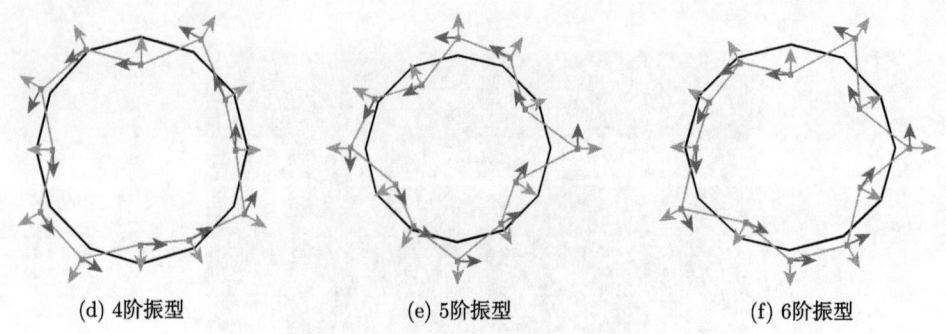

(d) 4阶振型　　　　　　　(e) 5阶振型　　　　　　　(f) 6阶振型

图 6.6　机械弹性安全车轮模态振型

表 6.7　辁轮和机械弹性安全车轮试验模态固有频率

阶次	固有频率/Hz	
	辁轮	机械弹性安全车轮
1	26.38	32.14
2	52.07	88.12
3	73.65	105.47
4	99.12	131.73
5	119.04	153.65
6	151.26	202.59

6.3　振动传递特性分析

轮胎的振动传递特性是指在轮胎胎面上的激振与引起某种振动之间的关系。由突起引起的激振力并不直接传至轮胎轴，而是先传至轮胎面部，使在胎面部发生振动，再通过胎体传至轮胎中心轴。故传至轮胎中心轴的振动大小，既要看输入特性，又取决于轮胎的振动传递特性。

复杂的振动传递路径统受外界振源的激励，而每种激励通过不同的路径传至多个响应点，因此研究振源、传递路径和接收结构之间的交互作用，可明确多重及多维传递路径的贡献量。本书所研究的机械弹性安全车轮为双重减振系统，外界激励首先通过车轮底部进行缓解，再传至车轮顶部，通过类椭圆变形的辁轮的形变能而缓冲，并通过铰链组传至车轮中心轴。机械弹性安全车轮振动传递路径的等效系统模型如图 6.7 所示。根据振动的基本理论，通过路径传递率和路径介入损失，定量评价车轮振动传递路径的贡献度，为优化机械弹性安全车轮结构参数以满足系统对振动和噪声的要求提供了有效的理论依据[25,26]。

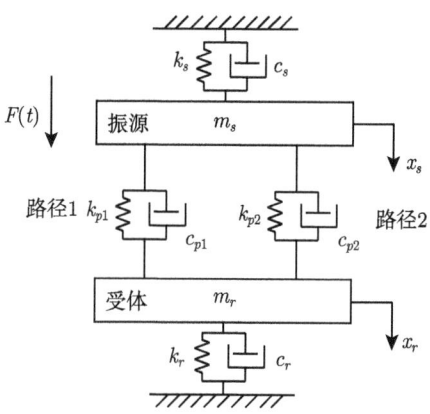

图 6.7 两自由度振动传递路径系统模型

在传递路径中主要体现了刚度和阻尼的特性,应用牛顿定律得系统的振动微分方程为

$$M\ddot{x} + C\dot{x} + Kx = F(t) \tag{6-45}$$

式中

$$M = \begin{bmatrix} m_s & \\ & m_r \end{bmatrix}, \quad C = \begin{bmatrix} c_s + c_{p1} + c_{p2} & -c_{p1} - c_{p2} \\ -c_{p1} - c_{p2} & c_r + c_{p1} + c_{p2} \end{bmatrix}$$

$$K = \begin{bmatrix} k_s + k_{p1} + k_{p2} & -k_{p1} - k_{p2} \\ -k_{p1} - k_{p2} & k_r + k_{p1} + k_{p2} \end{bmatrix}, \quad F(t) = \begin{bmatrix} F_0 \sin(\omega t) & 0 \end{bmatrix}^\mathrm{T}$$

$$x(t) = \begin{bmatrix} x_s(t) & x_r(t) \end{bmatrix}^\mathrm{T}$$

分析系统的复频率响应时,激励用复向量 $F_0 \mathrm{e}^{\mathrm{i}\omega t}$ 来表示,系统稳态响应向量为

$$x_s(t) = X_s \mathrm{e}^{\mathrm{i}(\omega t - \varphi_s)}, \quad x_r(t) = X_r \mathrm{e}^{\mathrm{i}(\omega t - \varphi_r)} \tag{6-46}$$

式中,X_s、X_r 为取决于激振频率 ω 和系统参数的实数;φ_s、φ_r 分别为振源和接受体的相位角。

6.3.1 路径传递率分析

路径传递率即为每条路径传递到接收体的力与振源激振力之比。通过路径传递率可定量的评价各传递路径对接受体的贡献度。针对机械弹性车轮结构,为更加明确车轮的振动路径传递率,将接受体设为轮毂,并只考虑面内径向受单一方向的激振力影响。当振动传递路径受简谐激振力 $F_0 \sin(\omega t)$ 作用时,假设接受体为刚性体,且与路径固定连接,路径的弹性刚度为 k,阻尼系数为 c,可得路径传递的力

为 $F_T = |kx + c\dot{x}|$,则相应的路径传递率为

$$TR = F_T/F_0 \tag{6-47}$$

将式 (6-46) 代入系统振动微分方程 (6-45), 可得

$$\det[Z(\omega)] = \det\begin{bmatrix} -\omega^2 m_s + \mathrm{i}\omega(c_s+c_p)+(k_s+k_p) & -\mathrm{i}\omega c_p - k_p \\ -\mathrm{i}\omega c_p - k_p & -\omega^2 m_r + \mathrm{i}\omega(c_r+c_p)+(k_r+k_p) \end{bmatrix}$$
$$= \mathrm{Re}\{\det[Z(\omega)]\} + \mathrm{Im}\{\det[Z(\omega)]\} \tag{6-48}$$

式中

$$\mathrm{Re}\{\det[Z(\omega)]\} = \omega^4 m_s m_r - \omega^2\left[m_s(k_r+k_p)+(c_s+c_p)(c_r+c_p)+m_r(k_s+k_p)-c_p^2\right]$$
$$+ (k_s+k_p)(k_r+k_p) - k_p^2$$

$$\mathrm{Im}\{\det[Z(\omega)]\} = -\omega^3\left[m_s(c_r+c_p)+m_r(c_s+c_p)\right]$$
$$+ \omega\left[(c_s+c_p)(k_r+k_p)+(c_r+c_p)(k_s+k_p)-2c_p k_p\right]$$

其稳态响应的幅值为

$$\begin{cases} X_s = \left|X_s(\omega)\mathrm{e}^{-\mathrm{i}\varphi}\right| = \left|\dfrac{[-\omega^2 m_r + \mathrm{i}\omega(c_r+c_p)+(k_r+k_p)]F_0}{\det[Z(\omega)]}\right| \\ \quad = F_0\sqrt{\dfrac{[-\omega^2 m_r + (k_r+k_p)]^2 + [\omega(c_r+c_p)]^2}{(\mathrm{Re}\{\det[Z(\omega)]\})^2 + (\mathrm{Im}\{\det[Z(\omega)]\})^2}} \\ X_r = \left|X_r(\omega)\mathrm{e}^{-\mathrm{i}\varphi}\right| = \left|\dfrac{(\mathrm{i}\omega c_p + k_p)F_0}{\det[Z(\omega)]}\right| \\ \quad = F_0\sqrt{\dfrac{k_p^2 + (\omega c_p)^2}{(\mathrm{Re}\{\det[Z(\omega)]\})^2 + (\mathrm{Im}\{\det[Z(\omega)]\})^2}} \end{cases} \tag{6-49}$$

接受体的响应是由振动源的力通过振动传递路径中的弹簧和阻尼器传递的,其传递力为

$$\begin{cases} F_{Tp1} = k_{p1}(x_r - x_s) + c_{p1}(\dot{x}_r - \dot{x}_s) = (k_{p1} + \mathrm{i}\omega c_{p1})(X_r - X_s)\mathrm{e}^{\mathrm{i}(\omega t - \phi)} \\ F_{Tp2} = k_{p2}(x_r - x_s) + c_{p2}(\dot{x}_r - \dot{x}_s) = (k_{p2} + \mathrm{i}\omega c_{p2})(X_r - X_s)\mathrm{e}^{\mathrm{i}(\omega t - \phi)} \end{cases} \tag{6-50}$$

将式 (6-50) 代入式 (6-47) 可得各路径传递率分别为

$$\begin{cases} TR_1 = \left|\dfrac{F_{Tp1}}{F_0}\right| = \sqrt{\dfrac{(k_{p1}^2 + \omega^2 c_{p1}^2)[\omega^2 c_r^2 + (k_r - \omega^2 m_r)^2]}{(\mathrm{Re}\{\det[Z(\omega)]\})^2 + (\mathrm{Im}\{\det[Z(\omega)]\})^2}} \\ TR_2 = \left|\dfrac{F_{Tp2}}{F_0}\right| = \sqrt{\dfrac{(k_{p2}^2 + \omega^2 c_{p2}^2)[\omega^2 c_r^2 + (k_r - \omega^2 m_r)^2]}{(\mathrm{Re}\{\det[Z(\omega)]\})^2 + (\mathrm{Im}\{\det[Z(\omega)]\})^2}} \end{cases} \tag{6-51}$$

考虑传递路径质量参数的影响,对机械弹性安全车轮振动传递路径进行分析,其中:激励的幅值 F_0=100N,振源质量 m_s=1.5kg,振源系统的刚度 k_s=1000N/mm,振源阻尼 c_s = 0.5N·s/mm,接受体的质量 m_r=7.5kg,接受体系统的刚度 k_r= 761.83N/mm,接受体的阻尼 c_r = 4.53N·s/mm,传递路径 1 和 2 的参数分别为 k_{p1}=85.6N/mm,k_{p2}=592.77N/mm,c_{p1} = 7.13N·s/mm,c_{p2} = 4.91N·s/mm。

该车轮系统的前六阶固有频率分别为 ω_1=3214Hz,ω_2=88.12Hz,ω_3=105.47Hz,ω_4=131.73Hz,ω_5=153.65Hz,ω_6=202.59Hz。

由式 (6-51) 计算可得该系统路径传递率 TR_1 和 TR_2 关于激振频率 ω 的特性曲线,如图 6.8 所示。

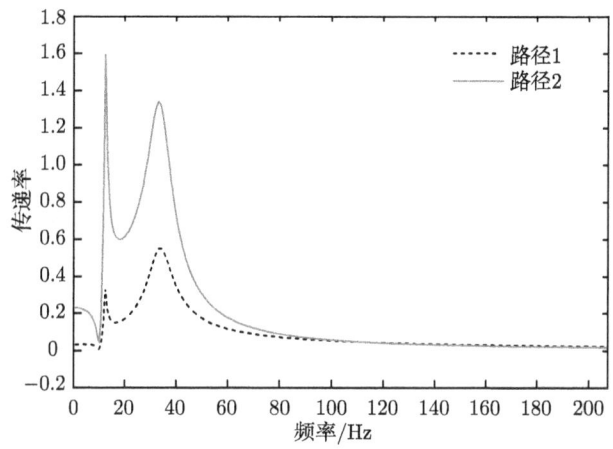

图 6.8 路径传递率关于激振频率的特性曲线

通过上述分析可知,路径振动传递率随激振频率的变化而变化,在各阶固有频率处,两条路径均有较高的传递率,在第一阶与第二阶固有频率之间,路径传递率排序较为清晰,而在第三阶固有频率以后,各路径的传递率非常接近,从而说明在低频时,路径 2 的传递率大于路径 1 的传递率,高频时,路径 1 与路径 2 的传递率接近相同,总体定量分析可知,路径 2 对系统接受体振动传递的贡献量较大。

6.3.2 路径介入损失分析

针对机械弹性安全车轮面内径向振动特性,其接受体 (轮毂) 在振动传递路径系统中仅做单一方向运动,因此,只采用速度介入损失来评价各路径的重要性。速度介入损失为

$$\mathrm{IL}_v(\omega) = 20 \times \log_{10} \left| \frac{\dot{x}_0}{\dot{x}_r} \right| \tag{6-52}$$

式中,$\dot{x}_0$ 为路径连接前接受体的速度响应;$\dot{x}_r$ 为路径连接后接受体的速度响应。

为评价机械弹性安全车轮双重缓冲减振中各路径的贡献度,首先去除路径 1,保留路径 2,此时该系统振动微分方程中的参数可分别表达为

$$M_1 = \begin{bmatrix} m_s & \\ & m_r \end{bmatrix}, \quad C_1 = \begin{bmatrix} c_s + c_{p2} & -c_{p2} \\ -c_{p2} & c_r + c_{p2} \end{bmatrix}$$

$$K_1 = \begin{bmatrix} k_s + k_{p2} & -k_{p2} \\ -k_{p2} & k_r + k_{p2} \end{bmatrix}, \quad F_1(t) = \begin{bmatrix} F_0 \sin(\omega t) & 0 \end{bmatrix}^T$$

$$x_1(t) = \begin{bmatrix} x_{s1}(t) & x_{r1}(t) \end{bmatrix}^T$$

其稳态响应为

$$x_{s1}(t) = X_{s1} e^{i(\omega t - \varphi_{s1})}, \quad x_{r1}(t) = X_{r1} e^{i(\omega t - \varphi_{r1})} \tag{6-53}$$

相应的速度稳态响应为

$$\dot{x}_{s1}(t) = i\omega X_{s1} e^{i(\omega t - \varphi_{s1})}, \quad \dot{x}_{r1}(t) = i\omega X_{r1} e^{i(\omega t - \varphi_{r1})} \tag{6-54}$$

式中,X_{s1}、X_{r1} 为取决于激振频率 ω 和系统参数的实数;φ_{s1}、φ_{r1} 分别为振源和接受体在路径 1 被分离时的相位角。

将式 (6-53) 和式 (6-54) 代入系统振动微分方程 (6-45),可得

$$\begin{aligned} &\det[Z_1(\omega)] \\ &= \det \begin{bmatrix} -\omega^2 m_s + i\omega(c_s + c_{p2}) + (k_s + k_{p2}) & -i\omega c_{p2} - k_{p2} \\ -i\omega c_{p2} - k_{p2} & -\omega^2 m_r + i\omega(c_r + c_{p2}) + (k_r + k_{p2}) \end{bmatrix} \\ &= \text{Re}\{\det[Z_1(\omega)]\} + \text{Im}\{\det[Z_1(\omega)]\} \end{aligned} \tag{6-55}$$

式中

$$\begin{aligned} \text{Re}\{\det[Z_1(\omega)]\} =\ & \omega^4 m_s m_r \\ & - \omega^2 \left[m_s(k_r + k_{p2}) + (c_s + c_{p2})(c_r + c_{p2}) + m_r(k_s + k_{p2}) - c_{p2}^2 \right] \\ & + (k_s + k_{p2})(k_r + k_{p2}) - k_{p2}^2 \end{aligned}$$

$$\begin{aligned} \text{Im}\{\det[Z_1(\omega)]\} =\ & -\omega^3 \left[m_s(c_r + c_{p2}) + m_r(c_s + c_{p2}) \right] \\ & + \omega \left[(c_s + c_{p2})(k_r + k_{p2}) + (c_r + c_{p2})(k_s + k_{p2}) - 2c_{p2}k_{p2} \right] \end{aligned}$$

从而可得

$$\begin{cases} X_{s1}(\omega) e^{-i\varphi_{s1}} = \dfrac{\left[-\omega^2 m_r + i\omega(c_r + c_{p2}) + (k_r + k_{p2}) \right] F_0}{\det[Z_1(\omega)]} \\ X_{r1}(\omega) e^{-i\varphi_{r1}} = \dfrac{(i\omega c_{p2} + k_{p2}) F_0}{\det[Z_1(\omega)]} \end{cases} \tag{6-56}$$

第 6 章 机械弹性安全车轮垂向振动特性

其稳态响应的幅值为

$$\begin{cases} X_{s1} = |X_{s1}(\omega)\mathrm{e}^{-\mathrm{i}\varphi_{s1}}| = F_0\sqrt{\dfrac{[-\omega^2 m_r + (k_r + k_{p2})]^2 + [\omega(c_r + c_{p2})]^2}{(\mathrm{Re}\,\{\det[Z_1(\omega)]\})^2 + (\mathrm{Im}\,\{\det[Z_1(\omega)]\})^2}} \\ X_{r1} = |X_{r1}(\omega)\mathrm{e}^{-\mathrm{i}\varphi_{r1}}| = F_0\sqrt{\dfrac{k_{p2}^2 + (\omega c_{p2})^2}{(\mathrm{Re}\,\{\det[Z_1(\omega)]\})^2 + (\mathrm{Im}\,\{\det[Z_1(\omega)]\})^2}} \end{cases} \quad (6\text{-}57)$$

分离路径前系统的速度响应为

$$\dot{x}_s(t) = \mathrm{i}\omega X_s \mathrm{e}^{\mathrm{i}(\omega t - \varphi_s)}, \quad \dot{x}_r(t) = \mathrm{i}\omega X_r \mathrm{e}^{\mathrm{i}(\omega t - \varphi_r)} \quad (6\text{-}58)$$

分离路径 1 时速度响应的介入损失为

$$\begin{aligned} \mathrm{IL}_{v1} &= 20\log_{10}\left|\dfrac{\dot{x}_{r1}(t)}{\dot{x}_r(t)}\right| = 20\log_{10}\left|\dfrac{X_{r1}\mathrm{e}^{-\mathrm{i}\varphi_{r1}}}{X_r \mathrm{e}^{\mathrm{i}\varphi_r}}\right| \\ &= 20\log_{10}\dfrac{\sqrt{\dfrac{k_{p2}^2 + (\omega c_{p2})^2}{(\mathrm{Re}\,\{\det[Z_1(\omega)]\})^2 + (\mathrm{Im}\,\{\det[Z_1(\omega)]\})^2}}}{\sqrt{\dfrac{k_p^2 + (\omega c_p)^2}{(\mathrm{Re}\,\{\det[Z(\omega)]\})^2 + (\mathrm{Im}\,\{\det[Z(\omega)]\})^2}}} \end{aligned} \quad (6\text{-}59)$$

断开路径 2，保留路径 1，此时该系统振动微分方程 (6-45) 中的参数可分别表示为

$$M_2 = \begin{bmatrix} m_s & \\ & m_r \end{bmatrix}, \quad C_2 = \begin{bmatrix} c_s + c_{p1} & -c_{p1} \\ -c_{p1} & c_r + c_{p1} \end{bmatrix}, \quad K_2 = \begin{bmatrix} k_s + k_{p1} & -k_{p1} \\ -k_{p1} & k_r + k_{p1} \end{bmatrix}$$

$$F_2(t) = \begin{bmatrix} F_0\sin(\omega t) & 0 \end{bmatrix}^\mathrm{T}, \quad x_2(t) = \begin{bmatrix} x_{s2}(t) & x_{r2}(t) \end{bmatrix}^\mathrm{T}$$

其稳态响应为

$$x_{s2}(t) = X_{s2}\mathrm{e}^{\mathrm{i}(\omega t - \varphi_{s2})}, \quad x_{r2}(t) = X_{r2}\mathrm{e}^{\mathrm{i}(\omega t - \varphi_{r2})} \quad (6\text{-}60)$$

相应的速度稳态响应为

$$\dot{x}_{s2}(t) = \mathrm{i}\omega X_{s2}\mathrm{e}^{\mathrm{i}(\omega t - \varphi_{s2})}, \quad \dot{x}_{r2}(t) = \mathrm{i}\omega X_{r2}\mathrm{e}^{\mathrm{i}(\omega t - \varphi_{r2})} \quad (6\text{-}61)$$

式中，X_{s2}、X_{r2} 为取决于激振频率 ω 和系统参数的实数；φ_{s2}、φ_{r2} 分别为振源和接受体在路径 1 被分离时的相位角。

同理可得稳态响应的幅值为

$$\begin{cases} X_{s2} = |X_{s2}(\omega)\mathrm{e}^{-\mathrm{i}\varphi_{s2}}| = F_0\sqrt{\dfrac{[-\omega^2 m_r + (k_r + k_{p1})]^2 + [\omega(c_r + c_{p1})]^2}{(\mathrm{Re}\,\{\det[Z_2(\omega)]\})^2 + (\mathrm{Im}\,\{\det[Z_2(\omega)]\})^2}} \\ X_{r2} = |X_{r2}(\omega)\mathrm{e}^{-\mathrm{i}\varphi_{r2}}| = F_0\sqrt{\dfrac{k_{p1}^2 + (\omega c_{p1})^2}{(\mathrm{Re}\,\{\det[Z_2(\omega)]\})^2 + (\mathrm{Im}\,\{\det[Z_2(\omega)]\})^2}} \end{cases} \quad (6\text{-}62)$$

式中

$$\text{Re}\{\det[Z_2(\omega)]\}$$
$$= \omega^4 m_s m_r - \omega^2 \left[m_s(k_r + k_{p1}) + (c_s + c_{p1})(c_r + c_{p1}) + m_r(k_s + k_{p1}) - c_{p1}^2\right]$$
$$+ (k_s + k_{p1})(k_r + k_{p1}) - k_{p1}^2$$

$$\text{Im}\{\det[Z_2(\omega)]\} = -\omega^3 [m_s(c_r + c_{p1}) + m_r(c_s + c_{p1})]$$
$$+ \omega[(c_s + c_{p1})(k_r + k_{p1}) + (c_r + c_{p1})(k_s + k_{p1}) - 2c_{p1}k_{p1}]$$

根据速度介入损失公式，可得分离路径 2 时速度响应的介入损失为

$$\text{IL}_{v2} = 20\log_{10}\left|\frac{\dot{x}_{r2}(t)}{\dot{x}_r(t)}\right| = 20\log_{10}\left|\frac{X_{r2}\mathrm{e}^{-\mathrm{i}\varphi_{r1}}}{X_r\mathrm{e}^{\mathrm{i}\varphi_r}}\right|$$
$$= 20\log_{10}\frac{\sqrt{\dfrac{k_{p1}^2 + (\omega c_{p1})^2}{(\text{Re}\{\det[Z_2(\omega)]\})^2 + (\text{Im}\{\det[Z_2(\omega)]\})^2}}}{\sqrt{\dfrac{k_p^2 + (\omega c_p)^2}{(\text{Re}\{\det[Z(\omega)]\})^2 + (\text{Im}\{\det[Z(\omega)]\})^2}}} \quad (6\text{-}63)$$

由式 (6-59) 和式 (6-63) 计算可得该系统各路径的介入损失 IL_1 和 IL_2 关于激振频率 ω 的特性曲线，如图 6.9 所示。由图 6.9 分析结果可知，在低阶固有频率范围内，路径 2 的介入损失量大于路径 1 的介入损失量，在高阶固有频率范围内，路径 1 和路径 2 的介入损失量相差较小。为了定量地评价各路径的重要性，在一定频率范围内的介入损失均值可以作为一个有效的评价指标，其公式如下：

$$\overline{\text{IL}}_{vj} = \frac{1}{n-n_0}\sum_{\omega=n_0}^{n}\left(20\log_{10}\left|\frac{\dot{x}_{rj,\omega}}{\dot{x}_{r,\omega}}\right|\right), \quad j=1,2 \quad (6\text{-}64)$$

式中，n_0 为均值的开始频率计数点；n 为均值的结束频率计数点。

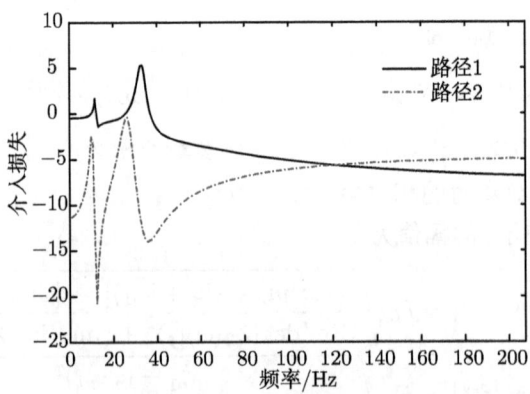

图 6.9 路径的介入损失关于激振频率的特性曲线

通过式 (6-64) 计算可得 $\mathrm{I\bar{L}}_{v1}=4.554$，$\mathrm{I\bar{L}}_{v2}=6.803$，显然，$\mathrm{I\bar{L}}_{v2}>\mathrm{I\bar{L}}_{v1}$，从而说明了路径 2 对系统接受体振动传递的贡献量较大，因此，在车轮和轮辋结构优化设计时要结合车轮等效刚度进行综合考虑。

6.4 机械弹性安全车轮与充气轮胎车轮模态参数对比分析

6.4.1 充气轮胎模态试验与分析

根据单点激振多点拾振的模态测试方法，对机械弹性安全车轮对标的充气轮胎进行模态试验，其充气轮胎的结构参数如表 6.8 所示。充气轮胎自由悬置状态如图 6.10 所示。

表 6.8 充气轮胎车轮结构参数

参数类型	参数值
胎宽	370mm
偏平率	12.5%
轮毂直径	419mm
承载质量	1750kg
轮胎外径	917mm

图 6.10 自由悬置状态充气轮胎模态试验

利用 PolyMAX 模态分析方法得到充气轮胎测试结果的稳态图，如图 6.11 所示。根据频响函数矩阵的多行与多列数据参数识别及模态试验 PolyMAX 识别方法，得出的充气轮胎自由悬置状态下径向试验模态振型如图 6.12 所示。

对比充气轮胎车轮和机械弹性安全车轮的模态振型可以看出，两种不同结构车轮的振型形状基本一致，差别主要体现在振动的幅值和相位上，对模态振型的形状影响较小，与理论预测结果基本一致。

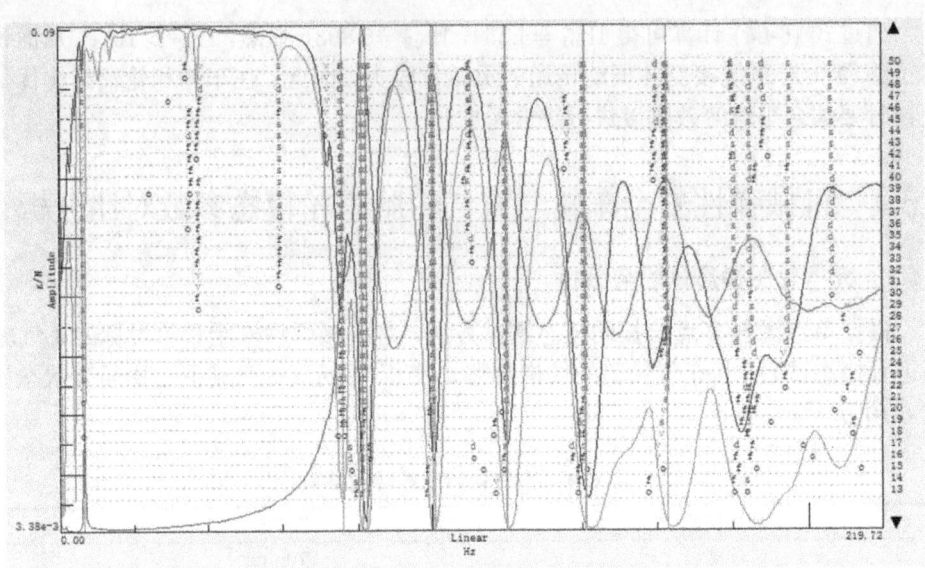

图 6.11　PolyMAX 识别的稳态图

d 表示频率和阻尼稳定；f 表示频率稳定 (在给定精度内)；s 表示 3 种参数全部稳定 (在给定精度内)

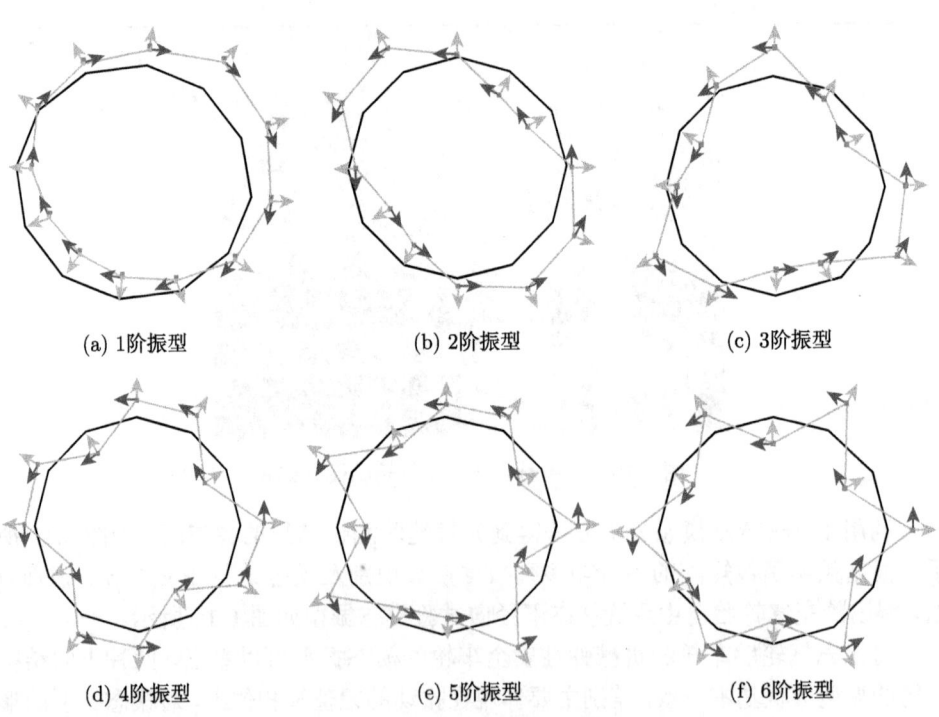

图 6.12　充气轮胎模态振型

6.4.2 机械弹性安全车轮与充气轮胎车轮模态参数的对比

通过模态试验测得的机械弹性安全车轮和充气轮胎车轮的固有频率和阻尼系数如表 6.9 所示。由表 6.9 可知,高阶机械弹性安全车轮的固有频率大于相应阶数的充气轮胎车轮的固有频率,这是由于机械弹性安全车轮的径向刚度大于充气轮胎车轮的径向刚度;对比阻尼系数可以看出,机械弹性安全车轮的高阶阻尼系数较小,在一定程度上反映了车轮不同结构在径向刚度和振动幅值的差别,也说明机械弹性安全车轮较充气轮胎车轮的滚动阻力偏小,与上述理论分析的结果一致。

表 6.9 机械弹性安全车轮与充气轮胎车轮试验固有频率和阻尼系数的对比

	阶次	$n=1$	$n=2$	$n=3$	$n=4$	$n=5$	$n=6$
固有频率/Hz	机械弹性安全车轮	32.14	88.12	105.47	131.73	153.65	202.59
	充气轮胎车轮	46.08	81.14	100.69	121.86	140.52	171.73
阻尼系数/%	机械弹性安全车轮	4.91	4.36	3.59	3.27	2.82	2.49
	充气轮胎车轮	5.17	4.22	3.91	3.68	3.24	2.86

6.5 机械弹性安全车轮垂向振动特性的影响因素

为了探究机械弹性安全车轮振动特性的影响因素问题,采用理论预测、有限元仿真和模态试验相结合的方法研究了车轮结构和不同工况对车轮振动模态的影响,辂轮和机械弹性安全车轮的振动模态分析表明,车轮结构和工况的变化对模态振型的影响较小。因此,采用单一变量法,通过固有频率的变化来研究车轮结构和工况的变化对车轮振动特性的影响规律;并对车轮不均匀度对其振动特性的影响进行研究,为车轮结构的改进提供指导。

6.5.1 辂轮结构的影响

在轮辋结构一定的条件下,辂轮层合结构的改变影响到辂轮的径向刚度和阻尼特性,从而影响车轮的振动特性,为更有效地改善车轮的模态,且不会由此而影响结构静强度和工艺性要求,需要分析结构动态特性对各个结构参数或设计变量改变的敏感程度,以获得车轮最佳尺寸、形状和结构参数。

考虑多自由度系统的无阻尼振动特征方程为

$$(K - \lambda_i M)\varphi_i = 0 \tag{6-65}$$

式中,λ_i、φ_i 分别为系统特征方程的第 i 阶特征值和特征向量。

由 Rayleigh 法可得第 i 阶固有频率与振型的关系为

$$\omega_i^2 = \frac{\varphi_i^{\mathrm{T}} K \varphi_i}{\varphi_i^{\mathrm{T}} M \varphi_i} \tag{6-66}$$

假设系统的振型已进行了模态质量归一化，则有

$$\varphi_i^T M \varphi_i = I \qquad (6\text{-}67)$$

将式 (6-65) 和式 (6-67) 分别对结构参数 S_j 求微分可得

$$\left(\frac{\partial K}{\partial S_j} - \frac{\partial \lambda_i}{\partial S_j}M - \lambda_i \frac{\partial M}{\partial S_j}\right)\varphi_i + (K - \lambda_i M)\frac{\partial \varphi_i}{\partial S_j} = 0 \qquad (6\text{-}68)$$

$$\left(\frac{\partial \varphi_i}{\partial S_j}\right)^T M \varphi_i + \varphi_i^T M \frac{\partial \varphi_i}{\partial S_j} + \varphi_i^T \frac{\partial M}{\partial S_j}\varphi_i = 0 \qquad (6\text{-}69)$$

根据正交性条件整理式 (6-68) 和式 (6-69) 可得第 i 阶特征值对参数 S_j 的导数，即第 i 阶模态频率对第 S_j 个设计参数的灵敏度为

$$\frac{\partial \lambda_i}{\partial S_j} = \varphi_i^T \left(\frac{\partial K}{\partial S_j} - \lambda_i \frac{\partial M}{\partial S_j}\right)\varphi_i \qquad (6\text{-}70)$$

由式 (6-70) 可以看出，结构参数 S_j 的改变直接影响质量矩阵 M 和刚度矩阵 K，进而改变固有模态频率 ω_i。将辇轮不同层合体的厚度等结构参数取为变量，利用有限元分析方法，通过辇轮不同层合体组分对车轮结构模态的灵敏度进行分析，其分析结果如图 6.13 所示。由图 6.13 可知，辇轮层合结构组分对固有模态频率均有影响，弹性钢丝环层对其影响最大，但弹性钢丝环层厚度的改变，会使弹性钢丝圈数量发生变化，以致对车轮承载和变形产生一定影响。

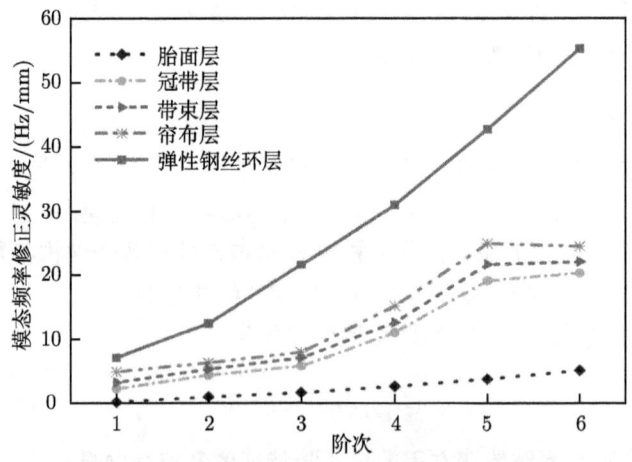

图 6.13 车轮模态频率对修正参数的灵敏度值

弹性钢丝环组分含量的变化对车轮径向刚度的影响如图 6.14 所示。随弹性钢丝环组分含量的增加，车轮径向刚度呈非线性增加。当弹性钢丝环组分含量小

于 8.83% 时，车轮径向刚度值增加较快，当弹性钢丝环组分含量由 8.27% 增加到 13.74% 时，车轮径向刚度增加值约为初始设计值的 42.8%。当弹性钢丝环组分含量小于 6.73% 时，通过有限元分析可知，在许用载荷最大值时，辇轮会出现局部凸起状态，当弹性钢丝环组分含量大于 13.74% 时，车轮抓地性能显著下降。因此，只针对弹性钢丝环组分含量为 8.27% 到 13.74% 的车轮的振动模态频率进行分析。

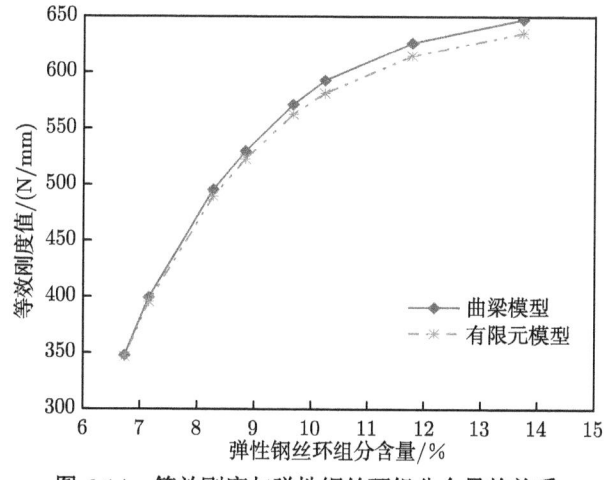

图 6.14　等效刚度与弹性钢丝环组分含量的关系

为更加明确弹性钢丝环组分含量的变化对振动特性的影响，结合上述分析结果和弹性基础环理论，采用有限元分析方法对弹性钢丝环组分含量不同的辇轮分别建立车轮有限元计算模型。由有限元模型计算得到辇轮和机械弹性安全车轮面内的径向模态参数，其弹性钢丝环组分含量对辇轮和机械弹性安全车轮模态频率的影响如图 6.15 和图 6.16 所示。

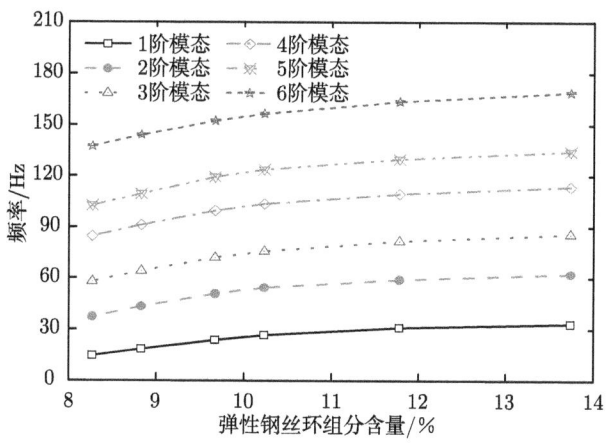

图 6.15　弹性钢丝环组分含量对辇轮固有频率的影响

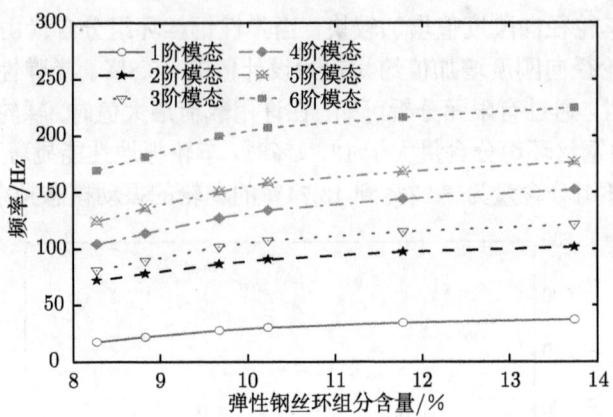

图 6.16 弹性钢丝环组分含量对车轮固有频率的影响

由图 6.15 和图 6.16 的分析可知，在其他参数不变的条件下，弹性钢丝环组分含量对辏轮和机械弹性安全车轮的模态振型几乎没有影响，而辏轮固有频率随弹性钢丝环组分含量的增加而增大，从而使机械弹性安全车轮的固有频率也随弹性钢丝环组分含量的增加而增大。当弹性钢丝环组分含量超过 11.78% 时，辏轮和机械弹性安全车轮固有频率随其组分含量的增加而缓慢增大，从而也说明了弹性钢丝环组分含量超过 11.78% 后，辏轮的径向刚度在载荷范围内的变化较小，且弹性钢丝环组分含量的增加对一阶固有频率的影响较小。当辏轮弹性钢丝环含量增加时，机械弹性安全车轮阻尼比随之减小，并随阶次的增加而降低，分析结果如表 6.10 所示。

表 6.10 机械弹性安全车轮阻尼比随弹性钢丝环组分含量的变化

阻尼比/%		弹性钢丝环组分含量					
		8.27%	8.83%	9.67%	10.23%	11.78%	13.74%
模态阶次	1	6.79	5.92	5.44	4.91	4.43	4.16
	2	6.21	5.49	5.03	4.36	3.96	3.72
	3	5.56	4.81	4.36	3.59	3.18	3.05
	4	5.02	4.29	3.98	3.27	2.75	2.54
	5	4.47	3.83	3.49	2.82	2.41	2.23
	6	3.98	3.34	3.05	2.49	2.16	2.07

6.5.2 铰链组结构的影响

机械弹性安全车轮的铰链组是连接辏轮和轮毂的重要组成部件，直接影响车轮的承载、强度和刚度特性。通过辏轮和机械弹性安全车轮的振动模态参数分析可知，铰链组结构的改变对机械弹性安全车轮的振动特性具有重要影响。因此，研究铰链组结构对机械弹性安全车轮振动特性的影响规律具有重要意义。

通过机械弹性安全车轮径向刚度台架试验分析可知，为调整车轮的径向刚度，根据铰链组理论设计长度可上下浮动 0.5mm，以此改变车轮的刚度和滚动半径。另外，铰链组周向数量的变化也可改变车轮的刚度和滚动半径。一般的机械弹性安全车轮的设计结构，可分为 6 组、9 组、12 组和 18 组等不同铰链组数量以构成不同型号的机械弹性安全车轮。

理论设计的铰链组与径向长度变化的铰链组实物如图 6.17 所示。机械弹性安全车轮径向刚度试验分析表明，在机械弹性安全车轮周向铰链组数量一定的条件下，铰链组径向长度的增加对机械弹性安全车轮的刚度的影响相对较小，而铰链组长度的缩短对机械弹性安全车轮刚度的影响相对较大。

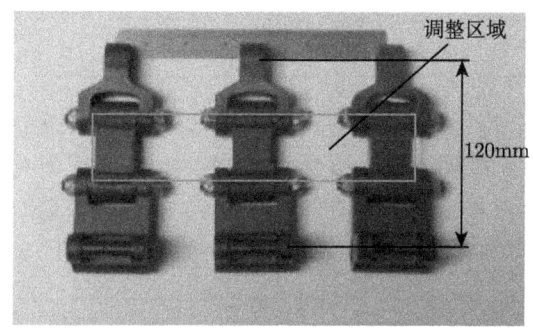

图 6.17　不同长度的铰链组对比

根据模态试验对由不同长度铰链组构成的机械弹性安全车轮的振动模态频率进行分析，铰链组周向数量为 12 组的情况下，其分析结果如图 6.18 所示。

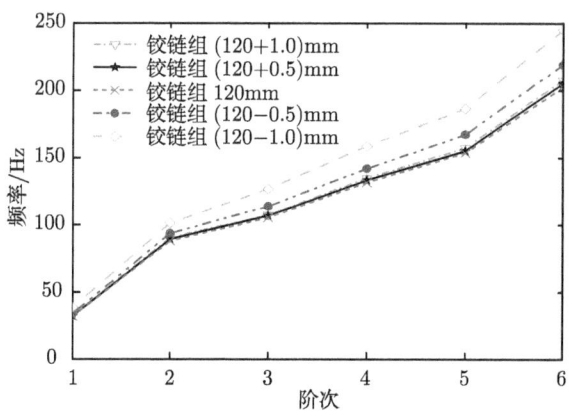

图 6.18　铰链组长度对车轮固有频率的影响

从图 6.18 可以看出，车轮固有频率随铰链组径向长度的减小而增大，但对模态振型的影响较小，而铰链组长度的增加对车轮的固有频率影响相对较小，同时也验证了车轮径向刚度分析结果的正确性。

当铰链组径向长度增加时，车轮阻尼比变化甚小，而铰链组长度减小时，车轮阻尼比随之降低，对比结果如表 6.11 所示。

表 6.11　车轮阻尼比随铰链组长度的变化

阻尼比/%		铰链组长度/mm				
		120+1.0	120+0.5	120	120−0.5	120−1.0
模态阶次	1	4.90	4.91	4.91	4.38	3.94
	2	4.33	4.35	4.36	3.83	3.47
	3	3.57	3.57	3.59	3.15	2.86
	4	3.25	3.26	3.27	2.89	2.61
	5	2.81	2.82	2.82	2.46	2.23
	6	2.48	2.48	2.49	2.17	1.98

机械弹性安全车轮径向刚度试验的分析结果表明，在铰链组径向长度不变的条件下，车轮的径向刚度随铰链组数量的增加而增大，从而影响到车轮的振动模态参数。根据有限元仿真和模态试验的分析，得出了铰链组数量的变化对车轮模态振型的影响。铰链组数量的改变对车轮固有频率的影响如图 6.19 所示。

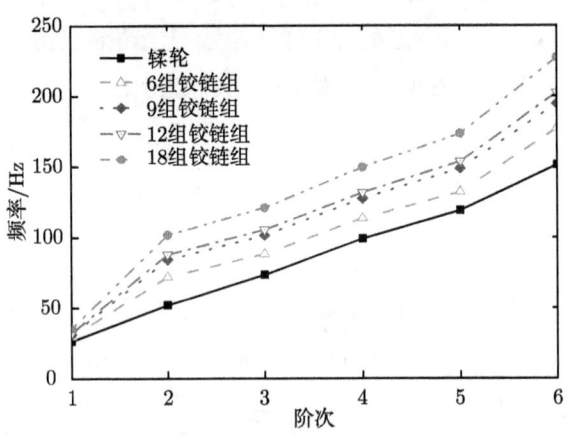

图 6.19　铰链组数量对车轮固有频率的影响

由图 6.19 可知，在铰链组径向长度不变的条件下，车轮固有频率随铰链组数量的增加而增大，铰链组数量的改变对高阶固有频率的影响较为显著，而对一阶固有频率的影响较小，9 组和 12 组铰链组机械弹性安全车轮的固有频率相差较小。

机械弹性安全车轮阻尼比随铰链组数量的增加而减小，其分析结果如表 6.12 所示。

由表 6.12 可知，同一铰链组数量下，机械弹性安全车轮的阻尼比随模态阶次的增加而减小。铰链组数量的增加，加大了机械弹性安全车轮的径向刚度，降低了机械弹性安全车轮的滚动阻力,提高了机械弹性安全车轮的使用寿命,但对同一匹配车型而言,乘坐舒适性可能会有所降低。因此,机械弹性安全车轮的铰链组数量应根据负载和行驶路况等因素进行综合考虑。

表 6.12 车轮阻尼比随铰链组数量的变化

阻尼比/%		铰链组数量			
		6	9	12	18
模态阶次	1	6.85	6.08	4.91	3.92
	2	5.94	5.22	4.36	3.43
	3	5.13	4.37	3.59	2.71
	4	4.56	3.63	3.27	2.39
	5	4.24	3.51	2.82	2.12
	6	4.05	3.33	2.49	1.96

6.5.3 不同工况的影响

机械弹性安全车轮在行驶过程中要承受由各种不同路况等所产生的外部激励,同时车轮自身结构的径向刚度、负荷及滚动速度等共同影响车轮的振动特性。而车轮接地、负荷及转速作为车轮在工作中必不可少的工况条件,其对车轮振动等力学性能都会产生一定的影响。

机械弹性安全车轮竖直放置在工作台上,采用移动力锤法对机械弹性安全车轮的振动模态进行分析,并利用模态试验分析软件 LMS Test.Lab 进行识别,可得机械弹性安全车轮振动模态参数,如图 6.20 所示。

与自由悬置机械弹性安全车轮的试验模态参数对比可知,由于机械弹性安全车轮自重及接地的影响,车轮模态振型发生了相对变化,而车轮的接地固有频率大于对应阶数的自由悬置固有频率,相对应的阻尼系数也减小,与上述理论分析结果一致。

为了研究载荷对机械弹性安全车轮振动特性的影响,在机械弹性安全车轮周向铰链组数量不变的情况下,只考虑载荷对车轮模态的影响,设置车轮滚动速度为零,考虑不同载荷对非旋转车轮振动频率的影响,其分析结果如图 6.21 所示。

由图 6.21 可知,负荷的变化对机械弹性安全车轮振动频率的影响较小,但模态频率随负荷的增加而增大,与自由悬置模态频率相比,各阶频率的值都较大。当负荷大于 4000N 时,机械弹性安全车轮接地处产生一个突起,使其振动频率急剧增大,随之缓慢增加。

在某一载荷下,根据运动方程 (6-39) 可得每一转速下的机械弹性安全车轮振动频率,结合模态试验,研究机械弹性安全车轮滚动转速在 10rad/s、20rad/s、30rad/s、40rad/s、50rad/s 和 60rad/s 之间变化时对车轮径向振动频率的影响规律,其分析结果如图 6.22 所示。

(a) 32.38Hz　(b) 89.47Hz　(c) 106.52Hz

(d) 132.46Hz　(e) 154.83Hz　(f) 204.09Hz

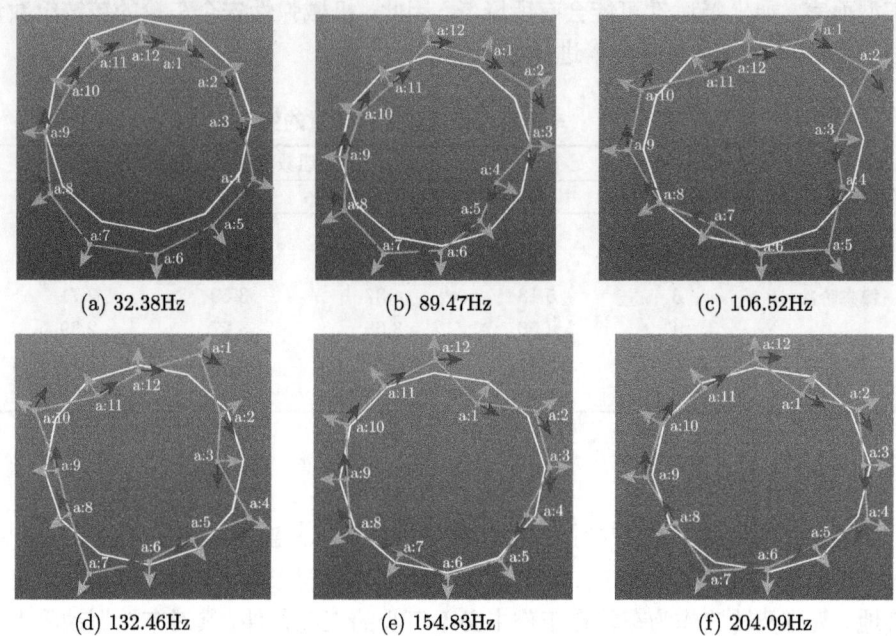

图 6.20　机械弹性安全车轮接地模态参数

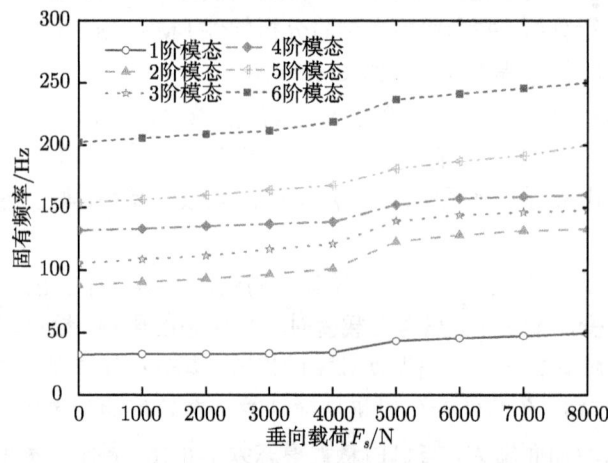

图 6.21　车轮径向振动频率随负荷变化曲线

图 6.22 的分析结果表明，在机械弹性安全车轮阻尼系统中，径向振动频率随转速的增加而减小，但转速对一阶振动频率几乎没有影响，其他振动频率随转速 Ω 的增加有所减小。

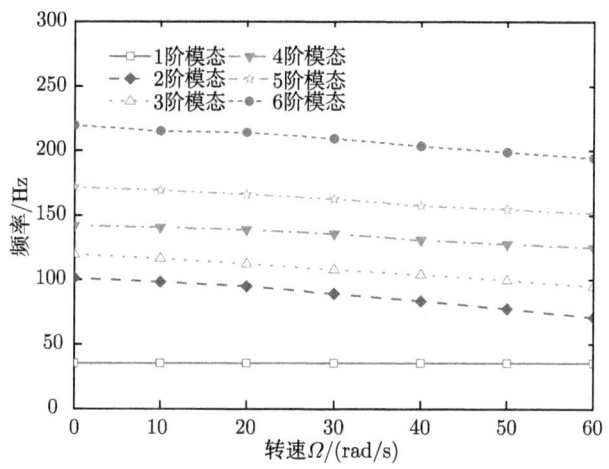

图 6.22　车轮径向振动频率随转速变化曲线

6.5.4　不均匀性的影响

轮胎(车轮)的均匀性定义为：在静态和动态条件下，轮胎(车轮)圆周特性恒定不变的性能，包括质量、尺寸和力的特性等。机械弹性安全车轮因制造工艺和组装水平的限制，以及局部损坏等都会影响到车轮的不均匀性。车轮(轮胎)的不均匀性可以分为几何尺寸不均匀性、质量分布不均匀性及刚度分布不均匀性。质量分布不均匀性在车轮旋转过程中会产生相应的离心力，使得车轮在行驶过程中会出现径向跳动和左右摆动等现象，从而使车辆的振动噪声等性能变差，还会影响车辆的操纵稳定性。当车轮刚度分布不均匀时，在车辆行驶过程中，地面作用于车辆上的力和力矩不同，造成车辆异常振动，从而影响行驶平顺性。

在不考虑制造工艺和组装对车轮振动特性的影响的情况下，分析车轮局部损坏对车轮振动特性的影响规律。机械弹性安全车轮的易损伤部件为铰链组结构，铰链组结构损伤之后影响到机械弹性安全车轮的质量分布均匀性和刚度分布均匀性。为了间接验证质量分布不均匀性和刚度分布不均匀性对弹性安全车轮振动特性的影响，通过破坏一组铰链组来模拟铰链组损坏后的机械弹性安全车轮的不均匀性。对损坏一组铰链组后机械弹性安全车轮进行自由悬置模态试验，并与原结构的机械弹性安全车轮的试验模态参数进行对比，从而研究车轮不均匀性对振动特性的影响规律。

将损坏一组铰链组的机械弹性安全车轮自由悬置，如图 6.23 所示，采用移动力锤法对该车轮的振动模态进行分析，并利用模态试验分析软件 LMS Test. Lab 进行识别，可得该车轮振动模态参数，与其原结构的机械弹性安全车轮的试验模态参数进行对比，结果如表 6.13 所示。

图 6.23 损坏一组铰链组的机械弹性安全车轮模态试验

表 6.13 不均匀性与均匀性的机械弹性安全车轮试验模态参数对比

	阶次	$n=1$	$n=2$	$n=3$	$n=4$	$n=5$	$n=6$
固有频率/Hz	不均匀性车轮	31.46	85.59	101.93	123.67	147.52	195.65
	均匀性车轮	32.14	88.12	105.47	131.73	153.65	202.59
阻尼系数/%	不均匀性车轮	5.09	4.51	3.73	3.39	3.24	2.62
	均匀性车轮	4.91	4.36	3.59	3.27	2.82	2.49

由表 6.13 可知，损坏一组铰链组的不均匀性机械弹性安全车轮的固有频率小于无损伤机械弹性安全车轮的固有频率，这是由损坏一组铰链组之后，车轮的质量分布不均匀性和径向刚度分布不均匀性而导致的。损坏一组铰链组的不均匀性机械弹性安全车轮阻尼系数与原结构车轮相比较大，从而也说明了铰链组的损坏对机械弹性安全车轮的质量分布均匀性和径向刚度分布均匀性均有一定的影响。因此，在机械弹性安全车轮结构的优化设计时要综合考虑辕轮的圆度和铰链组结构的强度。

参 考 文 献

[1] Clark S K. The rolling tire under load[J]. SAE Technical Papers, 650493, 1965: 1-31.

[2] Soedel W. On the dynamic response of rolling tires according to thin shell approximations[J]. Journal of Sound and Vibration, 1975, 41(2): 233-246.

[3] Kung L E, Soedel W, Yang T Y. On the dynamic response at the wheel axle of a pneumatic tire[J]. Journal of Sound and Vibration, 1986, 107(2): 195-213.

[4] Kung L E, Soedel W, Yang T Y. Free vibration of a pneumatic tire–wheel unit using a ring on an elastic foundation and a finite element model[J]. Journal of Sound and

Vibration, 1986, 107(2): 181-194.

[5] Huang S C, Su C K. In-plane dynamics of tires on the road based on an experimentally verified rolling ring model[J]. Vehicle System Dynamics, 1992, 21(4): 247-267.

[6] Huang S C, Soedel W. Effects of Coriolis acceleration on the free and forced in-plane vibrations of rotating rings on elastic foundation[J]. Journal of Sound and Vibration, 1987, 115(2): 253-274.

[7] Dohrmann C R. Dynamics of a tire-wheel-suspension assembly[J]. Journal of Sound and Vibration, 1998, 210(5): 627-642.

[8] Kim S J, Savkoor A R. The contact problem of in-plane rolling of tires on a flat road[J]. Vehicle System Dynamics, 1997, 27: 189-206.

[9] Wei Y T, Nasdala L, Rothert H. Analysis of forced transient response for rotating tires using REF models[J], Journal of Sound and Vibration, 2009, 320(1/2): 145-162.

[10] Wang Q, Zhao Y Q, Lin F, et al. Research on vibration characteristics and its key influencing factors of new mechanical elastic wheel[J]. Journal of Vibroengineering, 2016, 18(8): 5337-5352.

[11] Wang Q, Zhao Y Q, Du X B, et al. Equivalent stiffness and dynamic response of new mechanical elastic wheel[J]. Journal of Vibroengineering, 2016, 18(1): 431-445.

[12] Wang Q, Zhao Y Q, Lin F. Research on the structural transfer path of new mechanical elastic wheel vibration[C]. International Conference on Mechanics Design, Manufacturing and Automation (MDM2016), Suzhou, 2016: 743-753.

[13] 王强, 赵又群, 林棻, 等. 机械弹性车轮有限元计算与试验模态的相关性研究 [J]. 哈尔滨工程大学学报, 2017, 38(1): 1-8.

[14] Zhao Y Q, Zhu M M, Lin F, et al. Thermal modal analysis of novel non-pneumatic mechanical elastic wheel based on FEM and EMA[J]. AIP Advance, 2018, 8(1): 1-17.

[15] 岳红旭, 赵又群. 一种新型安全车轮的非线性有限元分析 [J]. 中国机械工程, 2012, 23(11): 1380-1385.

[16] Wang W, Zhao Y Q, Zang L G. Structure analysis and ride comfort of vehicle on new mechanical elastic tire[C]. Proceedings of the FISITA 2012 World Automotive Congress, Lecture Notes in Electrical Engineering, 2013, 198: 199-209.

[17] 汪伟, 赵又群, 姜成, 等. 新型机械弹性车轮的建模与通过性研究 [J]. 中国机械工程, 2013, 24(6): 724-729.

[18] 汪伟, 赵又群, 姜成, 等. 新型机械弹性车轮的力学传递特性分析 [J]. 江苏大学学报, 2013, 34(3): 261-266.

[19] Li B, Zhao Y Q, Zang L G. Closed-form solution of curved beam model of elastic mechanical wheel[J]. Journal of Vibroengineering, 2014, 16(8): 3951-3962.

[20] 臧利国, 赵又群, 李波, 等. 机械弹性车轮提高轮胎耐磨性和抓地性分析 [J]. 农业工程学报, 2014, 30(12): 56-63.

[21] 臧利国, 赵又群, 姜成, 等. 机械弹性安全车轮径向刚度特性及影响因素研究 [J]. 振动与冲击, 2015, 34(8): 181-187.

[22] Du X B, Zhao Y Q, Lin F, et al. Parameters determination of Mooney-Rivilin model for rubber material of mechanical elastic wheel[C]. The Second International Conference on Applied Engineering, Materials and Mechanics, Tianjin, 2017: 198-203.

[23] 傅志方, 华宏星. 模态分析理论与应用 [M]. 上海: 上海交通大学出版社, 2000.

[24] 李德葆, 陆秋海. 实验模态分析与应用 [M]. 北京: 科学出版社, 2001.

[25] 赵薇. 机械振动传递路径系统传递性的研究与应用 [D]. 沈阳: 东北大学, 2012.

[26] 庞剑, 谌刚, 何华. 汽车噪声与振动: 理论与应用 [M]. 北京: 北京理工大学出版社, 2006.

第7章 机械弹性安全车轮包容特性及其影响因素

轮胎的包容特性 (tire enveloping properties) 是指当轮胎在不平路面上滚动时，轮胎对路面不平度及来自路面的作用力或力矩进行滤波的特性。当轮胎在不平路面上滚动时，路面的位移扰动输入并不是真实的路形，而是由轮胎的弹性变形和几何尺寸滤波后的有效路形。国内外学者就充气轮胎的包容特性已进行了较多仿真和试验研究[1-20]。本章主要针对机械弹性安全车轮在不平路面的冲击问题，基于弹性滚子接触模型、有限元分析及实验测试方法，对机械弹性安全车轮的包容特性及影响因素进行研究[21,22]。通过对车轮有效路形的分析，揭示负荷和径向刚度对机械弹性安全车轮包容特性的影响规律；通过障碍物作用下车轮垂向力学特性的分析，揭示障碍物截面形状对车轮垂向力学响应的影响规律，并验证所建模型的可靠性；基于车轮非线性有限元模型和台架试验，分析车轮在三种不同截面障碍物作用下的低速稳态包容特性，研究车轮通过障碍物后的垂向和纵向动态力学响应，以及负荷、径向刚度和障碍物截面形状对包容特性的影响，结合实车试验对机械弹性安全车轮的越障性能进行分析，为机械弹性安全车轮结构优化和整车匹配的研究提供参考。

7.1 弹性滚子接触模型及仿真

7.1.1 弹性滚子接触模型

假设车轮与路面的接触印迹长度在滚动过程中是变化的，车轮与路面为非完全接触，可能有局部脱离接触现象，车轮的分布垂直刚度沿接触印迹长度 $2a$ 的分布函数为已知函数，考虑车轮弹性滤波与几何滤波特性[6-8]，所建弹性滚子接触模型如图 7.1 所示。

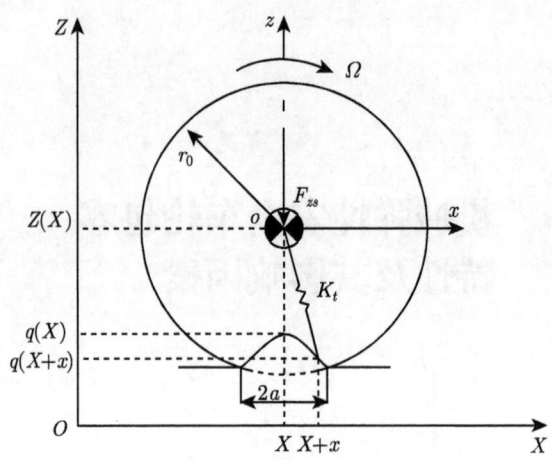

图 7.1 弹性滚子接触模型

图中，r_0 为车轮的自由滚动半径，mm；K_t 为沿车轮印迹上的垂向分布刚度，N/mm；F_{zs} 为车轮的垂向静载荷，N；$2a$ 为接触印迹长度，mm；Ω 为车轮转速，rad/s；x 为印迹纵向坐标，mm；$Z(X)$ 为轮心的位移变量，mm；$q(X)$ 为真实路形；$q(X+x)$ 为车轮与路面任意接触点处的路面垂直位移变量，mm。

车轮的垂直振动可简化为弹簧–质量系的运动，路面对车轮的动态垂直作用力 F_{zd} 与路面形状 q 相关，设 F_{zd} 和 q 为车轮纵向滚动距离 X 的函数，此时的路面输入不再是真实路形 $q(X)$，而是经过车轮包容后的有效路形 $q_e(X)$，则弹性滚子接触模型在轮心处的垂向作用力为

$$F_{zd} = \int_{-a}^{a} K_t \Delta Z(X, x) \mathrm{d}x \tag{7-1}$$

式中，$\Delta Z(X, x)$ 为车轮与路面各接触点的可能压缩量，其表达式为

$$\Delta Z(X, x) = q(X+x) + \sqrt{r_0^2 - x^2} - r_0 - q_e(X) \tag{7-2}$$

当车轮低速直线滚动时，其轮心的垂直位移 $\zeta(X)$ 为有效路形，即 $q_e(X) = \zeta(X)$。设车轮的垂向静载荷为 F_{zs}，故弹性滚子模型有效路形 $q_e(X)$ 的表达式为

$$\begin{cases} F_{zs} = \int_{-a}^{a} K_t [q(X+x) + \sqrt{r_0^2 - x^2} - r_0 - q_e(X)] \mathrm{d}x \\ q(X+x) + \sqrt{r_0^2 - x^2} - r_0 - q_e(X) \geqslant 0, -a \leqslant x \leqslant a \end{cases} \tag{7-3}$$

采用非均匀垂向载荷分布模型对其分布刚度进行计算，其分布函数为

$$k_t(x) = \frac{q_z(x)}{\Delta z(x)} \tag{7-4}$$

式中，$q_z(x)$ 为垂向载荷的分布函数；$\Delta z(x)$ 为车轮沿轮迹方向与路面各接触点的垂向变形量。

沿车轮与路面接触印迹的垂向载荷分布函数为

$$\begin{cases} q_z(x) = \eta\left(\dfrac{x}{a}\right)\dfrac{F_{zs}}{2a} \\ \Delta z(x) = \sqrt{r_0^2 - x^2} - \sqrt{r_0^2 - a^2} \end{cases} \quad (7\text{-}5)$$

式中，$\eta(x/a)$ 为无量纲的载荷分布函数，令 $u = x/a$，u 为车轮与路面在印迹长度上的相对坐标，则有 $\eta(u) = A(1-u^{2n})(1-Bu)$，系数 A、B 分别为 $A = \dfrac{2n+1}{2n}$，$B = -\dfrac{3(2n+3)}{2n+1}\dfrac{\Delta}{a}$，$n$ 为载荷均匀性因子，Δ/a 为偏布因子。

根据弹性滚子接触模型可得力和力矩平衡方程为

$$\begin{cases} \displaystyle\int_{-a}^{a} q_z(x)\mathrm{d}x = F_{zs} \\ \displaystyle\int_{-a}^{a} q_z(x)x\mathrm{d}x = F_{zs}\Delta \end{cases} \quad (7\text{-}6)$$

车轮压力分布的约束方程为

$$\begin{cases} \eta(1) = \eta(-1) = 0 \\ \eta(u) \geqslant 0, u \in [-1,1]; \eta(u) = 0, u \notin [-1,1] \\ \displaystyle\int_{-1}^{1} \eta(u)\mathrm{d}u = 2 \\ \displaystyle\int_{-1}^{1} \eta(u)u\mathrm{d}u = 2\dfrac{\Delta}{a} \end{cases} \quad (7\text{-}7)$$

7.1.2 有效路形仿真

设置三角形凸块的高为 15mm，底部宽为 30mm，机械弹性车轮在不同载荷下基于弹性滚子接触模型的有效路形仿真如图 7.2 所示。

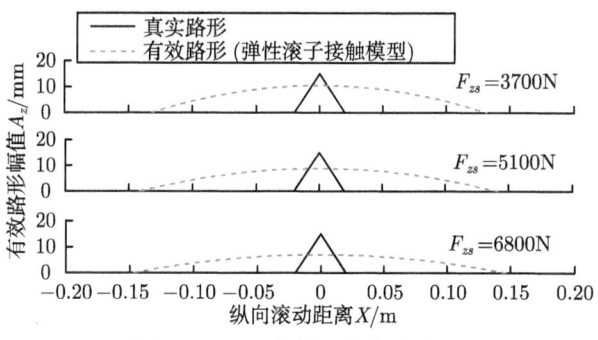

图 7.2 不同负荷下的有效路形

根据仿真结果可得轮心的垂直位移响应 $\zeta(X)$ 和纵向扰动长度 ΔX 随载荷 F_{zs} 的变化关系，如图 7.3 所示。

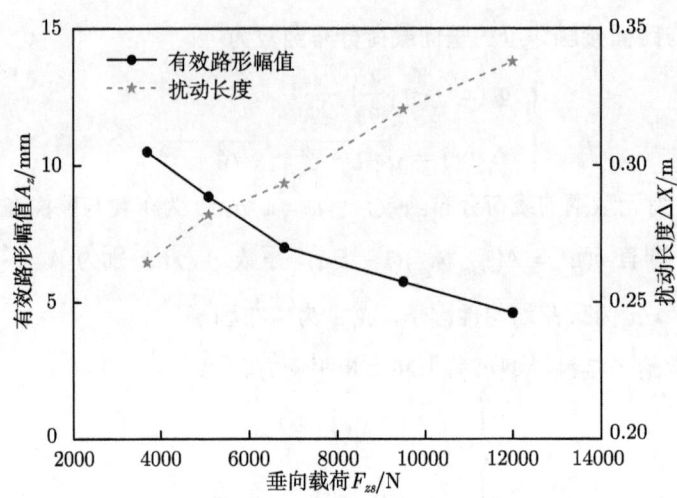

图 7.3　有效路形的幅值和扰动长度随载荷的变化

由图 7.2 和图 7.3 分析可知，在车轮径向刚度一定的条件下，车轮以某一低速滚过三角形凸块后，轮心的垂直位移响应(有效路形幅值 A_z)比凸块高度小，并随载荷的增大而减小；轮心的纵向扰动长度(有效路形扰动长度)比障碍物凸块底部宽度要大，并随载荷的增加而增大。

7.2　有限元建模

将机械弹性安全车轮模型进行适当的简化，忽略车轮花纹和轮毂形状对分析的影响，将铰链组简化为 12 组沿辖轮周向均匀分布的三节连杆结构，使用 Pro/E 建立辖轮、铰链组、轮毂等三维几何模型，并将几何模型导入有限元分析软件 ABAQUS 中。采用 rebar 单元模拟帘布/橡胶复合材料的性能，并采用 C3D10M 单元分别对橡胶体、弹性钢丝环、铰链组及轮毂进行网格划分，根据各部件材料性能参数对其赋值[21-28]，生成的车轮三维有限元模型如图 7.4 所示。

图 7.4　机械弹性安全车轮与障碍物路面有限元模型

在机械弹性安全车轮垂向承载过程中，车轮和接触面之间的变形属于非线性大变形接触问题，为防止可能的接触节点之间的穿透，地面采用刚性墙进行模拟。在静态分析过程中，将台面固定不动，施加垂向载荷使车轮产生垂向变形；准静态分析过程中，施加一定预载荷使车轮产生垂向变形，并使车轮以某一速度水平移动。

7.3 低速稳态包容特性

车轮与路面的接触是一个面接触的过程，路面的凹凸不平程度决定着车轮的刚度沿垂向或纵向是不均等的，而车轮负荷和障碍物横截面尺寸及形状是影响车轮包容力学特性的主要参数[1-18]。本节基于非线性有限元模型和台架试验对机械弹性安全车轮的低速稳态包容特性进行力学分析。

自主研发的平板式多功能轮胎试验台结构如图 7.5 所示，传动装置可实现车轮的滚动，垂向加载机构可完成垂向加载幅值，数据采集系统 (三维力传感器、角速度传感器、扭矩传感器、数显仪表等) 可精确测量试验基本参数。试验台轴头在液压机构控制下只做上下移动，障碍物凸块固定于试验台面上，随台面移动，在保持轴头高度不变的情况下，对机械弹性安全车轮进行固定载荷的包容特性试验研究。

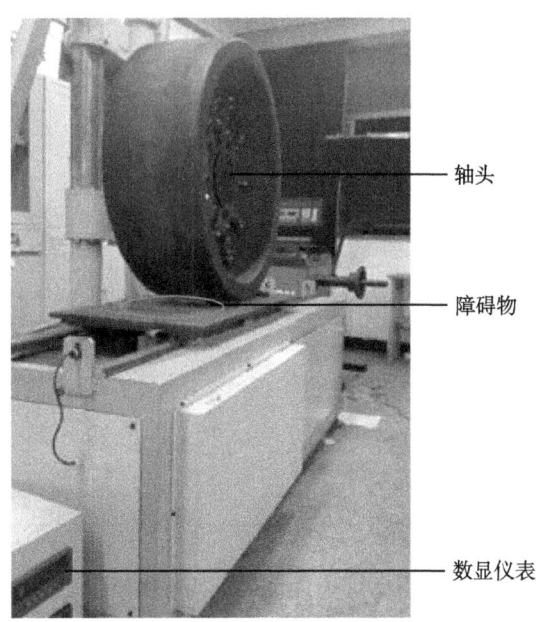

图 7.5 机械弹性安全车轮包容特性试验

设置台面匀速移动的速度为 0.02m/s，试验工况如表 7.1 所示，通过力和位移传感器可测得轴头的垂向力和纵向力,以及轴头垂直位移和试验台面的水平位移,通过数显仪表记录数据。

表 7.1 机械弹性安全车轮包容特性试验工况（一）

凸块截面形状 /mm	载荷 /N	与车轮中心面的夹角 /(°)
矩形 1(10×20)	3700	90
矩形 2(15×20)	5100	90
三角形 (15×30)	6800	90

7.3.1 障碍物截面尺寸对径向刚度的影响

不同条件下的径向刚度是影响车轮包容特性的重要参数。为验证路面不平度对车轮径向刚度的影响,利用轮胎加载变形测试试验和有限元分析方法,对平面及障碍物作用下机械弹性安全车轮的径向刚度特性进行研究。

在试验过程中,将障碍物移至轮心正下方,采用静态差量加载法对机械弹性安全车轮的径向刚度特性进行测试。由于橡胶材料和弹性钢丝环的迟滞作用,为准确表达车轮的静刚度特性,进行多次试验,取加、卸载变形的均值来表示机械弹性安全车轮的静刚度曲线。

在平面情况下,对车轮径向刚度进行测试,由图 7.6 可知,有限元模型的负荷特性曲线与静态加载试验值具有较好的一致性,验证了所建模型的有效性,表明了该有限元模型可用于机械弹性安全车轮包容特性的进一步研究。

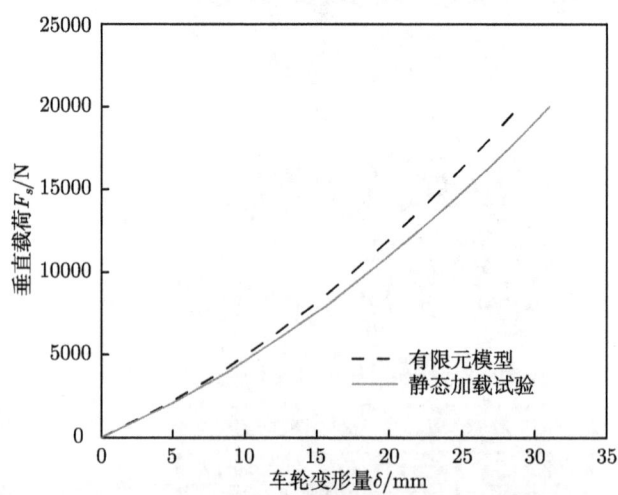

图 7.6 实验结果与有限元计算的负荷特性对比

在相同加载条件下,将矩形 1 凸块 (高为 10mm,宽为 20mm)、矩形 2 凸块 (高为 15mm,宽为 20mm) 和三角形凸块 (高为 15mm,底部宽为 30mm) 障碍物分

第 7 章 机械弹性安全车轮包容特性及其影响因素

别移至机械弹性安全车轮轮心正下方,利用有限元分析方法和加载变形试验,对不同障碍物作用下的机械弹性安全车轮的垂向力学特性进行分析,车轮垂向载荷与变形量之间的关系如图 7.7 所示。

分析所加荷载和车轮变形量之间的关系时,选取台面基础表面为参考平面,设机械弹性安全车轮胎面与台面接触时的车轮变形量为 "0"。通过上述数据分析可知,由于障碍物截面形状的不同,当加载载荷达到某一定值时,机械弹性安全车轮垂向位移才从零开始变化;由图 7.7(a) 和图 7.7(b) 对比可知,垂向位移的初始加载值随凸块高度的增加而增大;由图 7.7(b) 和图 7.7(c) 对比可知,在凸块高度相同的情况下,所产生的径向刚度随障碍物截面形状的不同而变化。

为更有效地验证机械弹性安全车轮的静态包容特性,根据车轮关于中心平面对称,将三角形障碍物移至距车轮轴心 66.5mm 和 133mm 处进行分析,试验结果如图 7.8 所示。

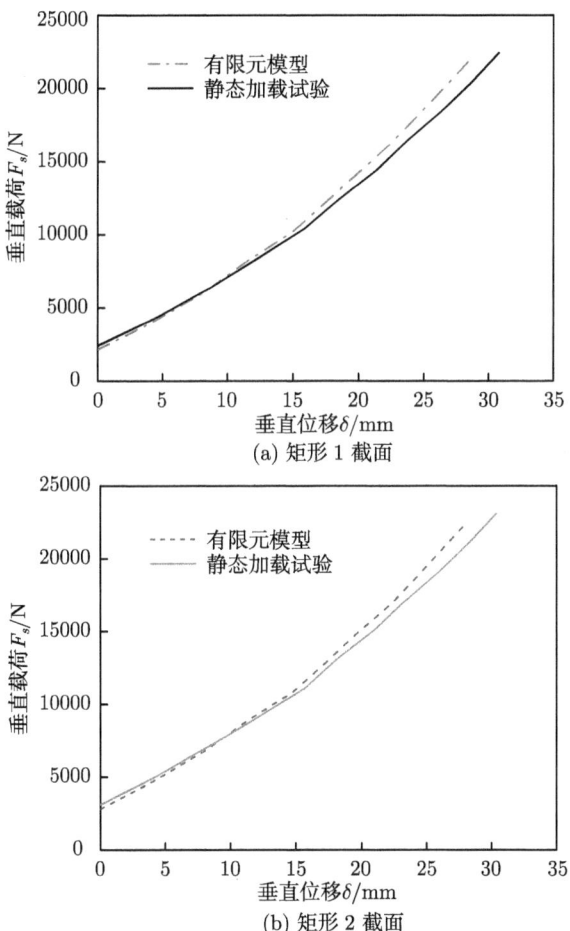

(a) 矩形 1 截面

(b) 矩形 2 截面

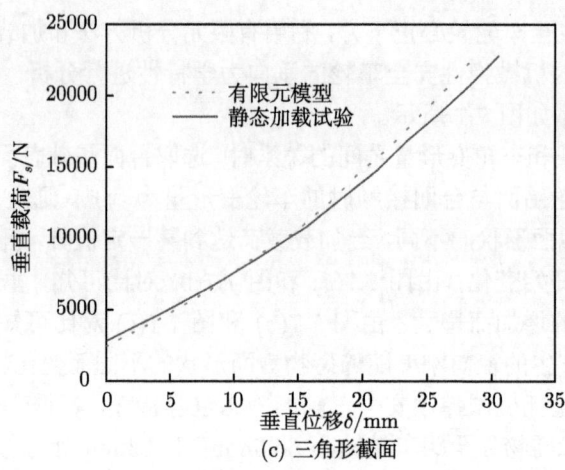

(c) 三角形截面

图 7.7 机械弹性安全车轮垂向载荷与位移关系曲线

由图 7.8 可知，径向刚度随障碍物距轮心的位移而发生变化，但位于机械弹性安全车轮轮心两侧相同位置的径向刚度是相等的，从而说明了机械弹性安全车轮具有较好的对称包容特性。

在有限元建模时，材料模型没有考虑能量的耗散，以致有限元计算和试验测试存在一定的差异，但有限元计算与试验测试结果整体具有较好的一致性，表明了所建有限元模型的有效性。基于有限元分析和加载试验，在某一载荷条件下，位于机械弹性安全车轮轮心下方的障碍物被车轮完全包容，因此，机械弹性安全车轮表现出典型的静包容特性。

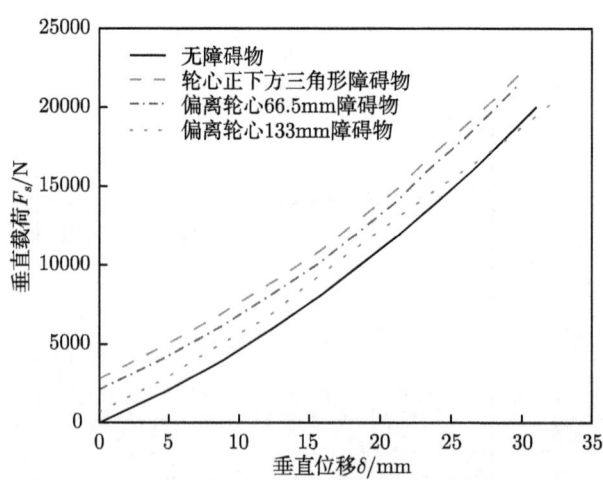

图 7.8 三角形障碍物不同位置下的机械弹性安全车轮径向刚度

7.3.2 垂向力特性

当机械弹性安全车轮滚过不同截面障碍物时,通过有限元计算和台架试验可知,安全车轮垂向力响应随移动位置的变化而发生变化。

如图 7.9 所示,当垂直载荷较小 (3700N) 时,机械弹性安全车轮垂向力变化曲线只有一个最大值;随垂直载荷达到某一值 (5100N) 时,曲线中间出现下塌,变成马鞍形;进一步加大载荷,当载荷为 6800N 时,机械弹性安全车轮轮心变化曲线在中间部分略有升高,处于障碍物正下方的机械弹性安全车轮轮心高度接近于在水平台面上的值,这种现象表现出典型的静包容特性。

由图 7.9 可知,有限元计算结果和试验值吻合较好,但由于有限元模型的机械弹性安全车轮径向刚度比试验值偏高,所以计算的机械弹性安全车轮垂向力值比试验值也略高,误差基本在 5% 以内,从而表明了所建机械弹性安全车轮有限元模型的正确性。

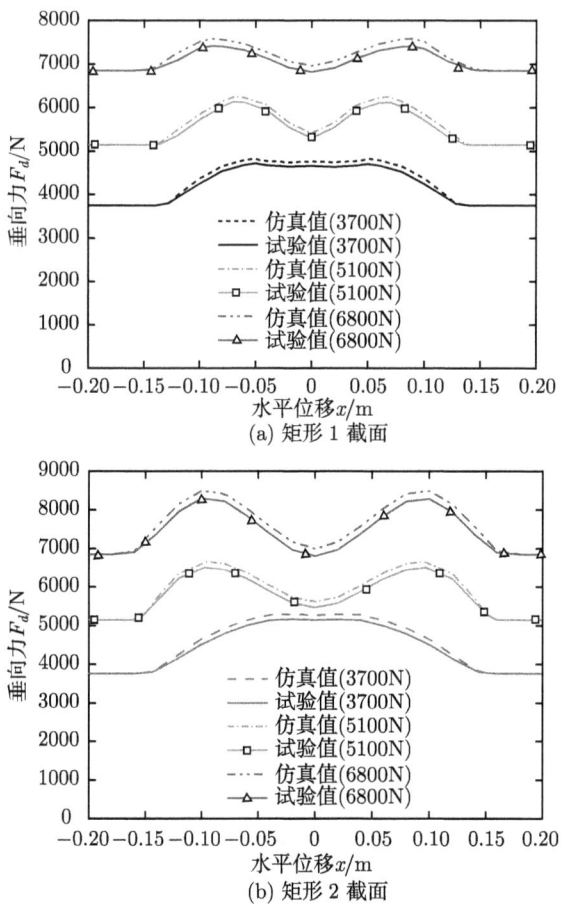

(a) 矩形 1 截面

(b) 矩形 2 截面

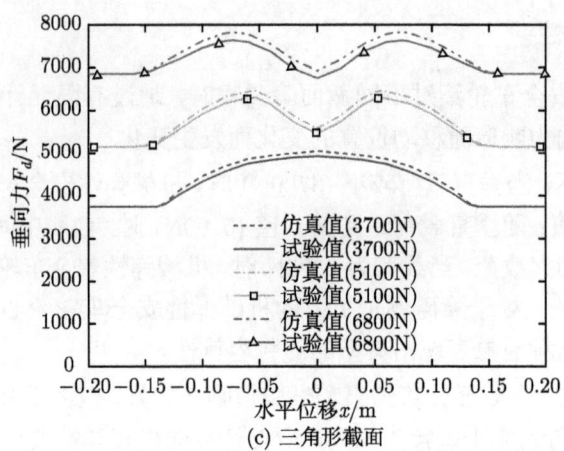

(c) 三角形截面

图 7.9 机械弹性安全车轮垂向力变化曲线

由图 7.9(a) 和图 7.9(b) 对比分析可知，机械弹性安全车轮垂向力值随障碍物凸块高度的增加而增大，鉴于机械弹性安全车轮下沉量，随凸块高度的增加，机械弹性安全车轮垂向力较快达到最大值。

由图 7.9(b) 和图 7.9(c) 对比分析可知，在凸块高度相同的情况下，所产生的机械弹性安全车轮垂向力随障碍物截面形状的不同而变化，但机械弹性安全车轮都表现出良好的车轮包容特性。

7.3.3 纵向力特性

通过有限元计算和台架试验可知，机械弹性安全车轮纵向作用力仿真值和试验值基本保持一致，变化曲线类似为正弦曲线形状，如图 7.10 所示。在机械弹性安全车轮轮心处于障碍物正上方处，机械弹性安全车轮纵向作用力接近为零，且纵向作用力被分为左右两部分，出现了一个负的和正的最大值，从而说明所产生的纵向作用力对机械弹性安全车轮越障特性起到决定作用。

通过上述结果分析可知，在越障之前，机械弹性安全车轮纵向作用力并不为零，这是由机械弹性安全车轮自身的锥度效应所产生的。机械弹性安全车轮纵向力响应随障碍物高度的增加而增大，且障碍物截面形状的变化对其变化规律和大小都有影响。

综上所述，负荷的增加对机械弹性安全车轮垂向作用力的影响比对纵向作用力的影响更加显著。在相同负荷 (5100N) 条件下，机械弹性安全车轮通过矩形 1 截面、矩形 2 截面和三角形截面三种障碍物的最大垂向力分别为 6135N、6514N 和 6306N，最大纵向力分别为 447.5N、769.3N 和 589.3N。由曲线对比可以得出，机械弹性安全车轮垂向力和纵向力响应随障碍物高度的增加而增大，而障碍物截面形状的变化对其变化规律和大小都有影响。根据对比并得出机械弹性安全车轮垂向

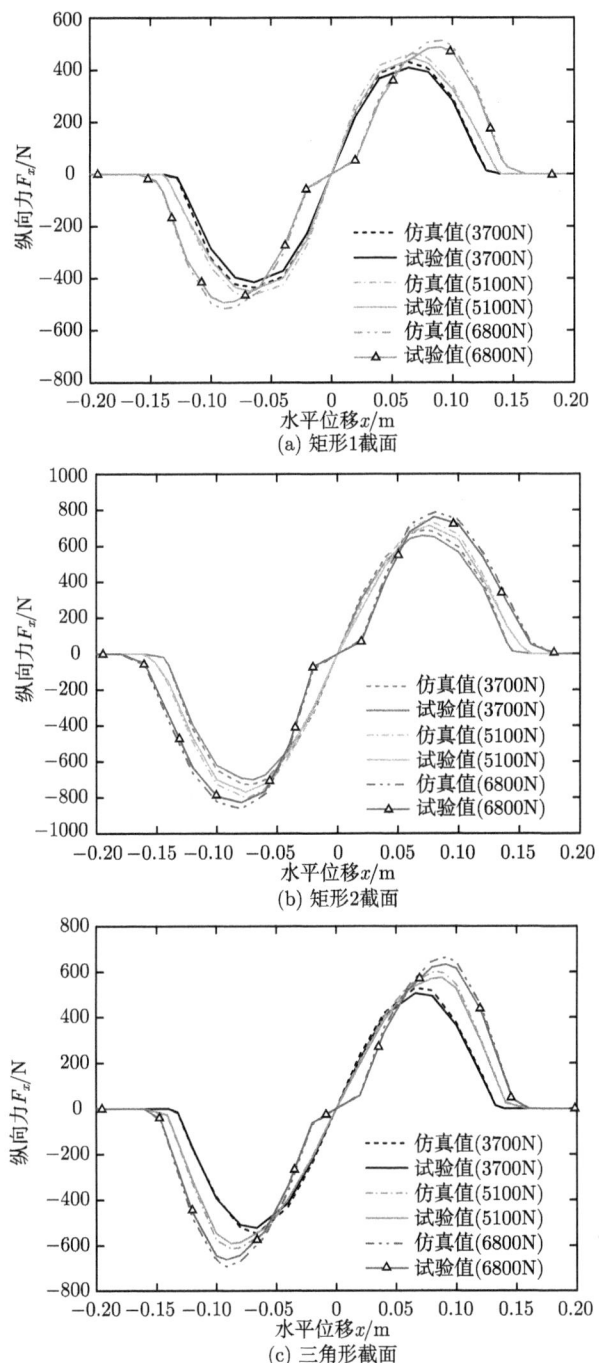

图 7.10 机械弹性安全车轮纵向力变化曲线

力和纵向力响应峰值相对较低，变化较平缓，说明机械弹性安全车轮具有良好的包容性能。

7.4 包容特性的影响因素

7.4.1 载荷的影响

试验工况如表 7.2 所示，基于弹性滚子接触模型和有限元仿真计算对机械弹性安全车轮在不同负荷作用下的有效路形进行分析，分析结果如图 7.11 所示。

表 7.2 机械弹性安全车轮包容特性试验工况（二）

凸块截面形状 /mm	载荷 /N	与车轮中心面的夹角 /(°)
三角形（15×30）	3700	90
三角形（15×30）	5100	90
三角形（15×30）	6800	90

有限元仿真的有效路形曲线与弹性滚子接触模型的计算值具有较好的一致性，表明了弹性滚子接触模型具有显著的包容效果，同时也验证了所建机械弹性安全车轮有限元模型的有效性。

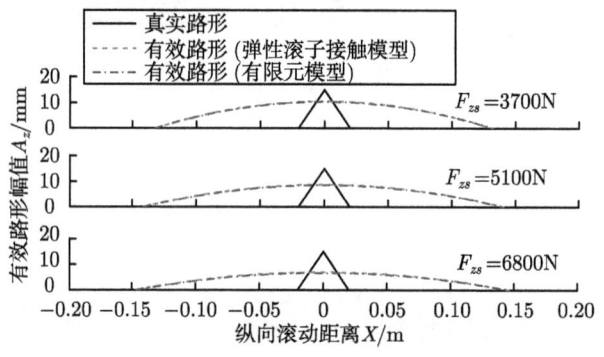

图 7.11 不同负荷下的有效路形

通过有限元计算可知，机械弹性安全车轮垂向力响应随移动位置的变化而发生变化，如图 7.12 所示。

上述分析表明，在某一载荷条件下，位于机械弹性安全车轮轮心正下方的障碍物被车轮完全包容，表现出典型的包容特性，从而说明了机械弹性安全车轮对不平路面具有包容凸块、减小冲击和延长作用时间的显著特性。

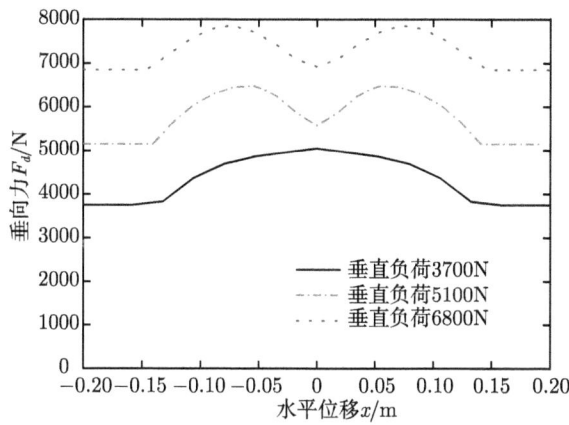

图 7.12 机械弹性安全车轮垂向力随负荷变化曲线

7.4.2 径向刚度的影响

在机械弹性安全车轮拓扑结构一定的条件下,车轮径向刚度的大小主要取决于辘轮层合结构中弹性钢丝环组分含量,基于弹性基础封闭圆环曲梁模型和车轮非线性有限元模型分析[29-34],可得机械弹性安全车轮径向刚度随弹性钢丝环组分含量改变的变化值,如表 7.3 所示。

表 7.3 车轮径向刚度值

车轮型号	钢丝环组分含量/%	径向刚度值/(N/mm)
MEW-A	8.83	523
MEW-B	10.22	581
MEW-C	11.78	615

机械弹性安全车轮在不同径向刚度条件下的有效路形仿真结果如图 7.13 所示。在载荷一定的条件下 (F_{zs}=5100N),机械弹性安全车轮滚过三角形凸块后,有效路形的幅值随车轮径向刚度的增大而增大,但有效路形扰动长度却减小。

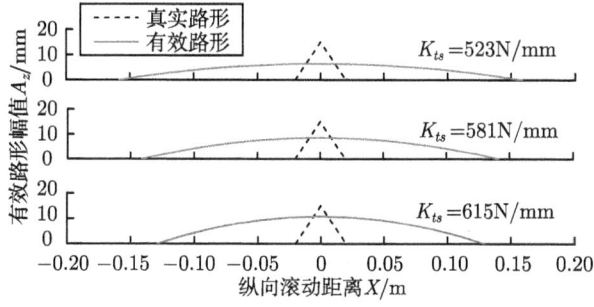

图 7.13 不同径向刚度下的有效路形

在载荷一定的条件下，机械弹性安全车轮滚过所设置的障碍物后，机械弹性安全车轮垂向力响应曲线类似为马鞍形，如图 7.14 所示。机械弹性安全车轮垂向力随径向刚度的增大而增大，但机械弹性安全车轮与路面各接触点的垂直压缩量却减小，导致机械弹性安全车轮垂向力增加效果并不显著，这与有限元分析结果是一致的。

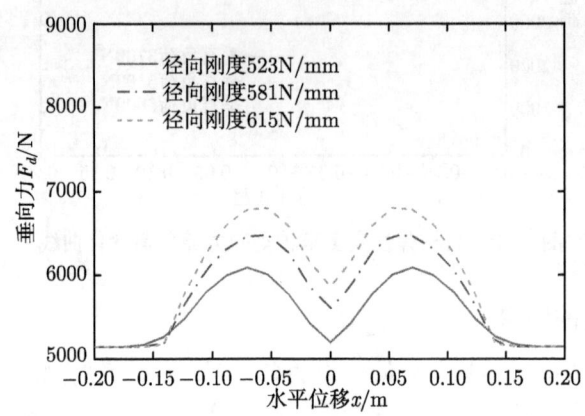

图 7.14　机械弹性安全车轮垂向力随径向刚度变化曲线

7.5　越障性能的实车试验

将机械弹性安全车轮装配于某型越野车上，根据车轮所需指标和测试数据的要求，将传感器布置在相对应的测试位置，在中国定远汽车试验场进行了实车道路越障试验。试验所用设备和仪器主要有位移传感器、非接触式速度仪、轮速传感器、数据信号采集系统、计算机工作站等。

安装机械弹性安全车轮后，测量车轮的静力半径，即车轮轴中心与路面之间的距离，可得机械弹性安全车轮的静力半径为 0.436m，车轮的承载变形与上述分析结果较为一致，轮胎接地区域基本变平，处于接地区域的铰链组呈微曲状，其余铰链组均承受拉力。在空载状态下对四轮驱动车辆进行前轮越障验证试验，如图 7.15 所示。

匹配机械弹性安全车轮的越野车以较低速度 (5km/h) 通过高度为 350mm 台阶。当前轮刚刚碰到垂直障碍物时，设机械弹性安全车轮接地中心点为原点，以越障前地面为基准平面，机械弹性安全车轮中心轴垂直位移随滚动距离的变化曲线如图 7.16 所示。

第 7 章 机械弹性安全车轮包容特性及其影响因素 · 143 ·

图 7.15 装车越障试验

由图 7.16 可知，机械弹性安全车轮在越障过程中，凸显出车轮的包容特性，当机械弹性安全车轮中心轴和台阶处于中间位置时，车轮的包容特性较为明显，使得车轮的越障性能更加显著，验证了上述机械弹性安全车轮包容特性力学分析结果的正确性。

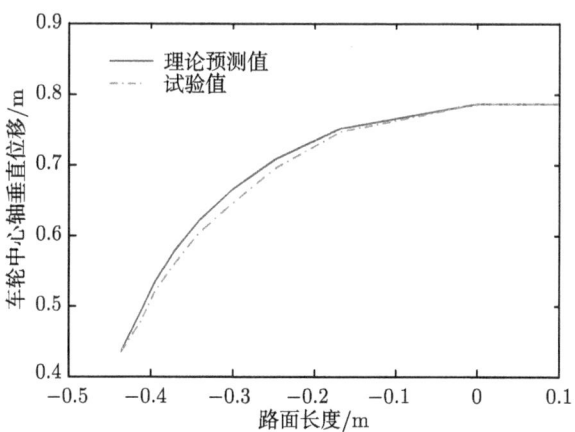

图 7.16 机械弹性安全车轮中心轴垂直位移随路面长度的变化曲线

机械弹性安全车轮的越障能力还取决于车轮与地面之间的附着系数。

参 考 文 献

[1] Lippmann S A, Piccin W A, Baker T P. Enveloping characteristics of truck tires - A laboratory evaluation[J]. SAE Technical Papers, 650184, 1965: 831-836.

[2] Lippmann S A, Nany J D A. Quantit at ive analysis of the enveloping forec of passenger tires [J]. SAE Technical Papers, 670174, 1967: 87.

[3] Wieslaw B. Linear models of tyre enveloping properties[J]. International Journal of Vehicle Design, 1987, 8(4/5/6): 485-503.

[4] Guo K H. Tire roller contact model for simulation of vehicle vibration Input[J]. SAE Paper, 932008, 1993: 1-10.

[5] 丁国峰. 轮胎包容特性及路面振动输入研究 [D]. 长春: 长春汽车研究所, 1994.

[6] Guo K H, Liu Q. A model of tire enveloping properties and its application on modelling of automobile vibration systems[J]. SAE Technical Papers, 980253, 1998: DOI: 10.4271/980253.

[7] 郭孔辉, 刘青, 丁国峰. 载荷和胎压对轮胎包容特性的影响 [J]. 农业工程学报, 1998, 14(3): 53-55.

[8] 郭孔辉, 刘青, 丁国峰. 轮胎包容特性分析及其在汽车振动系统建模中的应用 [J]. 汽车工程, 1999, 21(2): 65-71.

[9] Guan D H, Fan C J. Tire modeling for vertical properties including enveloping properties using experimental modal parameters[J]. Vehicle System Dynamics, 2003, 40(6): 419-433.

[10] 管欣, 董波. 结合轮胎包容特性的主动悬架模型 [J]. 汽车工程, 2003, 25(4): 356-359.

[11] 安宏伟, 管迪华, 范成建. 轮胎静包容特性的试验研究 [J]. 汽车工程, 2004, 26(1): 57-60.

[12] Lugner P, Pacejka H, Plochl M. Recent advances in tyre models and testing procedures[J]. Vehicle System Dynamics, 2005, 43(6/7): 413-436.

[13] Guan D H, Fan C J, Xie X H. A dynamic tyre model of vertical performance rolling over cleats [J]. Vehicle System Dynamics, 2005, 43(1): 209-222.

[14] 范成建, 管迪华. 利用试验模态参数对轮胎包容特性的建模及试验验证 [J]. 汽车工程, 2006, 28(2): 138-142.

[15] Ferris J B. Capturing planer tire enveloping properties using static contraint modes [C]. IMECE2006 - Dynamic Systems and Control Division, Chicago, 2006.

[16] Fan C J, Guan D H. The quantitative analysis and experimental verification of the tire static enveloping model using experimental modal parameters [J]. Vehicle System Dynamics, 2006, 44(9): 675-688.

[17] Kang N. Prdiction of tire natural frequency with consideration of the enveloping property [J]. International Journal of Automotive Technology, 2009, 10(1): 65-71.

[18] 郭孔辉, 章新杰, 吴海东, 等. 形态学滤波在轮胎包容特性中的应用 [J]. 吉林大学学报, 2009, 39(增 1): 1-4.

[19] 许文靖. 子午线轮胎径向与包覆刚度仿真研究 [D]. 广州: 华南理工大学, 2009.

[20] 程洪杰, 刘准, 刘志浩, 等. 面向车辆平顺性的轮胎面内刚性环模型研究 [J]. 计算机仿真, 2019, 36(3): 153-157.

[21] 王强, 赵又群, 付宏勋, 等. 载荷与径向刚度对机械弹性车轮包容特性的影响 [J]. 农业工程学报, 2016, 32(13): 36-42.

[22] 王强, 赵又群, 林棻, 等. 新型机械弹性车轮包容特性的力学研究 [J]. 振动、测试与诊断, 2017, 37(2): 266-272.

[23] 岳红旭, 赵又群. 一种新型安全车轮的非线性有限元分析 [J]. 中国机械工程, 2012, 23(11): 1380-1385.

[24] Wang W, Zhao Y Q, Zang L G. Structure analysis and ride comfort of vehicle on new mechanical elastic tire[C]. Proceedings of the FISITA 2012 World Automotive Congress, Lecture Notes in Electrical Engineering, 2013, 198: 199-209.

[25] 臧利国, 赵又群, 李波, 等. 机械弹性车轮提高轮胎耐磨性和抓地性分析 [J]. 农业工程学报, 2014, 30(12): 56-63.

[26] Wang Q, Zhao Y Q, Du X B, et al. Equivalent stiffness and dynamic response of new mechanical elastic wheel[J]. Journal of Vibroengineering, 2016, 18(1): 431-445.

[27] 王强, 赵又群, 杜现斌, 等. 机械弹性车轮径向刚度和阻尼模型的分析 [J]. 中国机械工程, 2016, 27(10): 1408-1413.

[28] 王强, 赵又群, 林棻, 等. 机械弹性车轮有限元计算与试验模态的相关性研究 [J]. 哈尔滨工程大学学报, 2017, 38(1): 86-93.

[29] Ramji K, Goel V K, Saran V H. Stiffness properties of small-sized pneumatic tyres[J]. Journal of Automobile Engineering, 2002, 216(2): 107-114.

[30] Alkan V, Karamihas S M, Anlas G. Experimental analysis of tyre-enveloping characteristics at low speed [J]. Vehicle System Dynamics, 2009, 47(5): 575-587.

[31] Guan Y J, Cheng G, Zhao G Q, et al. Investigation of the vibration characteristics of radial tires using experimental and numerical techniques[J]. Journal of Reinforced Plastics and Composites, 2011, 30(24): 2035-2050.

[32] Gasmi A, Joseph P F, Rhyne T B, et al. Closed-form solution of a shear deformable, extensional ring in contact between two rigid surfaces[J]. International Journal of Solids and Structures, 2011, 48(5): 843-853.

[33] Gasmi A, Joseph P F, Rhyne T B, et al. Development of a two-dimensional model of a compliant non-pneumatic tire[J]. International Journal of Solids and Structures, 2012, 49(13): 1723-1740.

[34] Wang W, Yan S, Zhao S G. Experimental verification and finite element modeling of radial truck tire under static loading[J]. Journal of Reinforced Plastics and Composites, 2013, 32(7): 490-498.

第8章 机械弹性安全车轮松软路面牵引通过性

车辆的通过性是指其能以足够高的平均速度通过各种无路、坏路地带和各种障碍的能力,如松软地面、凹凸不平路面、台阶、陡坡及壕沟等[1]。通过建立考虑车轮滑转和地面切应力的驱动轮牵引性能预测模型,可以推导车轮沉陷、土壤推力和挂钩牵引力等的计算公式[2-11];对机械弹性安全车轮和普通充气轮胎车轮的牵引性能进行研究,能够揭示机械弹性安全车轮的力学参数和几何参数对牵引性能的影响规律。

8.1 机械弹性安全车轮通过性评价指标

根据地面对车辆通过性影响的原因,车辆的通过性分为支撑通过性和几何通过性。目前常采用牵引系数、牵引效率及燃油利用指数三个评价指标来评价车辆通过性的优劣。

(1) 牵引系数 TC:单位车重的挂钩牵引力。牵引系数表征车辆在松软地面上加速、爬坡及牵引其他车辆的能力。

$$\text{TC} = F_d/G \tag{8-1}$$

式中,F_d 为车辆的挂钩牵引力;G 为车辆重力。

(2) 牵引效率 TE:驱动轮输出功率与输入功率之比。牵引效率表征车轮功率传递过程中的能量损失,该部分损失主要是由橡胶与帘布层间摩擦生热及轮胎下土壤的压实和流动造成的。

$$\text{TE} = \frac{F_d}{T_t}\frac{u_a}{\omega} = \frac{F_d r(1-s)}{T_t} \tag{8-2}$$

式中,u_a 为车辆行驶速度;T_t 为驱动轮输入转矩;ω 为驱动轮的角速度;r 为驱动轮动力半径;s 为滑转率。

(3) 燃油利用指数 E_f：单位燃油消耗所输出的功。

$$E_f = \frac{F_d u_a}{Q_t} \tag{8-3}$$

式中，Q_t 为单位时间内的燃油消耗量。

8.2 机械弹性安全车轮轮-地作用模型

8.2.1 法向载荷与静态沉陷

机械弹性安全车轮在松软地面上滚动时，随着土壤坚实度和车轮刚度的不同，将出现两种情况：当车轮的地面接触压力大于土壤对车轮圆周最低点的支撑压力时，车轮像圆形刚性轮一样滚动；反之，若土壤比较坚实，车轮则被视为弹性轮发生变形。Wong 的充气轮胎模型将轮胎土壤交界面用一平线段和圆弧表示，用平均比压描述接触面的压力[8]。Schmid 将交界面用一个较大直径的刚性轮替代，其他研究者用抛物线描述交界面的形状，但没有考虑交界面上切向应力在垂直方向的分力[12]。

根据负荷和沉陷的关系式，机械弹性安全车轮滚动状态的临界压力公式可以表示为[6]

$$P_{cr} = \left(\frac{k_c}{b} + k_\varphi\right)^{\frac{1}{2n+1}} \left(\frac{3F}{(3-n)b\sqrt{D}}\right)^{\frac{2n}{2n+1}} \tag{8-4}$$

式中，k_c 为土壤的黏聚变形模数；k_φ 为土壤的摩擦变形模数；b 为承载面积的短边长，即接地印迹的短轴；n 为沉陷指数；F 为负荷；D 为机械弹性安全车轮直径。

在机械弹性安全车轮地面接触压力小于土壤对车轮圆周最低点的支撑压力时，将轮-地作用模型接地圆周划分成三段，即前部 CD、中部 BC、后部 AB，如图 8.1 所示。

机械弹性安全车轮的沉陷包括静态沉陷和滑动沉陷，其中静态沉陷取决于车轮负荷和车轮地面接触面积。静态沉陷量 Z 与车轮土壤单位面积压力之间的关系式为[6]

$$\begin{cases} p = kZ^n = \left(\dfrac{k_c}{b} + k_\varphi\right) Z^n \\ k = \dfrac{k_c}{b} + k_\varphi \end{cases} \tag{8-5}$$

CD 段各点的静态沉陷可以表示为

$$Z_1 = L\cos\theta - L_1 \cos\theta_1 \tag{8-6}$$

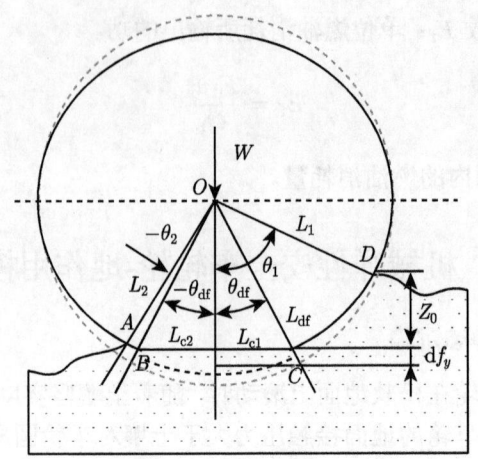

图 8.1 机械弹性安全车轮土壤相互作用分析模型

将式 (8-6) 代入式 (8-5) 可得 CD 段各点的压力为

$$\sigma_1 = \left(\frac{k_c}{b} + k_\varphi\right)(L\cos\theta - L_1\cos\theta_1)^n \tag{8-7}$$

BC 段为一平线段,压力均匀分布且等于地面平均接地压力,各点沉陷量等于最大静态沉陷量。

$$Z_0 = L_{df}\cos\theta_{df} - L_1\cos\theta_1 \tag{8-8}$$

$$\sigma_{df} = \left(\frac{k_c}{b} + k_\varphi\right)(L_{df}\cos\theta_{df} - L_1\cos\theta_1)^n \tag{8-9}$$

研究表明,如果车轮下陷相当深,车轮土壤接触面的前部将变大,后部对应应力的影响可以忽略。随着下陷量的降低,前部缩小,后部变大,此时忽略后部的影响将会产生很大的误差[6,13–16]。因此考虑机械弹性安全车轮承载特点,模型中考虑了后部离地角的影响。BC 段的沉陷量和正压力为

$$Z_2 = L_{df}\cos\theta_{df} - L_2\cos\theta_2 \tag{8-10}$$

$$\sigma_2 = \left(\frac{k_c}{b} + k_\varphi\right)(L_{df}\cos\theta_{df} - L_2\cos\theta_2)^n \tag{8-11}$$

8.2.2 滑转与动态沉陷

当车轮滚动时,接地圆周三部分的土壤剪切位移是不同的[17,18],如图 8.2 所示。

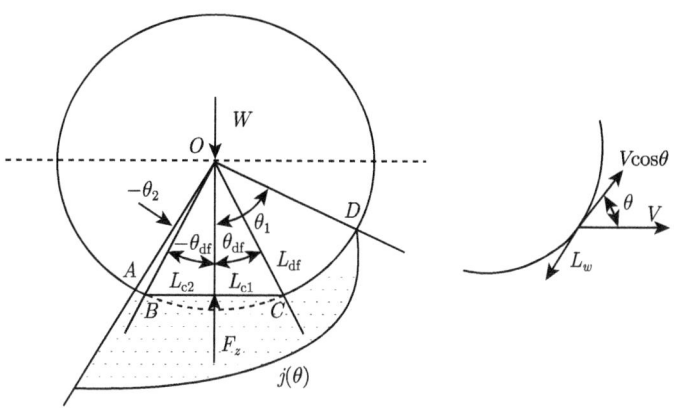

图 8.2 机械弹性安全车轮运动分析

由 B 点和 C 点的边界条件,即 AB 段和 BC 段在 B 点的剪切位移相同,BC 段和 CD 段在 C 点的剪切位移相同,可得三段剪切位移分别为

$$j_{CD} = \int_0^{\theta_1} L\left[1-(1-s)\cos\theta\right]\mathrm{d}\theta \tag{8-12}$$

$$j_{BC} = j_{CD}\left(\theta_{\mathrm{df}}\right) + \int_0^{\theta_{\mathrm{df}}} L_{\mathrm{df}} s\cos\theta \mathrm{d}\theta \tag{8-13}$$

$$j_{AB} = j_{BC}\left(-\theta_{\mathrm{df}}\right) + \int_0^{-\theta_{\mathrm{df}}} \left[1-(1-s)\cos\theta\right]\mathrm{d}\theta \tag{8-14}$$

式中,s 为滑转率。

因此,F_z 可以表示为

$$F_z = b\int_{\theta_{\mathrm{df}}}^{\theta_1} \left[L\left(\sigma_1 + \tau_1 \sin\theta\right)\right]\mathrm{d}\theta + Lb \\ \times \int_{-\theta_{\mathrm{df}}}^{\theta_{\mathrm{df}}} \sigma_{\mathrm{df}} \cos\theta \mathrm{d}\theta + L\int_{-\theta_2}^{-\theta_{\mathrm{df}}} \left(\sigma_2\cos\theta + \tau_2\sin\theta\right)\mathrm{d}\theta \tag{8-15}$$

滑转沉陷量可以表示为

$$Z_{\mathrm{d}} = 2\left(Ad_{\mathrm{h}} + h_{\mathrm{b}}\right) \\ \times \frac{\displaystyle\int_{\theta_{\mathrm{df}}}^{\theta_1} L\left[1-(1-s)\cos\theta\right]\mathrm{d}\theta + \int_{-\theta_{\mathrm{df}}}^{\theta_{\mathrm{df}}} L_{\mathrm{df}} s_{\mathrm{r}} \cos\theta \mathrm{d}\theta}{\displaystyle\int_{\theta_{\mathrm{df}}}^{\theta_1} L\mathrm{d}\theta + L_c} \tag{8-16}$$

8.2.3 土壤推力与挂钩牵引力

根据土壤的剪切特性可以确定土壤推力。由于土壤在提供推力时发生剪切变形，车轮的接地面相对于地面有向后的滑动，它既影响车速，又影响燃油消耗 [19-22]。机械弹性安全车轮的土壤推力由接地圆周的 AB、BC 和 CD 三段组成。

$$F_X = F_{X_{AB}} + F_{X_{BC}} + F_{X_{CD}}$$

CD 段的切应力与车轮和土壤的接触角度有关，切应力和土壤推力为

$$\tau_1 = [c + \sigma_1(\theta)\tan\varphi][1 - \exp(-j_{CD}/K)] \tag{8-17}$$

$$F_{X_{CD}} = Lb\int_{\theta_{df}}^{\theta_1}(c + \sigma_1\tan\varphi)[1 - \exp(-j_{CD}/K)]\cos\theta \mathrm{d}\theta \tag{8-18}$$

BC 段的切应力与土壤推力为

$$\tau_{df} = (c + \sigma_{df}\tan\varphi)[1 - \exp(-j_{BC}/K)] \tag{8-19}$$

$$F_{X_{BC}} = Lb\int_{-\theta_{df}}^{\theta_{df}}(c + \sigma_{df}\tan\varphi)[1 - \exp(-j_{BC}/K)]\cos\theta \mathrm{d}\theta \tag{8-20}$$

AB 段的切应力与土壤推力为

$$\tau_2 = (c + \sigma_2\tan\varphi)[1 - \exp(-j_{AB}/K)] \tag{8-21}$$

$$F_{X_{AB}} = Lb\int_{-\theta_2}^{-\theta_{df}}(c + \sigma_2\tan\varphi)[1 - \exp(-j_{AB}/K)]\cos\theta \mathrm{d}\theta \tag{8-22}$$

因此，机械弹性安全车轮土壤推力为

$$F_X = Lb\int_{-\theta_2}^{-\theta_{df}}\tau_2\cos\theta \mathrm{d}\theta + Lb\int_{-\theta_{df}}^{\theta_{df}}\tau_{df}\cos\theta \mathrm{d}\theta + Lb\int_{\theta_{df}}^{\theta_1}\tau_1\cos\theta \mathrm{d}\theta \tag{8-23}$$

车辆的土壤推力与土壤阻力之差，称为挂钩牵引力，表示土壤的强度储备，用来使车辆加速、上坡、克服道路不平的阻力或牵引其他车辆。

$$F_d = F_X - F_r \tag{8-24}$$

忽略车轮的弹滞损耗阻力及推土阻力，土壤阻力主要由 AB 段和 CD 段的压实阻力构成，BC 段没有压实阻力。

$$F_r = Lb\int_{\theta_{df}}^{\theta_1}\sigma_1\sin\theta \mathrm{d}\theta + Lb\int_{-\theta_2}^{-\theta_{df}}\sigma_2\sin\theta \mathrm{d}\theta \tag{8-25}$$

由车轮的受力列平衡方程:

$$\begin{cases} W = Lb\int_{\theta_{df}}^{\theta_1}[(\sigma_1+\tau_1\sin\theta)]\mathrm{d}\theta + 2Lb\sigma_{df}\sin\theta_{df} \\ \qquad + Lb\int_{-\theta_2}^{-\theta_{df}}(\sigma_2\cos\theta+\tau_2\sin\theta)\mathrm{d}\theta \\ F_d = Lb\int_{\theta_{df}}^{\theta_1}(\tau_1\cos\theta-\sigma_1\sin\theta)\mathrm{d}\theta + Lb\cos\theta_{df}\int_{-\theta_{df}}^{\theta_{df}}\tau_{df}(1+\tan^2\theta)\mathrm{d}\theta \\ \qquad + Lb\int_{-\theta_2}^{-\theta_{df}}(\tau_2\cos\theta-\sigma_2\sin\theta)\mathrm{d}\theta \\ T_t = L^2b\int_{\theta_{df}}^{\theta_1}\tau_1\mathrm{d}\theta + L^2b\int_{-\theta_2}^{-\theta_{df}}\tau_2\mathrm{d}\theta + L^2b\cos^2\theta_{df}\int_{-\theta_{df}}^{\theta_{df}}\tau_{df}(1+\tan^2\theta)\mathrm{d}\theta \end{cases}$$

(8-26)

$$\text{TE} = \frac{F_d}{T_t}\frac{u_a}{\omega} = \frac{F_d r(1-s)}{T_t} \tag{8-27}$$

基于 Bekker 的迭代求解方法,通过计算机程序可求解出 θ_1、θ_{df} 和 θ_2,代入式 (8-26)、式 (8-27) 即可求出挂钩牵引力 F_d、驱动力矩 T_t 和牵引效率 TE。

8.3 机械弹性安全车轮与轮胎挂钩牵引力对比

为对比机械弹性安全车轮与普通充气轮胎的牵引特性,分别计算了在压实沙与沙壤土中的挂钩牵引力,土壤特征参数如表 8.1 所示[8]。

表 8.1 土壤的特征参数

参数	压实沙	沙壤土
n	0.4706	0.7
$k_c/(\mathrm{kN/m}^{n+1})$	50.936	5.3
$k_\varphi/(\mathrm{kN/m}^{n+2})$	250.668	1515.0
c/kPa	0.68948	1.7
$\varphi/(°)$	33.3	29
K/m	0.0381	0.025

注:表中各土壤特征参数符号的含义:k_c 为土壤的黏聚变形模数;k_φ 为土壤的摩擦变形模数;c 为土壤的黏聚系数;φ 为土壤的摩擦角;K 为土壤的剪切变形模数。

在沙壤土上滚动时,由于机械弹性安全车轮和普通充气轮胎圆周上最低点处的土壤支撑力均小于由车轮或轮胎刚度产生的压力,两者都像刚性轮一样滚动。根据 Bekker 经典刚性轮模型,计算具有相同结构尺寸和土壤参数的机械弹性安全车轮和普通充气轮胎车轮挂钩牵引力,如图 8.3 所示。由图 8.3 可知,行经沙壤土时,机械弹性安全车轮和普通充气轮胎车轮具有相当的挂钩牵引力。在压实沙上滚动时，由于机械弹性安全车轮和普通充气轮胎车轮圆周上最低点处的土壤支撑力均大于由车轮或轮胎刚度产生的压力，两者都像弹性轮一样滚动。

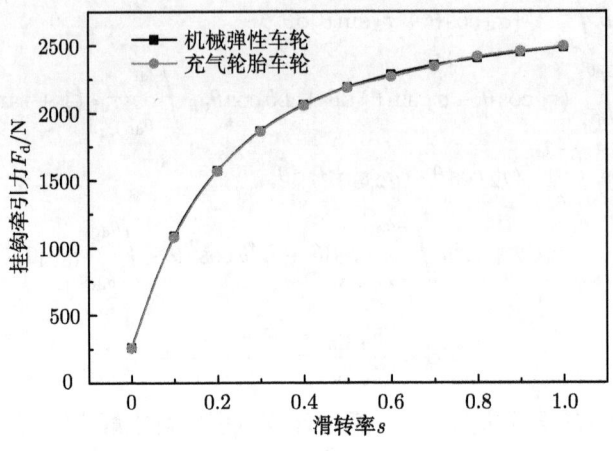

图 8.3　沙壤土上滚动时牵引力对比

计算在具有相同结构尺寸，载荷为 5000N，下沉量为 15mm 时，机械弹性安全车轮和普通充气轮胎车轮在压实沙上的挂钩牵引力，如图 8.4 所示。在具有相同的径向刚度时，机械弹性安全车轮变形趋于椭圆，而普通充气轮胎车轮的变形主要为接地区域变平，因此机械弹性安全车轮的承载方式能有效增大接地面积，从而使挂钩牵引力变大。

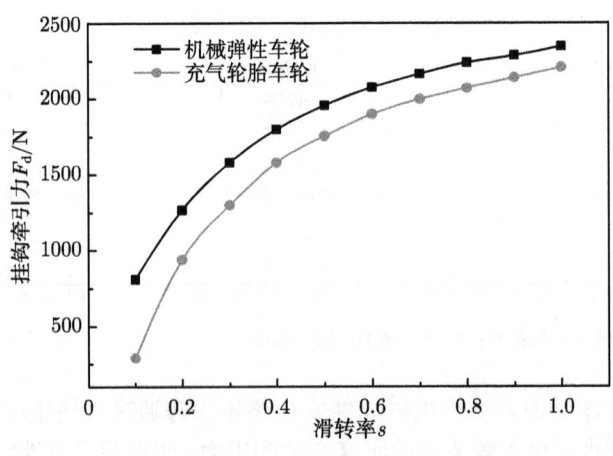

图 8.4　压实沙上滚动时牵引力对比

8.4 机械弹性安全车轮结构与使用参数对牵引通过性的影响

8.4.1 刚度的影响

机械弹性安全车轮的刚度直接影响接地面积的大小和地面应力分布,从而影响车辆的挂钩牵引力和驱动力矩。因此,有必要研究车轮刚度对牵引性能的影响规律。在普通充气轮胎模型中,轮胎的接地压力取决于胎壁刚度产生的接地压力和轮胎充气压力[7]:

$$p_{\mathrm{g}} = p_{\mathrm{c}} + \alpha p_{\mathrm{i}} \tag{8-28}$$

式中,p_{g} 为轮胎接地压力;p_{c} 为胎壁刚度产生的接地压力,可由试验测得;p_{i} 为轮胎充气压力;α 为经验系数。

在机械弹性安全车轮模型中,车轮接地压力主要取决于辁轮刚度产生的接地压力、铰链组刚度产生的接地压力。机械弹性安全车轮接地压力公式为

$$p'_{\mathrm{g}} = p_{\mathrm{r}} + \beta p_{\mathrm{k}} \tag{8-29}$$

式中,p'_{g} 为车轮接地压力,可由试验测得;p_{r} 为辁轮刚度产生的接地压力;p_{k} 为铰链组刚度产生的接地压力;β 为经验系数。

由上述轮–地作用分析模型可知,BC 段的压力均匀分布且等于平均接地压力,即

$$\sigma_{\mathrm{df}} = \left(\frac{k_{\mathrm{c}}}{b} + k_{\varphi}\right)(L_{\mathrm{df}}\cos\theta_{\mathrm{df}} - L_1\cos\theta_1)^n = p'_{\mathrm{g}} \tag{8-30}$$

在其他参数不变的情况下,计算不同接地压力值下的挂钩牵引力和驱动力矩,可定性反映车轮刚度对牵引特性的影响规律。分别计算在压实沙上具有相同载荷和结构尺寸、不同接地压力值下的挂钩牵引力和驱动力矩,如图 8.5 和图 8.6 所示。

由图 8.5 和图 8.6 分析可知,随着机械弹性安全车轮滑转率的增加,挂钩牵引力和驱动力矩均非线性增加,并逐渐趋于稳定;在同一滑转率下,较小的接地压力能产生较大的挂钩牵引力和驱动力矩,即车轮刚度越小,产生的挂钩牵引力和驱动力矩就越大。这是由于车轮刚度减小,接地面积增加,从而使挂钩牵引力和驱动力矩变大。在实际设计中,刚度并不是越小越好,还要受最大下沉量、车辆结构等条件的约束,因此要综合考虑各种因素,合理设计车轮刚度[23]。

不同接地压力下的牵引效率如图 8.7 所示。由图 8.7 分析可知,在机械弹性安全车轮滑转率一定时,随着车轮接地压力的增大,牵引效率下降;滑转率为 0.1 左

右时牵引效率达到最大。以上分析表明，降低车轮刚度，接地面积增加，能提高车轮的通过性能。

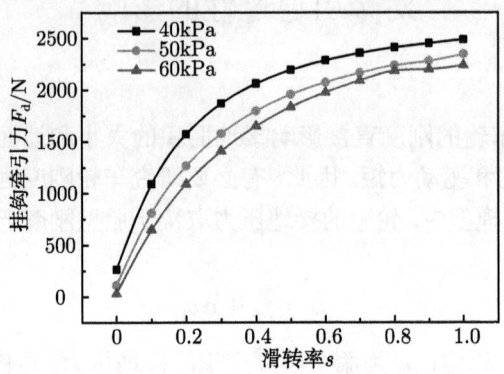

图 8.5 不同接地压力的挂钩牵引力

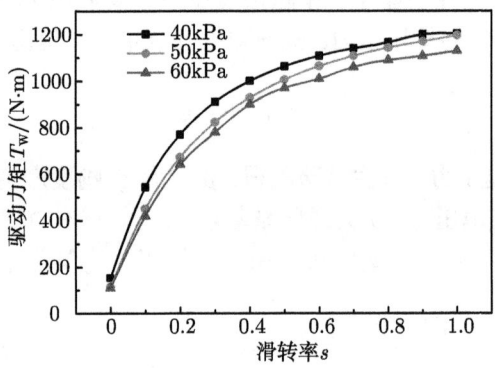

图 8.6 不同接地压力的驱动力矩

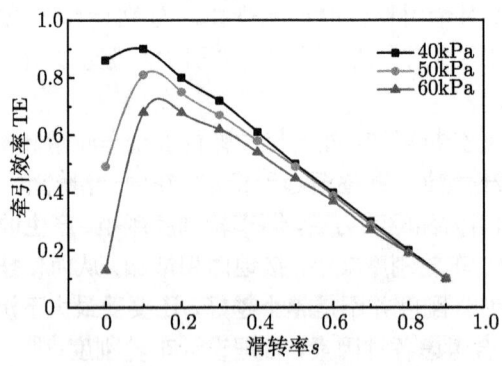

图 8.7 不同接地压力的牵引效率

8.4.2 半径的影响

为研究机械弹性安全车轮轮径对牵引性能的影响规律,计算了在压实沙上具有相同载荷和其他结构尺寸,三种不同车轮半径的挂钩牵引力和驱动力矩,如图 8.8 和图 8.9 所示。

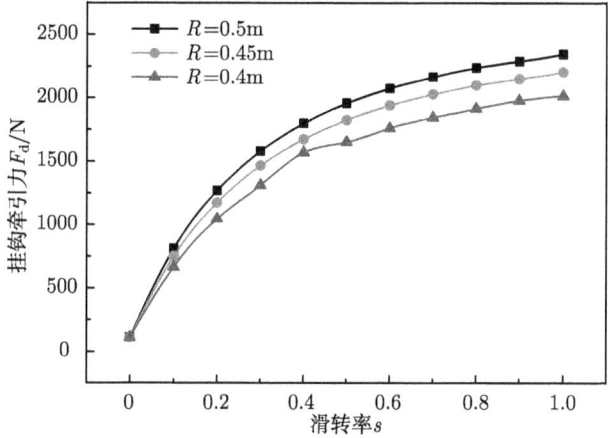

图 8.8 不同车轮半径的挂钩牵引力

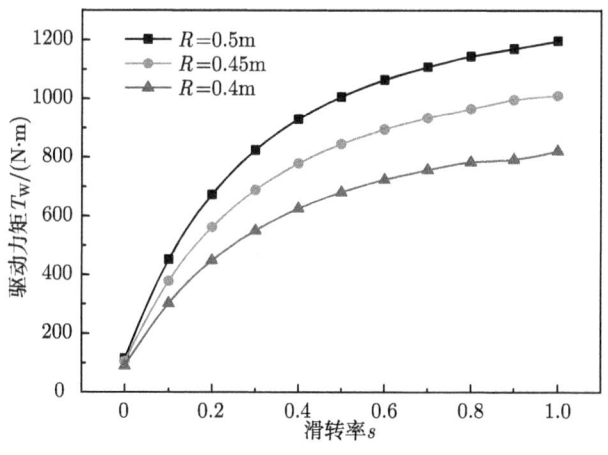

图 8.9 不同车轮半径的驱动力矩

由图 8.8 和图 8.9 分析可知,当机械弹性安全车轮半径一定时,随着车轮滑转率的增加,挂钩牵引力和驱动力矩均非线性增加,并逐渐趋于稳定;在一定的滑转率下,随着车轮半径的增加,挂钩牵引力和驱动力矩均变大;半径为 0.5m 和 0.45m 的机械弹性安全车轮最大挂钩牵引力分别比半径为 0.4m 的车轮提高了 16% 和 10%,驱动力矩分别提高了 45% 和 31%。

不同车轮半径下的牵引效率对比如图 8.10 所示。由图 8.10 分析可知，在滑转率一定时，随着车轮半径的增大，牵引效率增加；在滑转率为 0.1 左右时牵引效率达到最大。以上分析表明，随着车轮半径的增大，挂钩牵引力、驱动力矩均增大，车辆通过性和效率均提高。这是由于半径增大能减小车轮的沉陷，从而提高通过性能。

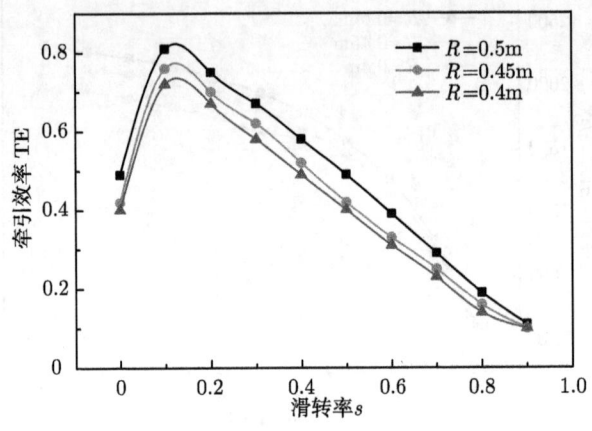

图 8.10 不同车轮半径的牵引效率

8.4.3 宽度的影响

车轮宽度直接影响接地面积和土壤阻力[24,25]，从而影响车轮的牵引性能。计算了在压实沙上具有相同载荷和其他结构尺寸，三种不同车轮宽度的挂钩牵引力和驱动力矩，如图 8.11 和图 8.12 所示。

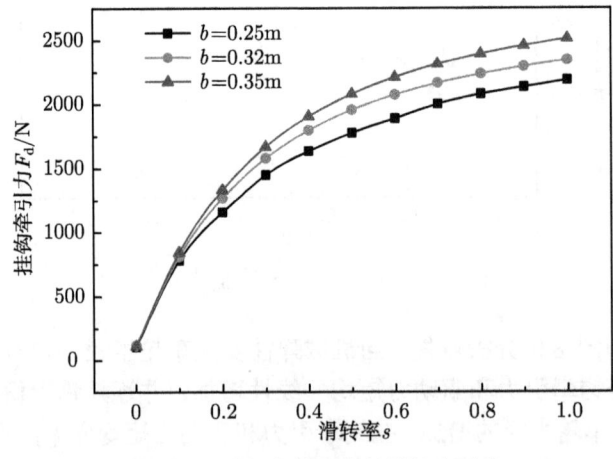

图 8.11 不同车轮宽度的挂钩牵引力

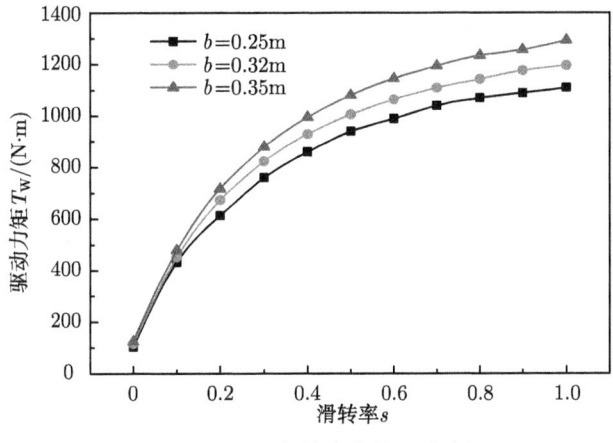

图 8.12 不同车轮宽度的驱动力矩

由图 8.11 和图 8.12 分析可知，当车轮宽度一定时，随着车轮滑转率的增加，挂钩牵引力和驱动力矩均增加；在一定的滑转率下，随着车轮宽度的增大，挂钩牵引力和驱动力矩均增加，这与充气轮胎车轮的牵引性能类似。宽度为 0.35m 和 0.32m 的机械弹性安全车轮最大挂钩牵引力分别比半径为 0.25m 的车轮提高了 12% 和 6%，驱动力矩分别提高了 15% 和 7%。

不同车轮宽度的牵引效率如图 8.13 所示。由图 8.13 分析可知，在滑转率一定时，随着车轮宽度的增大，牵引效率增加；在滑转率为 0.1 左右时牵引效率达到最大。以上分析表明，随着车轮宽度的增大，挂钩牵引力、驱动力矩均增大，车辆通过性和效率均提高。这是由于随着车轮宽度的增加，车轮进入角减小，阻力系数也随之减小。

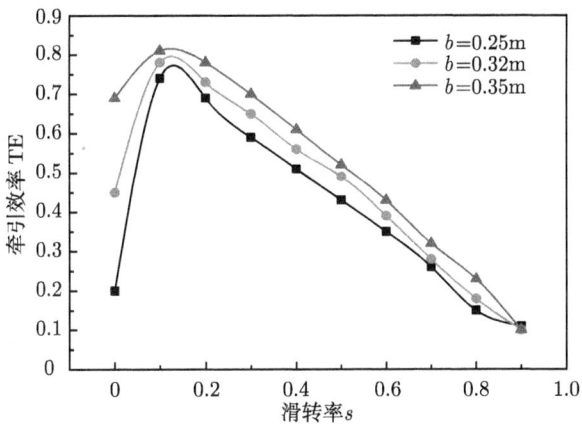

图 8.13 不同车轮宽度的牵引效率

8.4.4 载荷的影响

车轮的牵引通过性能还与承载负荷的大小有关。因此,计算了在压实沙上具有相同结构尺寸,三种不同载荷的挂钩牵引力和驱动力矩,如图 8.14 和图 8.15 所示。

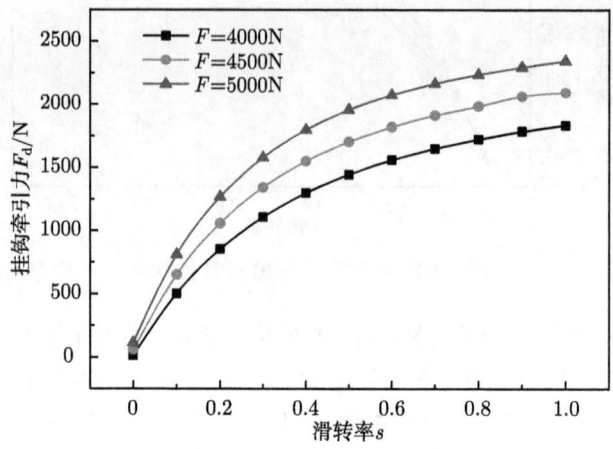

图 8.14 不同车轮载荷的挂钩牵引力

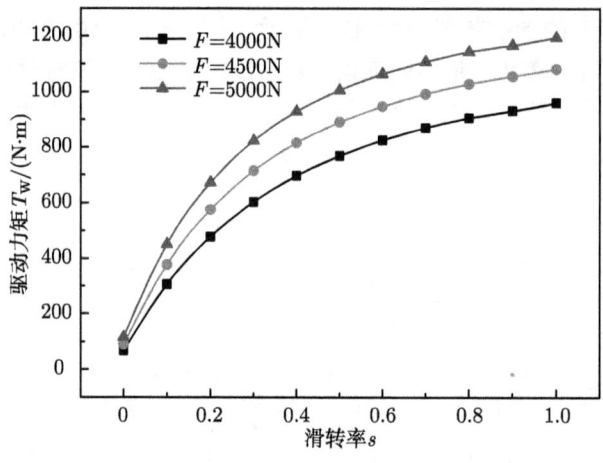

图 8.15 不同车轮载荷的驱动力矩

由图 8.14 和图 8.15 分析可知,随着载荷的增大,车轮的挂钩牵引力和驱动力矩均增大。载荷为 5000N 和 4500N 的机械弹性安全车轮最大挂钩牵引力分别比载荷为 4000N 的车轮提高了 28%和 14%,驱动力矩分别提高了 24%和 13%。因此,在机械弹性安全车轮设计过程中,应考虑车辆的有效载荷对于车轮牵引性能的影响,设计合理的车轮个数和有效载荷,以保证车辆的地面通过性。

8.5 整车道路试验

将机械弹性安全车轮装配在某型越野车上，如图 8.16 所示，在中国定远汽车试验场进行了整车道路试验，试验路面分为平坦硬路面和越野路面两种，并与充气轮胎车轮进行了对比。

图 8.16 整车道路试验

平坦路面的主要试验项目有空载装车试验、空载起步试验、空载最低稳定车速试验、空载制动试验、空载加速试验及稳定车速行驶试验等。试验所用设备和仪器主要有非接触式速度仪、空间滤波式速度传感器、轮速传感器、数据信号采集系统、计算机工作站等。

空载装车试验主要反映车轮的静负荷性能，也体现车轮承受负荷的能力。在空载装车试验之前先通过 12 组等分点测量 6 组车轮自由半径，再将 4 组车轮的 24 组数据求平均值得到车轮自由半径为 458.7mm。其中装在后轴的一组车轮的数据如表 8.2 所示。

表 8.2 安装在车辆后轴的一组车轮尺寸数据

类别	1#自由直径	2#自由直径	3#自由直径	4#自由直径	5#自由直径
数值/mm	917	919	922	915	913
类别	6#自由直径	自由半径		静力半径	
数值/mm	912	458.2		449.7	

测量机械弹性安全车轮的静力半径，即车轮中心至车轮与路面接触面间的距离，为 450mm，与车轮的自由半径对比可知，静力半径比自由半径小 8.7mm。当车轮静止承受垂直载荷时，机械弹性安全车轮辋轮受力变形，接地区域变平。除地面接触区域的铰链组外，其余均承受拉力，轮毂悬挂在车轮辋轮上。

空载起步试验、空载最低稳定车速试验和空载制动试验主要考察车轮在起步工况、稳定工况和制动工况的驱动力学特性。空载起步至最低稳定车速,再轻微制动到停止的车辆时间历程如图 8.17 所示。由图 8.17 可知,装备机械弹性安全车轮的越野车辆从静止状态起步到最低稳定车速所用时间大约为 3s,此过程车辆所行驶的距离大约为 2.43m。在缓慢制动时,车辆从最低稳定车速到制动停车所用的时间大约为 3.5s,此过程行驶的距离约为 3.12m。从起步和制动试验中可知,设计的机械弹性安全车轮能有效、快速地传递驱动和制动力矩。

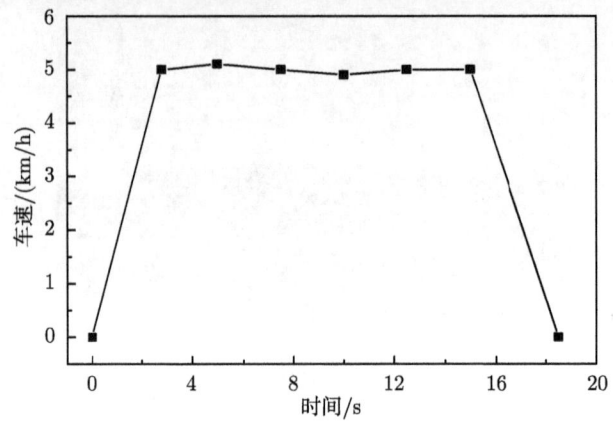

图 8.17 空载起步–最低稳定车速–制动时间历程

机械弹性安全车轮的空载最低稳定车速为 5km/h,在稳定车速滚动情况下,样机车轮最底部铰链组弯曲不承受拉力,其余铰链组承受拉力。在空载最低稳定车速试验中,通过测量机械弹性安全车轮转动圈数与实际滚动距离之间的关系,计算可得车轮的滚动半径。滚动半径的计算公式为

$$r_\mathrm{r} = \frac{S_\mathrm{r}}{2\pi n_\mathrm{w}} \tag{8-31}$$

式中,n_w 为车轮转动圈数;S_r 为车轮滚动 n_w 圈时的距离。

为测量车轮的滚动半径,测量车轮在最低稳定车速工况下滚动 17.5 圈,滚动距离为 50m,由上式计算出车轮滚动半径为 454.95mm。通过对比可知,车轮自由半径大于滚动半径,滚动半径大于静力半径。

此外,机械弹性安全车轮铰链组的受力情况还与装配安装时的预紧力有关。在空载加速试验中,机械弹性安全车轮与试验车辆上的充气轮胎车轮表现出相当的加速性能。以 5km/h 为加速段,测量得到加速历程如图 8.18 所示。

由图 8.18 可知,车辆由静止状态加速到 5km/h,所用时间为 2.3s,由 5km/h 加速到 10km/h 所用时间 2.5s,由 10km/h 加速到 15km/h 所用时间 2.2s,由 15km/h 加速到 20km/h 所用时间 2s。在整个加速过程中,机械弹性安全车轮能有效、快速地将车轴的力矩传递至辇轮,满足车辆的加速要求。

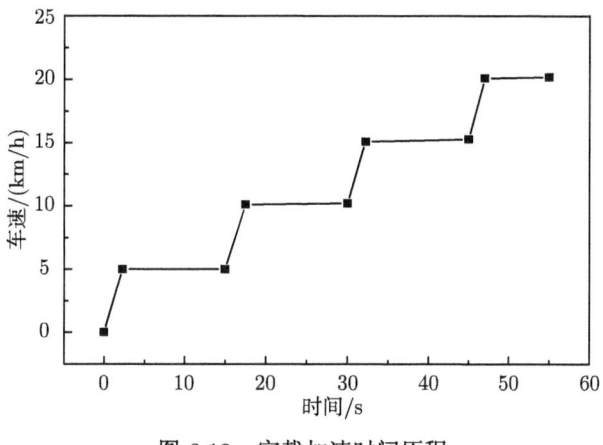

图 8.18 空载加速时间历程

通过与充气轮胎车轮在平坦路面的空载试验对比发现,在承载、驱动和制动工况,机械弹性安全车轮与充气轮胎车轮一样能快速、有效地传递车辆和地面之间的力和力矩。

胎面花纹对轮胎的抓地性能、附着性能和通过性能等有重要的影响。由于试验车轮为没有设计胎面花纹的光胎,附着性能和抓地性能与充气轮胎相比较差,在越野路面行驶时表现更为明显。越野路面主要试验项目有松软路面和泥浆路面两种。在松软路面和泥浆路面上行驶时,机械弹性安全车轮基本上能够表现出足够的通过性能[26-29]。在松软路面空载行驶时,样机车轮和充气轮胎车轮具有相当的接地面积,因此可以推断当机械弹性安全车轮设计有胎面花纹时,两种车轮应具有相当的通过性能。

参 考 文 献

[1] 余志生. 汽车理论 [M]. 北京: 机械工业出版社, 2009.

[2] Bekker M G. Terrain evaluation in automotive off-the-road operations[J]. SAE Technical Papers, 570340, 1957: 10-21.

[3] Bekker M G. Off-The-Road Locomotion[M]. Ann Arbor: The University of Michigan Press, 1960.

[4] Bekker M G. Mechanics of locomotion and lunar surface vehicle concepts[J]. Transactions of the Society of Automotive Engineers, 1964, 72: 549-569.

[5] Bekker M G, Butterworth A V. Terrain-Vehicle system evaluation[J]. Journal of Terramechanics, 1965, 2(2): 47-67.

[6] Bekker M G. Introduction to Terrain-Vehicle Systems [M]. Ann Arbor: The University of Michigan Press, 1969.

[7] 庄继德. 车辆地面力学 [M]. 北京: 机械工业出版社, 1981.

[8] Wong J Y. Terramechanics and Off-road Vehicles[M]. Amsterdam: Elsevier Science Publisher, 1989.

[9] Wong J Y. Theory of Ground Vehicles[M]. New York: Wiley, 1993.

[10] 季学武, 樊慧文, 杨延辰. 轮胎沙土相互作用的预测模型及试验研究 [J]. 农业机械学报, 2000, 31(3): 8-14.

[11] Lin L, Corina S. On the impact of cargo weight, vehicle parameters and terrain characteristics on the prediction of traction for off-road vehicles[J]. Journal of Terramechanics, 2007, 44(3): 221-238.

[12] Schmid I C. Interaction of vehicle and terrain results from 10 years research at IKK[J]. Journal of Terramechanics, 1995, 32(1): 3-26.

[13] Reina G, Ojeda L, Milella A, et al. Wheel slippage and sinkage detection for planetary rovers[J]. IEEE/ASME Transactions on Mechatronics, 2006, 11(2): 185-195.

[14] Brooks C A, Iagnemma K D, Dubowsky S. Visual wheel sinkage measurement for planetary rover mobility characterization[J]. Autonomous Robots, 2006, 21(1): 55-64.

[15] Nam J S, Park Y J, Kim K U. Determination of rating cone index using wheel sinkage and slip[J]. Journal of Terramechanics, 2010, 47(4): 243-248.

[16] Ding L, Gao H B, Li Y K, et al. Improved explicit-form equations for estimating dynamic wheel sinkage and compaction resistance on deformable terrain[J]. Mechanism & Machine Theory, 2015, 86: 235-264.

[17] Lyasko M. Slip sinkage effect in soil-vehicle mechanics[J]. Journal of Terramechanics, 2010, 47(1): 21-31.

[18] Liu K, Ayers P, Howard H, et al. Lateral slide sinkage tests for a tire and a track shoe[J]. Journal of Terramechanics, 2010, 47(6): 407-414.

[19] Bekker M G, Semonin E V. Motion resistance of pneumatic tyres[J]. Journal of Automotive Engineering, 1975, 6(2): 6-10.

[20] Kogure K, Ohira Y, Yamaguchi H. A simplified method for the estimation of soil thrust exerted by a tracked vehicle[J]. Journal of Terramechanics, 1982, 19(3): 165-181.

[21] Muro T. Tractive performance of a driven ridig wheel on soft ground based on the analysis of soil - wheel interaction[J]. Journal of Terramechanics, 1993, 30(5): 351-369.

[22] Pytka J A. Semiempirical model of a wheel-soil system[J]. International Journal of Automotive Technology, 2010, 11(5): 681-690.

[23] 周继铭, 程悦荪, 郑联珠, 等. 轮胎刚度和阻尼非线性模型的研究 [J]. 吉林工业大学学报, 1992, 22(3): 47-51.

[24] Guan D H, Fan C J. Tire modeling for vertical properties including enveloping properties using experimental modal parameters[J]. Vehicle System Dynamics, 2003, 40(6): 419-433.

[25] Fan C J, Guan D H. The quantitative analysis and experimental verification of the tire static enveloping model using experimental modal parameters[J]. Vehicle System Dynamics, 2006, 44(9): 675-688.

[26] 臧利国, 赵又群, 李波, 等. 机械弹性安全车轮结构参数对牵引性能的影响研究 [J]. 哈尔滨工程大学学报, 2014, 35(11): 1415-1421.

[27] 臧利国, 赵又群. 机械弹性安全车轮提高轮胎耐磨性和抓地性分析 [J]. 农业工程学报, 2014, 30(12): 56-63.

[28] Zhao Y Q, Zang L G, Chen Y Q, et al. Non-pneumatic mechanical elastic wheel natural dynamic characteristics and influencing factors[J]. Journal of Central South University, 2015, 22(5): 1707-1715.

[29] Du X B, Zhao Y Q, Wang Q, et al. Numerical analysis of dynamic interaction between a non-pneumatic mechanical elastic wheel and soil with an obstacle[J]. Proceedings of ImechE, Part D: Journal of Automobile Engineering, 2017, 231(6): 731-742.

第9章 机械弹性安全车轮辇轮活络模具设计方法

不同结构的轮胎模具对轮胎最终的硫化效果有重要影响,直接影响车轮的性能和寿命[1,2]。随着国内外汽车行业向绿色化、高速化发展,轮胎模具结构也在不断发生变化,由以前的两半式模具发展到现在的活络模具,并且结构还在不断改进和创新[3-6]。在机械弹性安全车轮活络模具设计中,如何更好地改善车轮在硫化过程中的受热、受压,提高车轮橡胶的硫化质量,是机械弹性安全车轮辇轮活络模具需要解决的重要问题[7-14]。

9.1 机械弹性安全车轮辇轮活络模具结构设计方案

在设计车轮活络模具时,模具的尺寸、材料、结构等参数会随着车轮结构和性能要求的不同而有很大区别,所以首先必须明确模具用于制造的车轮结构和尺寸。由于所研究的是机械弹性安全车轮辇轮活络模具设计,所以为了更合理地对模具进行结构设计,应首先对机械弹性安全车轮辇轮的结构、活络模具的受力情况进行研究,对机械弹性安全车轮辇轮活络模具进行初步结构设计和尺寸确定。

9.1.1 活络模具结构方案

模具设计的最主要目的是要能够保证制品的质量要求,即模具必须要可以生产出符合工艺、使用要求的制品。模具设计的质量会对成品的外形尺寸、产品性能以及寿命产生影响。在设计模具时要考虑制品的尺寸、制品材料的收缩率、分型面、加压方式等一系列问题,要满足制品的设计和使用要求。一般车轮活络模具最重要的组成部分有中模套、上下胎侧板、中间上盖以及多个组成轮胎型腔的弓形块。活络模具功能结构形式比较固定[15],其中每个弓形块会有导向条用于使模具开合模的部件上下运动时,弓形块可以沿径向闭合或打开,典型的车轮活络模具结构组成如图 9.1 所示。

第 9 章 机械弹性安全车轮辊轮活络模具设计方法

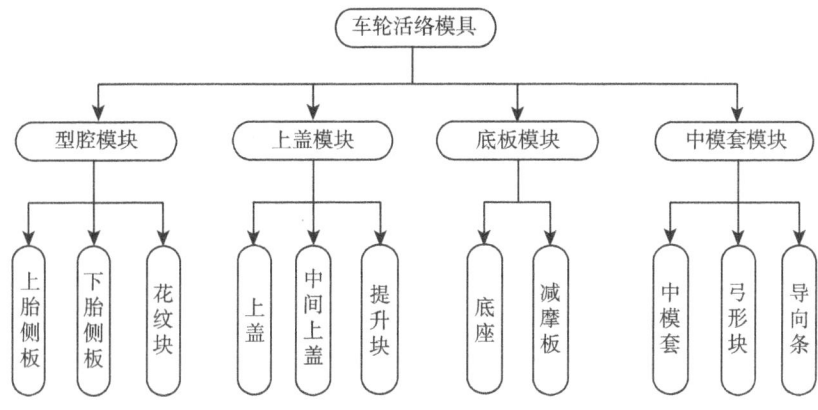

图 9.1 车轮活络模具结构框图

对所设计的活络模具而言，要能够对机械弹性安全车轮表面实现上胶工艺，设计时要求模具可以在高温高压下工作，内部和外部都受到压力，而且是很大的压力，同时要保证型腔的密闭性，所以模具强度需要进行设计保证，材料要选择合理。在满足工艺强度的要求下也要尽量地实现轻量化，这样不但可以降低模具质量，节省制造成本，也可以减轻工人的劳动强度，根据一般经验，活络模具的材料主要有铸钢、铸铝和中碳钢[16]。模具要便于组装、拆卸、填充制品，要能较简单地实现开合模动作，其次还得有较高的生产效率和低强度的人力劳动，可以借助提升机械实现模具的打开、装料、闭合等动作。

模具的生产成本很高，加工制造过程也需要非常繁杂的工序，耗费大量的人力物力。所以在设计时需要考虑模具的加工制造要尽可能方便，维护和更换损耗件要尽可能减少工作量[17]。同时模具的使用寿命也要保证，模具是在极其恶劣的高温高压环境下完成重复的工作，容易产生机械损伤和化学腐蚀，这些都会对模具的寿命产生极大的影响。

综上所述，模具在设计时需要满足耐高温高压，可方便实现指定动作，维护简单，结构强度适合等要求。因此，所设计的机械弹性安全车轮辊轮活络模具要满足以下几点：

(1) 模具外形尺寸准确，特别是模具型腔的尺寸要准确，精度和粗糙度要满足使用要求，保证机械弹性车轮辊轮的尺寸精度；

(2) 模具结构设计要简单有效，可实现指定动作、维护方便、易于清理；

(3) 模具要选用合适的材料，具有足够的结构强度和硬度，保证模具在高温高压下硫化时不会发生机械变形；

(4) 模具的气密性要达到要求，轮胎硫化时不会发生漏胶、飞边的现象；

(5) 模具要便于开合模、轮胎易于放入和取出模具。

组成模具模腔的各个部件的表面粗糙度、尺寸精度会直接影响到硫化轮胎的表面质量和结构尺寸准确度,而这些参数都会与车轮的实际使用性能和实际寿命有紧密联系[18,19]。在设计机械弹性安全车轮辁轮模具型腔结构时一般不考虑橡胶材料的收缩率,直接使用要硫化车轮的外形结构参数,模具型腔轮廓尺寸完全根据要硫化车轮的外形尺寸来确定。在钢质机械弹性安全车轮辁轮模具的结构设计时一般有以下的技术要求:

(1) 模具外形尺寸必须保证可以和硫化机配合准确;

(2) 要保证轮胎在加热加压后的气密性,以及各部件之间的连接处的致密度和附着力;要保证模具不会发生结构变形和机械损伤;

(3) 模具结构需要易于拆卸清洗和更换,易损耗件要设计成标准件,易于后期的更换维护;模具的安装与拆卸要方便,定位元件要有较高的尺寸精度;

(4) 模具的排气线路要安排合理,既要保证模具的气密性,保证机械弹性车轮辁轮的制品外观满足设计要求,没有飞边、裂口等缺陷,又要保证模具的强度达到使用要求;

(5) 模具模腔内要有较高的表面粗糙度和制造公差,使车轮的外观质量满足设计和使用要求,同时也要对模具的加工难度和制造成本进行权衡;

(6) 模具的合模开模的动作要流畅无卡顿,制品的吊装、模具的厚度等相关问题都需要进行设计考虑;

(7) 模具的设计在符合使用要求的前提下要尽可能轻量化,节省原料。

9.1.2 活络模具材料

由于活络模具在高温高压下工作,环境较为特殊,而且活络模具的花纹块需要进行花纹机加工,所以对于材料的硬度有特殊要求,而模具其他零部件的强度也需要满足模具工作环境下的要求,所以上下胎侧板、底座、中模套、花纹块、上盖和中间上盖可以采用 45# 钢,所有零部件热处理方式为高频淬火,提高材料耐磨性和屈服强度,花纹块进行碳氮共渗处理提高它的表面硬度和耐腐蚀性。

弓形块、导向条和减摩板的受力情况复杂,作用力大,是定位和导向的关键部件,选用强度大的 40Cr 材料制作。为了防止固定螺栓在高温高压而且有水蒸气的环境下和模具之间锈死,模具所有连接螺栓选用铜质螺栓。模具材料性能参数如表 9.1 所示。

表 9.1 模具材料性能参数

牌号	抗拉强度 σ_b/MPa	屈服强度 σ_s/MPa	收缩率 φ/%	硬度/HB	比热容 c/(J/(kg·°C))	热导率 λ/(W/(m·°C))	线胀系数/°C^{-1}
45# 钢	750	450	35	52	0.586	45.64	13.5
40Cr	980	785	45	207	0.55	26.7	14.3

9.1.3 活络模具精度

(1) 模具上下分型结合面间隙最大距离 ≤0.1mm，上胎侧板和下胎侧板结合面的粗糙度为 $Ra3.2\mu m$；

(2) 模具组装后需检验上下胎侧板的平行度，平行度公差等级为七级；

(3) 花纹块图案按照加工图纸施工验收，花纹的间距误差为 0.1mm；

(4) 活络模具装配完毕后进行水压试验，检测模具整体密封性；

(5) 模具上下底面的粗糙度为 $Ra6.3\mu m$，缺省值为 $Ra12.5\mu m$；

(6) 中模套和弓形块的配合为基孔制过盈配合，公差等级为八级。

9.2 机械弹性安全车轮辇轮活络模具的设计及计算

9.2.1 模具分型面的选择

无论两半式模具还是活络模具都是由两块或者两块以上的部件组合成模具的模腔，模具型腔中两块或者两块以上的部件的接触面称为模具的分型面，它一般是平面接触或者由凹凸面组合而成，分型面的接触线称为分型线[20]。分型面的选择是否合理直接关乎制品硫化是否成功，因为分型面的位置不同，会影响轮胎表面的质量状况，也会直接影响到模具结构的变化，进而对制品的质量、工艺和操作产生影响，所以分型面的选择是否恰当是评价一个模具设计好坏的重要指标[21]。

基于以上考虑，对于分型面位置的确定有下面四条设计原则。

(1) 分型面不设在辇轮工作面上。

辇轮的工作面有较高的使用要求和形状要求，而分型面不可避免地会在加工表面形成飞边或者缝隙，或多或少地留下硫化的胶皮痕迹，这种痕迹在后处理中是很难消除的。

(2) 保证辇轮可以从模具中顺利脱模。

分型面的选取需要保证辇轮在硫化后可以方便取出，如果分型面的位置不合理，可能会导致辇轮无法取出或者无法顺利地取出。这样不但会降低现场的生产效率，也会对辇轮表面质量造成损伤。

(3) 保证模具中气体可以正常排出。

在辇轮硫化过程中，模具中原来的气体会被挤压排出。气体能否正常地从模腔中排出而不是驻留在产品内部是检验模具质量好坏的一个重要指标，因为如果辇轮内部的气体无法排出，制品就会出现内部缺陷或表面缺胶的坑洼现象。而分型面的缝隙是模腔排出气体的理想通道，因此分型面分布在气体容易驻留的部位是一个合理的选择。

(4) 分型面应方便模具的加工制作。

活络模具分型面的选择要考虑到模具各个部件的加工工艺问题，如同轴度和同心度，否则各部件之间的配合精度的问题会导致无法满足使用要求，而且由于各部件的工作状况的不同，孔的同轴度偏差会越来越大，导致最后模具无法正常使用，显著缩短了模具的使用寿命。

一般的活络模具的型腔由花纹块、上下胎侧板组成，机械弹性安全车轮辇轮由于侧面较窄，所以不需要单独设计内胎侧板。机械弹性安全车轮的胎侧厚度不大，考虑到降低设计难度和减少制造成本，进行以下设计。

(1) 将上下胎侧板进行延展处理，上胎侧板一侧与花纹块接触，一侧与下胎侧板接触。与下胎侧板接触的分型面布置在辇轮的内侧，该面是辇轮的非工作面，这样在开合模具的时候就可以让模具在轴向反向分开，而胎冠的部分径向分开。

(2) 同时考虑到辇轮内侧表面存在的加工斜度，将上下胎侧板接触面布置在机械弹性安全车轮辇轮的卡环位置，这样在模具在开模后，辇轮就可以方便地从模具型腔中取出。同时胎冠的花纹块和上下胎侧板的结合面处存在对轮胎花纹的剪切作用力，如果这个力过大会对轮胎花纹造成损伤，影响制品的成品质量。

(3) 花纹块分块数目也会对模具的使用产生影响，分块数目太少需要更大工作空间，而且加工工序会更加烦琐。分块数目过多则无法保证加工精度和各个花纹块结合面的结合程度，辇轮会更容易出现飞边、跑胶的现象，不过分块数目越多越能减少分模时模具对车轮的剪切影响，有助于提高辇轮的花纹质量，所以花纹块数量的选择需要综合考虑制造和使用两方面的要求。考虑到机械弹性安全车轮外形尺寸较大，最终将该机械弹性安全车轮辇轮活络模具的花纹块分为12块。

9.2.2 活络模具型腔壁厚设计方法

活络模具的型腔承受巨大的内压，在设计模具时需要对模具型腔的厚度进行设计和强度校核[22,23]。具体来说需要对花纹块和上下胎侧板的厚度进行计算，规定一个最小厚度。辇轮模具的型腔可以认为是一个规整的圆形型腔，型腔由上下胎侧板和花纹块组成。具体计算时轮胎模具的内径、厚度等参数按照机械弹性安全车轮辇轮外形尺寸取值，不考虑橡胶弹性体的收缩率。模具的外形尺寸则根据对应的硫化机和模具的配合尺寸进行确定。模具型腔的横截面如图 9.2 所示。

辇轮外缘与花纹板接触之间的厚度以及辇轮内缘与上下胎侧板接触之间的厚度分别是各个部件最小厚度。

1. 花纹块厚度计算

对于花纹块而言，根据厚壁圆筒强度理论[24]，受内压的厚壁圆筒沿厚度方向的应力分布如图 9.3 所示。

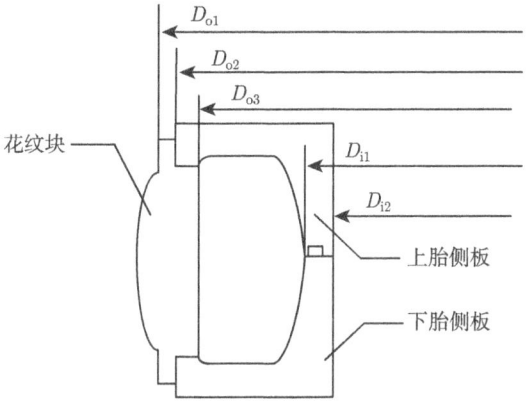

图 9.2 模具型腔横截面

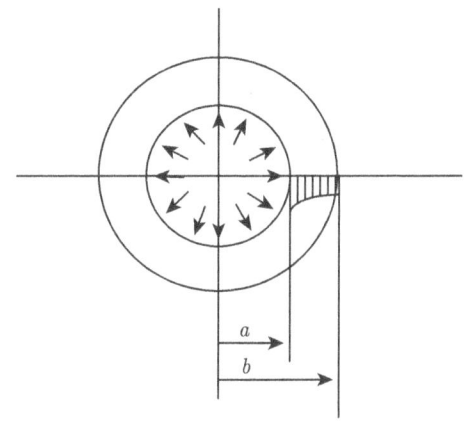

图 9.3 受内压厚壁应力分布

因此，花纹板内壁任意一点的主应力大小为

$$\sigma_1 = p\frac{a^2 + b^2}{a^2 - b^2} \tag{9-1}$$

$$\sigma_2 = -p \tag{9-2}$$

式中，p 为花纹块受到的内压，Pa；a 为花纹块内径，mm；b 为花纹块外径，mm。轴向没有受到作用力，可认为 σ_3 远小于 p。

按第三强度理论计算：

$$\tau_{\max} = \frac{\sigma_1 - \sigma_2}{2} \leqslant [\tau] \tag{9-3}$$

$$\frac{\sigma_1 - \sigma_2}{2} = \frac{pb^2}{b^2 - a^2} \tag{9-4}$$

$$b = a\sqrt{\frac{[\tau]}{[\tau]-p}} \qquad (9\text{-}5)$$

所以花纹块最小厚度为

$$s = b - a = a\left(\sqrt{\frac{[\tau]}{[\tau]-p}} - 1\right) + c \qquad (9\text{-}6)$$

式中，$[\tau]$ 为材料的许用压应力，MPa；$[\tau]=\tau^0/n$，τ^0 为材料的屈服强度，MPa；n 为安全系数，取 3~6；c 为元件的腐蚀裕度，取 3~5mm。

根据式 (9-5)，花纹块的内径 a=900mm，花纹块材料选择 45# 钢，根据《机械设计手册》，材料的抗压强度 σ^0=590MPa，根据 $\tau^0 = \sigma^0/2$，得 τ^0=295MPa，取安全系数 n=4，模具型腔内压经实际工况测得最大可达到 3MPa，腐蚀裕度 c=3mm。计算得到 $s_{\min}$=12.44mm，所以花纹块的最小厚度为 12.44mm。

2. 上下胎侧板厚度计算

上下胎侧板除了受到切向应力和径向应力外，还受到一个轴向的作用力，而且对上下胎侧板而言，主要是受到外压的作用力，根据厚壁圆筒理论，在厚度方向的应力分布如图 9.4 所示。

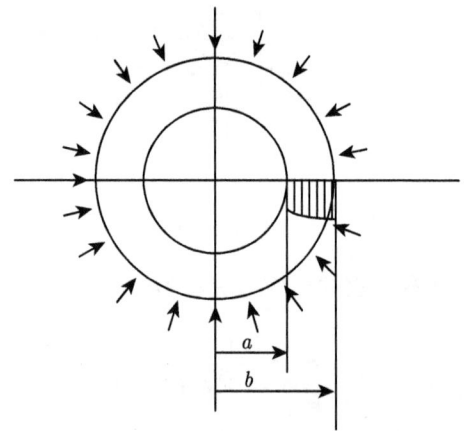

图 9.4 受外压厚壁应力分布

从图 9.4 可以得到，最大的切向应力发生在圆筒的内壁，三个主应力大小分别为

$$\sigma_1 = -\frac{2pb^2}{b^2 - a^2} \qquad (9\text{-}7)$$

$$\sigma_2 = -p \qquad (9\text{-}8)$$

$$\sigma_3 = p\frac{a^2}{b^2 - a^2} \qquad (9\text{-}9)$$

同样根据第三强度理论可得

$$\tau_{\max} = \frac{\sigma_1 - \sigma_3}{2} \leqslant [\tau] \tag{9-10}$$

$$\tau_{\max} = \frac{p(2b^2 + a^2)}{2(b^2 - a^2)} \tag{9-11}$$

所以

$$a = b\sqrt{\frac{2([\tau] - p)}{p + 2[\tau]}} \tag{9-12}$$

上下胎侧板的最小厚度为

$$s = b - a + c = b\left(1 - \sqrt{\frac{2([\tau] - p)}{p + 2[\tau]}}\right) + c \tag{9-13}$$

模具上下胎侧板型腔部分的材料选择 45# 钢,已知胎侧板的外径 $b=700$mm,选取安全系数 $n=4$,腐蚀裕度 $c=5$mm,计算得到 $s=15.62$mm。所以对于上下胎侧板最小厚度为 15.62mm,初步确定为 40mm。

9.2.3 模具脱模力的确定

机械弹性安全车轮辇轮在模具中硫化结束,经过冷却后需要分离模具,所设计的机械弹性安全车轮辇轮活络模具上下胎侧板和车轮的接触存在一定的内凸斜度,在模具开模时会受到轴向和径向的作用力,这个分离模具花纹块需要克服的作用力称为模具的脱模力。脱模力的大小取决于机械弹性安全车轮辇轮和模具之间的附着力和模具本身的重力。由于附着力的作用,开始脱模的瞬间需要的作用力是最大的,所以只需计算瞬间的最大脱模力就可以得到模具脱模需要的最大作用力[25,26]。

模具在脱模时需要克服的作用力主要是辇轮花纹硫化后胶料膨胀对花纹块的正压力引起的摩擦阻力和中模套的重力,该阻力需要通过增加中模套的提升力来克服。根据模具开模的力学模型,建立模具开模的力学平衡方程:

$$\begin{cases} \dfrac{P - G_z}{\tan\theta} = F_{f2} + F_{f3} + F_{f1}\sin\theta \\ F_{f1} = \mu_{f1}\dfrac{P - G_z}{\tan\theta} \\ F_{f2} = \mu_{f2}(P - G_z - G_g - G_h) \\ F_{f3} = \mu_{f3}\left(\dfrac{E\varepsilon}{1-\mu}S_s\right) \end{cases} \tag{9-14}$$

式中,P 为脱模力,kN;G_z 为中模套重力,kN;F_{f1} 为中模套和导向条之间的最大静摩擦力,kN;F_{f2} 为弓形块和减摩板之间的最大静摩擦力,kN;F_{f3} 为花纹块和车轮之间正压力产生的摩擦力，kN；μ_{f1} 为中模套和导向条之间的静摩擦系数；μ_{f2} 为弓形块和减摩板之间的静摩擦系数；μ_{f3} 为花纹块和车轮之间的静摩擦系数；θ 为中模套和弓形块接触面的倾斜度。

影响脱模力的因素有很多，如花纹的形状、模具各部件接触面的光洁度、模具的润滑条件，都会对模具最终脱模力的大小产生影响，所以很难有一个准确的公式可以计算出脱模力，用式 (9-14) 计算出来的脱模力只能作为计算分析时的预估值。在实际实验的测量中，对于轮胎外径在 800~900mm 的子午线轮胎，当轮胎不带花纹时，脱模力大小在 0.1~0.15MPa。考虑到机械弹性车轮的胎面宽较同规格车轮宽，胎面和花纹块接触面积大，脱模力预估值为 0.2MPa。

9.2.4 模具强度校核

活络模具在硫化过程中承受高温高压作用，工作环境非常恶劣，需要对模具的强度是否符合使用要求进行计算校核。模具使用过程中主要受到温度升高产生的高压作用，模具在合模后受到模具预紧力和上模板对下模板的重力作用。

活络模具承受外压作用，根据外压圆筒的设计计算方法，对于 $D_0/\delta_e \geqslant 20$ 的外压圆筒，决定其壁厚需要进行稳定计算。对于中圆筒外压圆筒的环向失稳时的临界应力虽然可以表示为

$$\sigma_{\mathrm{cr}} = 1.3E\frac{(\delta_e/D_0)^{1.5}}{L/D_0} \tag{9-15}$$

但是，由于失稳可能在非完全弹性状态下发生，所以式 (9-15) 中的 E 值属于广义弹性模量，它的数值在非完全弹性失稳状态下不是一个定常数，因而直接利用这两个公式来建立"稳定条件"，实施"公式化"运算是无法实现的。为了求取在非完全弹性状态下失稳的临界应力值，只能避开弹性模量 E，首先求得筒体失稳时的环向临界应变 ξ，计算公式如下：

$$\xi_{\mathrm{cr}} = 1.3\frac{(\delta_e/D_0)^{1.5}}{L/D_0} \tag{9-16}$$

式中，σ_{cr} 为圆筒失稳时的环向临界应力；ξ_{cr} 为圆筒失稳时的环向临界应变；D_0 为圆筒外径，mm；δ_e 为圆筒的有效厚度，mm；L 为圆筒的轴向长度，mm；E 为圆筒材料的广义弹性模量，MPa。

根据环向临界应力求得圆筒的许用外压力：

$$[p] = \frac{2}{m}E\xi_{\mathrm{cr}}\frac{\delta_e}{D_0} \tag{9-17}$$

式中，m 为稳定性安全系数；取 $A = \xi_{\mathrm{cr}}$，$B = \frac{2}{m}E\xi_{\mathrm{cr}}$。

图 9.5 和图 9.6 是普通碳钢不同尺寸组合下的许用外压示意图，具体操作步骤如下：

(1) 得到外直径/有效厚度的比值以及圆筒轴向长度/外直径的比值组合,依据图 9.5 得到系数 A;

(2) 根据图 9.6 的应力应变关系图求出在指定温度下的许用外压力 B,判断该外压力是否大于实际使用中的最大外压力。

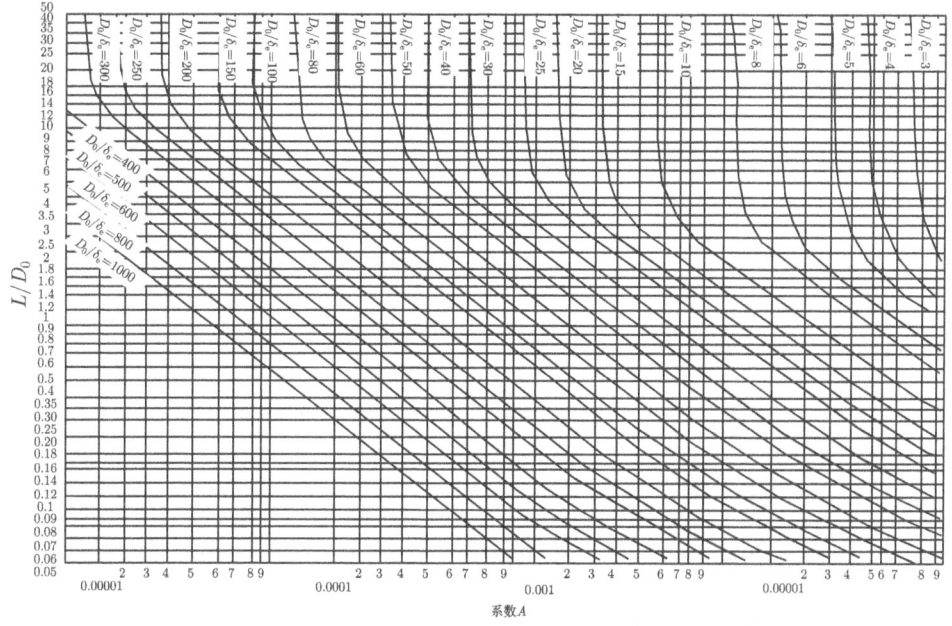

图 9.5 外压或轴向受压圆筒几何参数计算图 (适用于所有材料)

材料的广义弹性模量随着温度的变化会有差异,所以图 9.6 中列出了几种温度下的 $B(A)$ 曲线。从图 9.6 可以看出,A 较小时,E 是常数,曲线基本呈直线走势,随着 A 的增大,E 不再为常数,B 的增长趋势减弱,其中 A 表示圆筒失稳时的环向临界应变值,B 表示圆筒的应力值。

所设计的活络模具工作最高温度在 700°C 左右,最高工作压力实测在 1.5MPa,计算过程中,选取安全稳定系数 $m = 3$,所以稳定许用应力 $[\sigma_{cr}] = 1/3\sigma_{cr}$,于是稳定许用压力为

$$[p] = 2[\sigma_{cr}]\frac{\delta_e}{D_0} = \frac{2}{3}\sigma_{cr}\frac{\delta_e}{D_0} = B\frac{\delta_e}{D_0} \tag{9-18}$$

如果根据图 9.5 所得的 A 值定位在设计温度下的 B-A 线的右侧,则过此点沿 B 坐标上移,与设计温度下 B-A 曲线相交,即可得到 B 值,然后按式 (9-18) 得到许用应力。

$$[p] = \frac{B}{D_0/\delta_e} \tag{9-19}$$

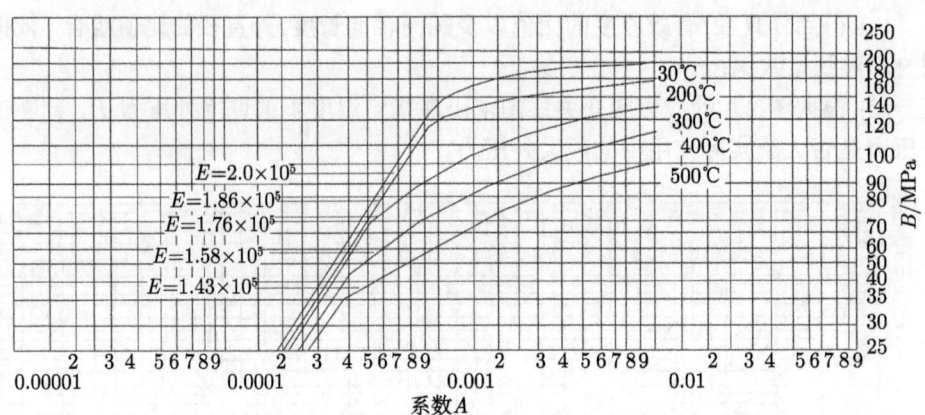

图 9.6 外压圆筒、管子和球壳厚度示意图 (屈服点 $\sigma_s>207$MPa 的碳素钢和 0Cr13 钢、1Cr13 钢)

若所得 A 值落在设计温度下 B-A 线的左方,则直接用下式计算许用外压力。

$$[p] = \frac{2AE}{3(D_0/\delta_e)} \tag{9-20}$$

模具的计算长度为 L=360mm,圆筒外径为 D_0=1440mm,圆筒有效厚度为 δ_e=280mm,代入式 (9-20) 计算得到许用外压力为 $[p]$=10MPa,大于工作最大外压力。

经过初步计算验证,机械弹性安全车轮辇轮模具型腔结构尺寸参数满足硫化环境下的强度使用要求。

9.2.5 弓形块结构的优化设计

1. 确定弓形块横截面积

弓形块位于花纹块构成的型腔和中模板之间,上侧面与上盖接触,下侧面通过减摩板和底座连接,在开合模时与底座的减摩板连接。弓形块在模具中受到多种形式的作用力,如模腔内部的压力、受热产生的热应力以及模具自重产生的作用力。模具型腔充压以后,弓形块内侧受到向外的作用力,模具有向外运动的趋势。受到的作用力公式如下:

$$p = 0.7854(D_{i1}^2 - D_{i2}^2)(p_{in} - p_{out}) \tag{9-21}$$

式中,p_{in} 为模具内腔硫化时受到的内压力,MPa;p_{out} 为弓形块斜面硫化时受到的外压力,MPa。

这里的 p_{out} 不但包括外部气体压力,也包括模具自身重力产生的作用力。将弓形块简化成如图 9.7 所示的模型,外缘斜面角度是 15°,在垂直于斜面的方向上分析受应力情况,计算确定弓形块的截面大小。

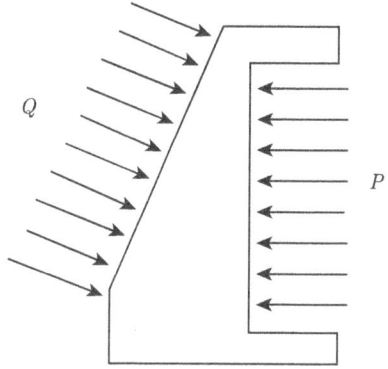

图 9.7 弓形块简化受力模型

弓形块在垂直斜面方向上受到的总作用力为 $p_{\text{tot}} = Q - p\cos 15°$。

弓形块受到的应力为

$$\sigma = \frac{p_{\text{tot}}}{A_g n} \leqslant [\sigma] \tag{9-22}$$

式中，A_g 为单个弓形块的斜面面积，mm；n 为弓形块的数目，个；$[\sigma]$ 为弓形块的许用应力，MPa；Q 为模具受到的外部预紧力。

弓形块的许用应力在选取时需要综合考虑模具承受的冲击载荷系数 k_1、超载系数 k_2、接触系数 k_3 以及载荷反复疲劳系数 k_4 的选取。许用载荷 $[\sigma]=\sigma_0/(k_1 k_2 k_3 k_4)$，其中 σ_0 为弓形块材料的许用压应力。

弓形块的材料选用的是 30CrMn，许用屈服点强度为 $\sigma_0=735$MPa，考虑各载荷系数，弓形块的许用应力为 $[\sigma]=502$MPa。所以根据式 (9-19)，弓形块截面面积为

$$A_g \geqslant \frac{p_{\text{tot}}}{n[\sigma]} \tag{9-23}$$

这里考虑的 p_{tot} 是弓形块受到的模具内腔和模具中模套施加于弓形块的作用力之和，其中还包括模具的自重、硫化机对模具的预紧力。计算得到模具受到的总压力大小为 $p_{\text{tot}}=6.5\times 10^3$kN，该模具弓形块的数目选取为 $n=12$，则有

$$A_g \geqslant \frac{6.5 \times 10^6}{12 \times 502} = 1079 (\text{mm}^2)$$

同时，考虑到弓形块的外侧上部和下部与上盖板和下盖板连接，没有受到模腔外压的作用力，所以整个弓形块的背部面积为

$$A_g \geqslant 1079 + 486 = 1565 (\text{mm}^2)$$

弓形块背部面积确定后就可以进行弓形块的上下边缘的厚度和斜面的长度的计算。

2. 弓形块外表面斜面长度设计

模具的开合模运动是指安装上花纹块的弓形块在开合模过程中受到中模套的作用在底座上产生的径向运动。该运动的不平稳性主要表现在模具逐步合模或者开模过程中出现卡顿,以及间断性爬行的现象。这种情况在越接近合模成功时出现得越频繁,导致的后果也越严重,最后会使得弓形块无法达到指定位置。花纹块无法形成一个满意的密闭型腔,导致轮胎硫化出现漏胶、飞边甚至轮胎整体变形的现象。另外,弓形块未到达指定位置会导致模具的受力状况发生变化,中模套和弓形块受力周向不均匀,模具单个区域出现应力集中等现象,进而导致模具提前报废,这种现象出现的主要原因是弓形块的结构设计存在不合理的地方。

弓形块外表面的斜面长度 L_{xm} 在影响这种现象产生中起关键作用。L_{xm} 的长度越大,弓形块与中模套的接触面积越大,受力越均匀,弓形块的运行也会越平稳,而且由于斜面受到的作用力是沿着斜面垂直向下的,所以弓形块会"头重脚轻",受到一个翻转的力矩作用,加大"头重脚轻"可以使得斜面受到的作用力合理下移,减小力矩,但是实际中需要考虑弓形块尺寸、斜面面积、弓形块强度和最小厚度等因素,L_{xm} 不能随意增大,需要进行综合考虑。

图 9.8 中弓形块斜面斜度为 15°,单个弓形块背部面积最小为 130mm²,在综合考虑弓形块的最小斜面面积和最小厚度两因素的前提下,初步选取 L_{xm} 为 290mm。

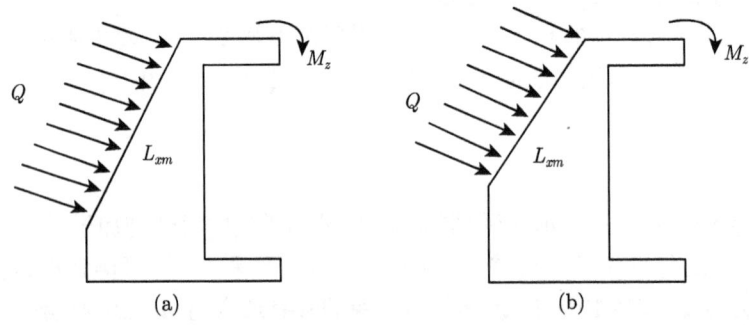

图 9.8 弓形块外表面长度对比图

9.2.6 模具各部分螺纹强度校核

机械弹性安全车轮轮胎活络模具紧固件的使用有三处:导向条和弓形块、底座和减摩板、上盖和中模套。这三处螺纹的受载形式各不相同,底座和减摩板主要承受弓形块移动引起的剪切力,上盖和中模套之间主要承受开合模吊起中模套时引起的拉伸力,导向条和弓形块受到剪切力,且受到轴向的拉力。对于不同的受载形式,采用不同的螺栓强度校核计算准则。

1. 上盖与中模套的螺栓强度校核

上盖与中模套的螺栓组连接受到单一的轴向作用力,作用力 Q 的作用线与螺栓中心线平行,与螺栓组的形心重合。除了受到载荷 Q 的作用,螺栓还受到预紧力 F' 的作用,螺栓的预紧力的计算公式如下:

$$F' = 0.5\sigma_s A_s \tag{9-24}$$

式中,σ_s 为螺栓材料屈服点,MPa;A_s 为螺栓公称应力截面积,mm²。

$$A_s = \frac{\pi}{4}\left(\frac{d_2+d_3}{2}\right)^2 \tag{9-25}$$

$$d_3 = d_1 - \frac{H}{6} \tag{9-26}$$

式中,d_1 为外螺纹小径,mm;d_2 为外螺纹中径,mm;d_3 为螺纹的计算直径,mm;H 为螺纹的原始三角高度,mm。

上盖和中模套的螺栓初步选用 M16 的螺栓,d_1=13.835mm,d_2=14.701mm,H=0.866p=1.732mm,d_3=13.546mm,σ_s=300MPa。计算得到预紧力 F' = 23.499kN。本模具中的螺栓都处在高温下工作,所以需要考虑螺栓受到的温差载荷,温差载荷的计算公式为

$$F_t = \frac{C_L C_F}{C_L + C_F}(\alpha_F \Delta t_F l_F - \alpha_L \Delta t_L l_L) \tag{9-27}$$

式中,C_L 为连接件刚度,C_L=3.4×10⁸;C_F 为被连接件刚度,C_F=6.8×10⁸;α 为材料的线膨胀系数,°C⁻¹,α_F=11.59,α_L=11.3;Δt 为温差,°C;l 为常温时的装配长度,mm。

螺栓的总拉力为 F_0:

$$F_0 = \frac{C_L}{C_L + C_F}Q + F' + F_t \tag{9-28}$$

对于紧连接和受到预紧力的螺栓的强度校核条件为

$$1.3\frac{4F_0}{\pi d^2} \leqslant [\sigma] \tag{9-29}$$

螺栓受到总拉力为 F_0=27504N,则有

$$1.3\frac{4F_0}{\pi d^2} = 133.47\text{MPa} < \sigma_s$$

满足使用要求。

2. 底座和减摩板的螺栓强度校核

底座和减摩板的螺纹连接主要承受模具在开合模时引起的剪切力，剪切力计算公式为

$$F_s = \mu m_t g \tag{9-30}$$

式中，μ 为减摩板和中模套的动摩擦系数，$\mu=0.15$；m_t 为模具除底座板和减摩板的质量，$m_t = 3.14 \times 10^3 \text{kg}$；$g$ 为重力加速度，9.8m/s^2。

计算得 $F_s = 4.6 \text{kN}$。

螺栓切应力计算公式为

$$\tau = \frac{4F_s}{\pi m d_0^2} \leqslant \tau_p \tag{9-31}$$

式中，m 为螺栓受剪面数目；d_0 为螺栓受剪处直径。

计算得 $\tau_{dj}=0.1\text{MPa}$，$\tau_p = \sigma_s/5 = 60\text{MPa}$，远远满足使用要求。

3. 导向条和弓形块的螺栓连接强度校核

导向条和弓形块之间的螺栓连接是受轴向载荷和预紧力同时作用的紧螺栓连接，螺栓受到克服模具开合模时的脱模力产生的沿斜面的剪切力作用，同时也受到与斜面垂直的拉力和螺栓紧固的预紧力作用，导向条和弓形块选用的螺栓与上盖和中模套连接的螺栓具有相同规格，所以根据式 (9-24) ~ 式 (9-27) 得到推荐预紧力 $F_d' = 23.499\text{kN}$，$F_{dt} = 2.005\text{kN}$，而螺栓受到垂直斜面的作用力为模具中模套、上盖和中间上盖的重力与脱模力的合力，合力大小为

$$Q_d = (G_z + G_s + G_{zs} + P) \times \sin 15° = 2.881\text{kN}$$

根据式 (9-29) 计算校核强度条件得

$$1.3 \frac{4F_0}{\pi d^2} = 15.05\text{MPa} < \sigma_s$$

轴向紧螺栓连接满足使用强度要求。

接着对螺栓受剪强度进行校核，螺栓在沿着斜面方向受到的外力来自导向条和中模套之间的摩擦力，以螺栓受到的最大静摩擦力进行计算：

$$F_{ds} = \mu_f Q_d \cos 15° \tag{9-32}$$

计算得 $F_{ds} = 2.23\text{kN}$，螺栓受剪应力 $\tau_{dh} = 11\text{MPa}$，小于

$$\tau_p = \frac{\sigma_s}{5} = 60\text{MPa}$$

螺栓受剪满足强度要求。

9.2.7 模具结构尺寸参数

通过实际测绘机械弹性安全车轮得到车轮外形尺寸如表 9.2 所示,机械弹性安全车轮辗轮在外圈需要均匀包覆 100mm 的橡胶,为了方便模具开模和合模,辗轮内圈需要布置一定的开模斜度,这里的开模斜度设置为 1.5°,根据实际使用的硫化机的尺寸,现确定活络模具主要构件尺寸如表 9.3 所示。

表 9.2 机械弹性安全车轮尺寸参数

尺寸名称	数值/mm
轮毂直径	734
轮毂宽度	224
辗轮外圈直径	800

表 9.3 模具主要尺寸参数

构件名称	内径/mm	外径/mm	厚度/mm
中间上盖	—	600	60
上盖	1160	1440	60
上胎侧板	674.8	940	40
底座	640	1440	20
中模套	1140	1440	280
弓形块	940	1340	280

注:弓形块内径为最小内径,外径为最大外径;中模套内径为最大内径;两者接触面斜度为 15°。

9.3 机械弹性安全车轮辗轮活络模具三维实体建模与封装

由于实际设计过程的复杂程度以及设计者的经验水平的限制,在图纸上设计完成的零件经常会在装配时出现干涉或无法配合的问题,造成设计的反复和产品设计周期的延长。为了保证设计的效率和正确性,利用 SolidWorks 完成对机械弹性安全车轮辗轮活络模具的三维实体建模以及完成对模具的三维实体装配[27,28]。

9.3.1 SolidWorks 的参数化设计思想

SolidWorks 软件是一款基于 Windows 环境下的三维 CAD/CAE/CAM 软件,是由美国 SolidWorks 公司开发的三维实体建模软件;采用惯用的 Windows 用户界面,对于工程师和设计者来说具有良好的操作性和友好性。

SolidWorks 的参数化设计思想不仅包括对建模对象的几何尺寸进行参数化设计,而且可以对设计对象的更多物理参数 (如体积、重心位置坐标) 进行参数化设置[29-32]。SolidWorks 的参数化建模思想主要有以下几个方面。

(1) 基于约束的参数化建模。

SolidWorks 中可以对点线面施加诸如平行、固定、垂直、同心等不同的几何约束，各个特征参数除了使用数值、角度等常数表示外，还可以使用关系式来对某特征进行定义[33,34]。这样各个特征之间就建立起了代数关系，一旦该特征的一个变量发生变化，与之相关的变量都会发生相应改变，这样就无须设计人员在对零部件进行局部修改后还要完成相应其他尺寸的修改，节省了大量时间和精力，并且可以避免二次出错。

(2) 基于特征的参数化建模。

在 SolidWorks 中基于特征建模是建模的基本手段，一般来说，特征是描述一个零件或装配件的基本要素。SolidWorks 在建模时，零部件使用诸如倒角、圆角、平面、加强筋等易于理解的几何特征进行零部件的基础创建，SolidWorks 中的特征可以分为以下四种类别，如表 9.4 所示。

表 9.4 SolidWorks 特征分类

特征名称	特征简介
基础特征	基于二维草图建立的特征，通常是在完成二维草图绘制后通过拉伸、扫描、切除、旋转等操作转换为三维实体
处理特征	用于对三维实体进行精细化设计的需要，诸如圆角、倒角、拔模等操作
操作特征	在完成了基础特征和处理特征后对实体进行的大范围复制操作如实体镜像、阵列、填充等操作
参考特征	用作创建其他实体时辅助特征，如参考点、参考平面等

(3) 基于尺寸设计的参数化建模。

SolidWorks 模型是根据实体尺寸建立的，且可以根据实体尺寸的变化而改变。在零部件设计过程中，设计者可以方便地对零部件的细节尺寸进行修改，并直观地在三维图上进行观察，从而更好地实现设计意图。

(4) 整体数据库。

在 SolidWorks 软件中进行三维建模时，绘制的草图、实体、装配图和工程图之间都是相互联系的统一整体，SolidWorks 将这些信息保存在信息数据库中，设计过程中任何一个环节的数据出现了变化，在整体的设计过程中都会立即得到体现。SolidWorks 中不但单一零件的各个模块是相互关联的，而且各个零部件之间的关系也可以通过一个统一的装配体得到体现。在产品设计过程中单一零件任意尺寸外形的变化会在整体的设计中立即得到体现，同时 SolidWorks 也会自动更新所有的工程相关文档，包括装配体、工程图的外形尺寸等，这样就节省了反复修改的时间。

9.3.2 活络模具三维实体建模

1. 弓形块实体建模

机械弹性安全车轮辇轮活络模具中的弓形块是连接中模套和模具内腔的主要部件,起到了固定花纹块、形成封闭型腔的作用,是开合模的运动件。它的设计方法和加工精度是模具设计的难点和重点。

在对机械弹性安全车轮辇轮的外形尺寸确定以后,就可以此为基础开始对弓形块进行建模。建模的大体流程为新建零件图,做出弓形块的横截面草图,根据弓形块的内侧表面半径完成旋转拉伸,在弓形块外表面加工出安装导向条的结构,内表面加工出固定花纹块的沟槽,最后得到弓形块外形结构,如图9.9~图9.13所示。

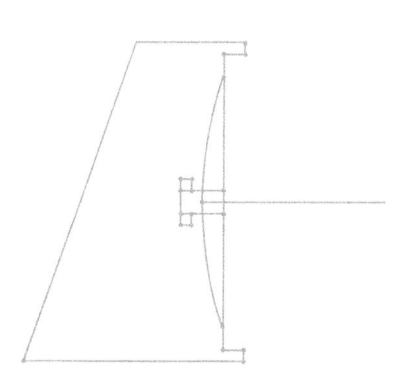

图 9.9 弓形块横截面草图

图 9.10 弓形块旋转后结构

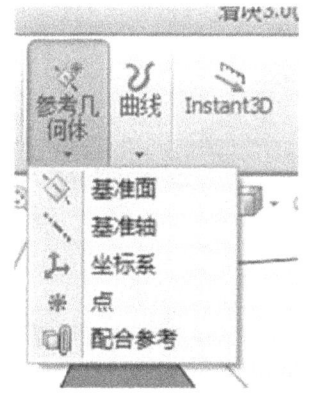

图 9.11 基准面设置图

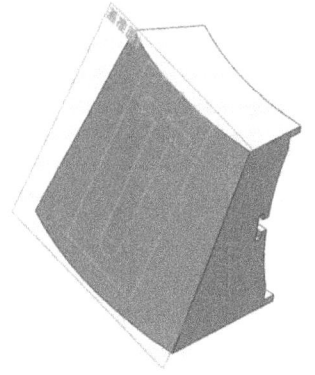

图 9.12 导向条连接结构的草图绘制

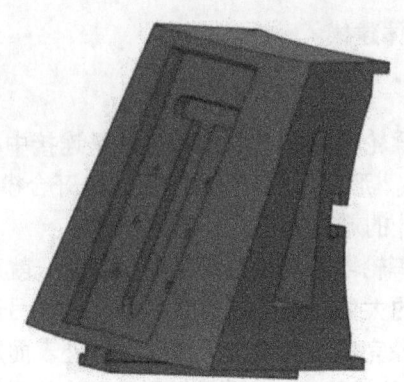

图 9.13　弓形块三维实体图

2. 模具其他主要部件建模

完成了机械弹性安全车轮辇轮活络模具的弓形块三维建模后，根据 9.2 节理论设计计算结果以及各个零件之间的装配关系，可对模具其他零部件进行三维实体建模。

中模套能够固定弓形块以及带动弓形块在径向移动完成模具的开合模的动作，需要一定的密封性和透气性，它的三维实体建模如图 9.14 所示。

(a)　　　　　　　　　　　　　　(b)

图 9.14　中模套三维实体模型

底座和减摩板共同构成支撑模具其他部分的机构，减摩板的作用是减少弓形块和底座之间的摩擦力，消除模具在开合模时可能出现的卡顿现象。减摩板单独安装，方便修复和更换，增加模具的使用寿命和降低维护费用，它们两者的外形图和装配图如图 9.15 所示。

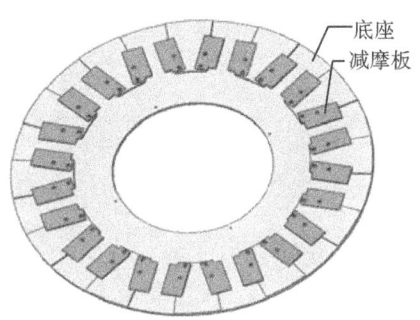

图 9.15　底座和减摩板装配图

上胎侧板和下胎侧板配合连接构成模具模腔的内壁，它们各自的三维实体如图 9.16 和图 9.17 所示。

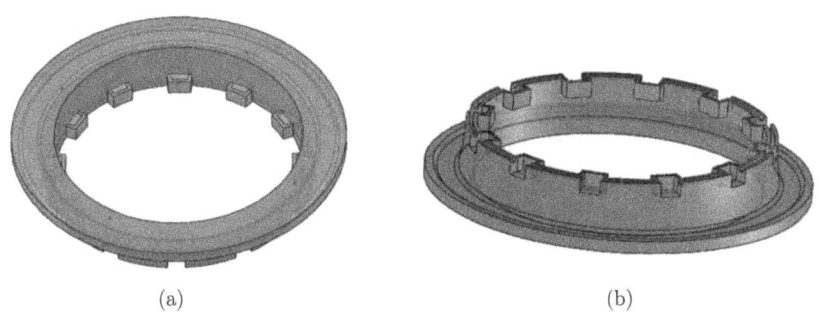

图 9.16　上胎侧板三维实体模型

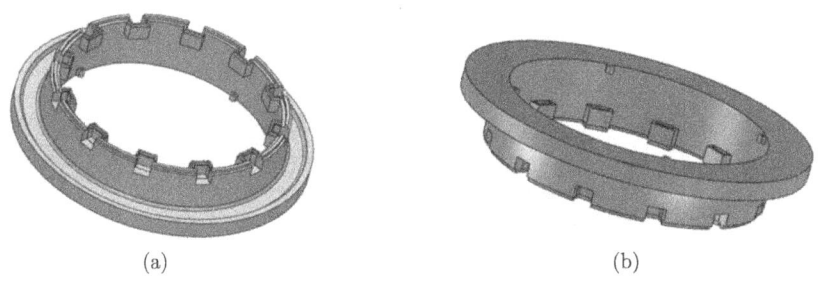

图 9.17　下胎侧板三维实体模型

上盖和中间上盖是模具的最上层部件，它们共同构成模具最上层的密封结构，它们的结构和装配关系如图 9.18~图 9.20 所示。

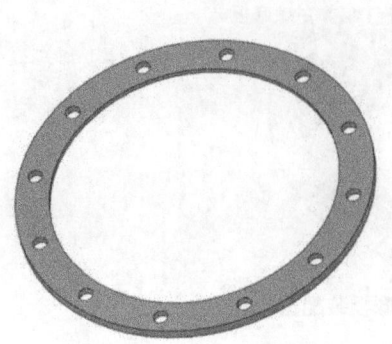
图 9.18 上盖三维实体模型

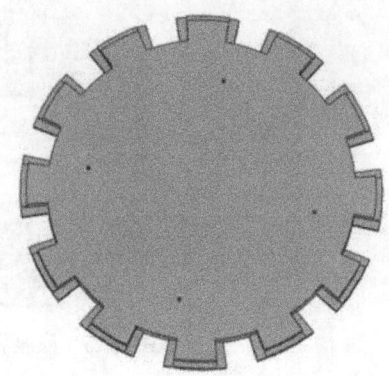
图 9.19 中间上盖三维实体模型

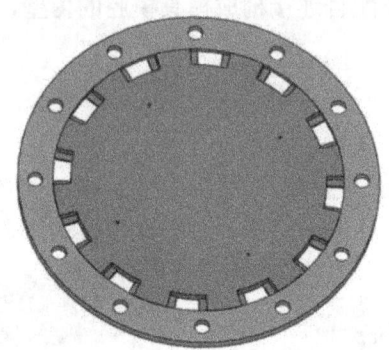
图 9.20 上盖装配体

9.3.3 活络模具封装过程

完成机械弹性安全车轮辇轮活络模具所有零部件的设计后，需要进行活络模具的封装，这一步是为了在 Ansys/WorkBench 中进行整体的热力学仿真做准备。机械弹性安全车轮辇轮活络模具的组装主要分为以下几个步骤。

(1) 组装弓形块模块：弓形块模块是模具的主要功能部件，它由弓形块、导向条以及花纹块共同构成。弓形块之间相互配合，在机械弹性安全车轮辇轮硫化上胶时形成车轮的工作表面形状。

(2) 组装底座模块：底座模块由模具的底座和减摩板组成，是支撑模具和提供弓形块移动路径的功能部件。

(3) 组装模具基体：完成底座装配体和弓形块，这是模具整体装配的基础，所有后续装配都是在这个基础上建立的。

(4) 上胎侧板和下胎侧板安装到基体上，这一步完成模具的型腔装配。

(5) 完成模具外围零部件的安装，包括中模套、上盖、中间上盖的装配。

下面对每个步骤进行操作说明。

(1) 弓形块模块装配。

对模具弓形块进行单独装配，在 SolidWorks 中新建一个装配图的空白文件，点击"插入零部件"，选择"浏览"，选择"弓形块"和"导向条"，执行"配合"命令，选择弓形块背面的 T 形槽内表面和导向条 T 形块的外表面，执行"重合"。选择弓形块 T 形槽中的上表面和导向条 T 形块的上表面，执行"重合"命令，完成弓形块和导向条的装配。点击"插入零部件"，选择"浏览"，选择"花纹块"，按照上述方法选择相关的配合方式，完成弓形块和花纹块的装配，如图 9.21 所示。

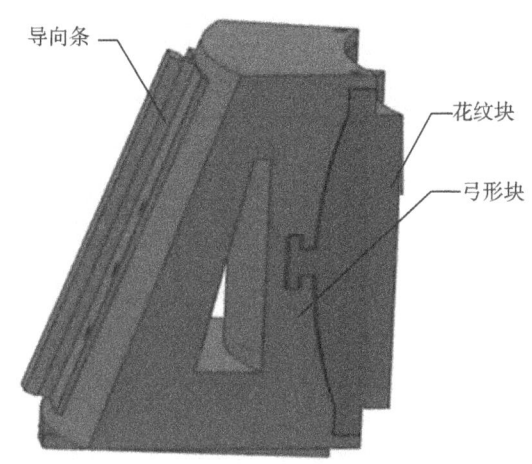

图 9.21　弓形块装配体

(2) 模具底座模块装配。

在 SolidWorks 中新建一个装配图的空白文件，点击"插入零部件"，选择"浏览"，选择"底座"，放置在工作区。再次点击"浏览"，选择减摩板左文件，放置在工作区。减摩板和底座通过一对螺栓固定连接，执行"配合"命令，依次选择底座和减摩板的接触面，然后选择配合方式为"重合"。接着选择底座螺栓孔的外圈和对应减摩板螺栓孔的外圈，然后选择配合方式"同轴心"。最后选择底座的另一螺栓孔外圈和对应减摩板螺栓孔的外圈，选择配合方式"同轴心"，完成一块减摩板和底座的安装配合。重复以上步骤，完成 12 对减摩板的装配。减摩板拥有两种型号，分别和底座的两侧减摩板配合。

(3) 弓形块模块和底座模块组合装配。

接下来完成模具底座和弓形块的装配，模具底座和 12 个弓形块配合，属于重复装配。首先选择"插入零部件"，插入模具底座和弓形块。执行"配合"命令，选择弓形块导向板的下表面和模具底座的上表面，选择"重合"，点击确定。选择底座的内圆和弓形块的外侧圆弧，点击"同轴心"，点击确定。最后选择弓形块侧边下部的外沿线和底座凸台的中心线，执行"平行"命令，点击确定，这样完成了底座和一个弓形块的装配，由于底座和弓形块属于重复装配，所以可以通过"圆周零部件阵列"完成剩下 11 个弓形块的装配，选择"线性零部件"中的"圆周零部件阵列"，选择弓形块为要阵列的零部件，实例数设为 12，角度设为 360°，选择底座的外圆为阵列轨迹，勾选等间距选项，点击 √，完成阵列操作。

(4) 组合得到模具整体装配。

最后同样通过"共面"、"同轴心"等操作完成中模套、上下胎侧板、上盖和中间上盖的约束装配，得到最终模具装配图如图 9.22 所示。

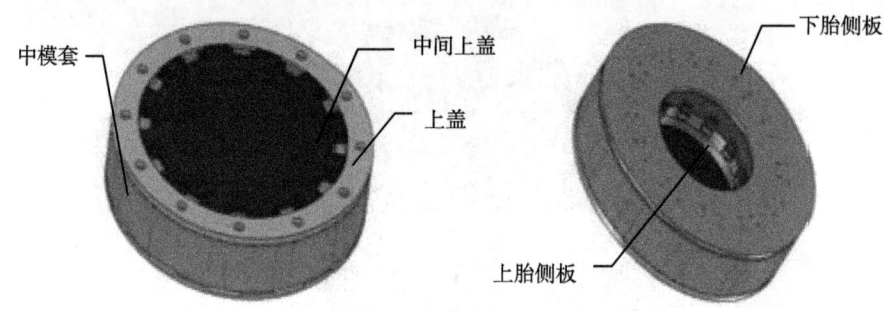

图 9.22　模具装配图

参 考 文 献

[1] 闫丕文. 斜交轮胎模具的设计加工及其改进 [D]. 北京: 北京化工大学, 2005.

[2] 崔海波. 子午线轮胎活络模具的设计研究与三维动态过程模拟 [D]. 青岛: 青岛科技大学, 2007.

[3] 魏清波, 邓秋杰, 张燕生. 轮胎硫化用圆锥面和斜平面活络模向心机构性能比较 [J]. 轮胎工业, 1998, 18(4): 244-247.

[4] 姜馨. 我国轮胎模具行业的发展状况与未来趋势 [J]. 橡塑技术与装备, 2014, 40(3): 12-16.

[5] 刘迎, 赵永瑞, 潘川. 轮胎模具结构研究现状及分析 [J]. 模具工业, 2017, 43(3): 8-11.

[6] 胡海明, 李新荣, 王芹. 全钢子午线轮胎活络模具传热性能分析 [J]. 橡胶工业, 2019, 66(7): 547-550.

[7] 韩新, 胡海明, 李淑华, 等. 全钢子午线轮胎活络模具的传热模拟分析 [J]. 橡胶工业, 2013, 60(2): 1-3.

[8] 张柏军. 基于数值模拟分析的轮胎活络模具结构优化 [J]. 控制工程, 2013, 20(4): 688-690.

[9] 何文斌, 曾攀, 张磊, 等. 基于有限元的 400MN 大型模锻压力机温度场分析 [J]. 机械工程学报, 2015, 51(2): 30-36.

[10] 胡海明, 李新荣, 赵昕. 弓形座结构对轮胎模具温度场的影响 [J]. 模具技术, 2017, (2): 16-18.

[11] 刘迎, 赵永瑞, 潘川. 轮胎模具合体结构的设计与数值模拟 [J]. 模具工业, 2017, 43(7): 20-24.

[12] 刘迎, 赵永瑞, 潘川. 热分析与热力耦合分析的轮胎模具温度场分布 [J]. 模具工业, 2017, 43(10): 1-5.

[13] 江青松, 柳和生, 熊爱华, 等. 纤维增强薄壁注塑件翘曲变形耦合有限元分析 [J]. 北京化工大学学报 (自然科学版), 2017, 44(2): 103-107.

[14] Zhao Y Q, Yang W T, Ruan M Q, et al. Study of sulfurization preheating temperature of mechanical elastic wheel[C]. International Conference on Mechanical Science and Mechanical Design, Changsha, 2015: 15-22.

[15] 杨鲁鹏, 林江海, 魏修亭, 等. 基于 PDM 的活络模具配置模型研究 [J]. 现代制造技术与装备, 2011, (3): 1-3.

[16] 董大勤, 袁凤隐. 压力容器设计手册 [M]. 北京: 化学工业出版社, 2006.

[17] 黄兴善. 模具生产过程的控制与质量管理研究 [J]. 工业工程, 2003, 6(3): 48-51.

[18] 谢长伟, 曹广如, 谢彦飞, 等. 橡胶模具注射流道表面粗糙度对注胶速度的影响 [J]. 特种橡胶制品, 2013, 34(4): 56-58.

[19] 熊光耀, 李明辉. 改善 WEDM-HS 加工表面粗糙度值的工艺探讨 [J]. 模具制造, 2002, 11(6): 44-47.

[20] 颜建军, 林汉同, 陈立亮, 等. 计算机自动确定分型线的方法 [J]. 特种铸造及有色合金, 2004, 1: 44-45.

[21] 于同敏, 李冠华, 姜开宇. 基于事例推理的模具分型面设计方法研究 [J]. 中国机械工程, 2004, 15(13): 1167-1170.

[22] 薛荣伟. 模具底板厚度设计 [J]. 模具技术, 1995, 6: 32-33.

[23] 马俊林, 宋健, 李萍. 连接块温挤压模具强度校核及结构优化 [J]. 精密成形工程, 2014, 6(3): 36-40.

[24] 冯国慧. 聚氨脂橡胶通用模及其应用 [J]. 航天工艺, 1996, (2): 40-42.

[25] 温志远. 脱模力计算公式的讨论 [J]. 模具工业, 1998, 5: 35-37.

[26] 单健民. 安全脱模系统设计与应用研究 [D]. 长沙: 国防科学技术大学, 2005.

[27] DS SolidWorks 公司. SolidWorks 高级配装教程 [M]. 北京: 机械工业出版社, 2014.

[28] CAD/CAM/CAE 技术联盟. SolidWorks 2012 中文版从入门到精通 [M]. 北京: 清华大学出版社, 2012.

[29] 罗煜峰. 基于 SolidWorks 的参数化特征建模技术研究 [J]. 机械设计, 2004, 21(2): 52-54, 62.

[30] 罗小发. CAD/CAE/CAM 技术在模具设计制造的应用 [J]. 橡胶技术与装备, 2005, 31(8): 54-60.

[31] 计三有, 袁华. ANSYS 及 SolidWorks 在模具设计中的集成与应用 [J]. 武汉理工大学学报, 2007, 29(5): 43-46.

[32] 白荣宏. 应用 SolidWorks 实现模具造型设计与数控编程集成化 [J]. CAD/CAM 与制造业信息化, 2008, 1: 68-69.

[33] Li C L. Part segmentation by superquadric fitting-a new approach towards automatic design of cooling system for plastic injection mould[J]. International Journal of Advance Manufacturing Technology, 2007, 35(1/2): 102-114.

[34] Hu H M, Li H, Yin D B. Automatic generation of the word in tire mold side plate based on font vectorization[J]. Key Engineering Materials, 2013, 561: 559-563.

第10章 机械弹性安全车轮结构的参数化设计方法

在对机械弹性安全车轮结构设计的基本理论和参数化设计的关键技术的研究基础之上[1-12]，本章针对机械弹性安全车轮的结构尺寸发生细微变化或者结构不满足强度、刚度等要求时，都需要进行重复设计以致延长设计分析周期的问题，基于参数化设计和 Pro/E 二次开发的方法，开发机械弹性安全车轮结构的参数化设计系统 ME-Wheel Design，该系统以可视化人机交互的方式实现机械弹性安全车轮强度和尺寸校核、三维零件模型和工程图的自动生成、虚拟装配等，同时避免了在传统设计过程中通过查阅国家标准、工程手册来确定设计参数等烦琐工作。

10.1 总体结构设计

10.1.1 系统简介

机械弹性安全车轮结构的参数化设计系统 ME-Wheel Design 开发，在 Windows 操作系统的计算机上进行，基于软件开发平台 Visual Studio 2008 及 Pro/E5.0 二次开发环境，并利用 Access2007 搭建系统后台数据库，开发了一个与 Pro/E 集成的机械弹性安全车轮结构参数化设计系统[4,6,7,10]，该系统主要能实现机械弹性安全车轮的三维建模、参数选择及校核、工程图绘制以及自动装配等功能。

ME-Wheel Design 系统的功能结构设计图如图 10.1 所示。该系统基于机械弹性安全车轮的设计流程划分为总体设计模块、辁轮设计模块、轮毂设计模块、铰链组设计模块，各个模块既相互独立，又有一定的联系[13]；各个模块完成各自对应的设计内容，设计结果保存在相应的数据库中；设计中的某些参数需从其他模块的数据库中调用，实现数据的内部共享。

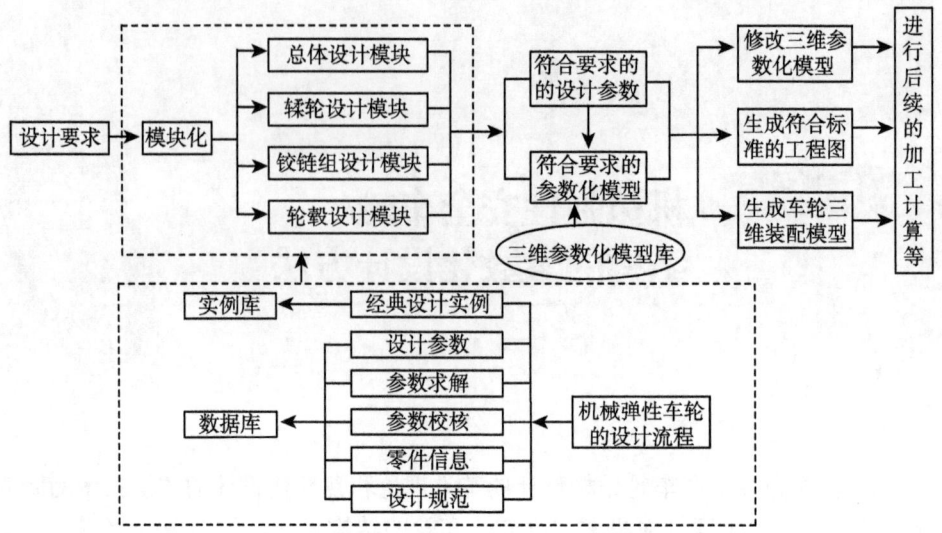

图 10.1 ME-Wheel Design 系统的功能结构设计图

10.1.2 系统结构

ME-Wheel Design 系统的操作人员只需根据用户操作界面引导，便可轻松完成机械弹性安全车轮零件的结构参数选择和参数校核、三维零件建模、工程图绘制以及自动装配等工作。ME-Wheel Design 系统的工作流程图如图 10.2 所示。

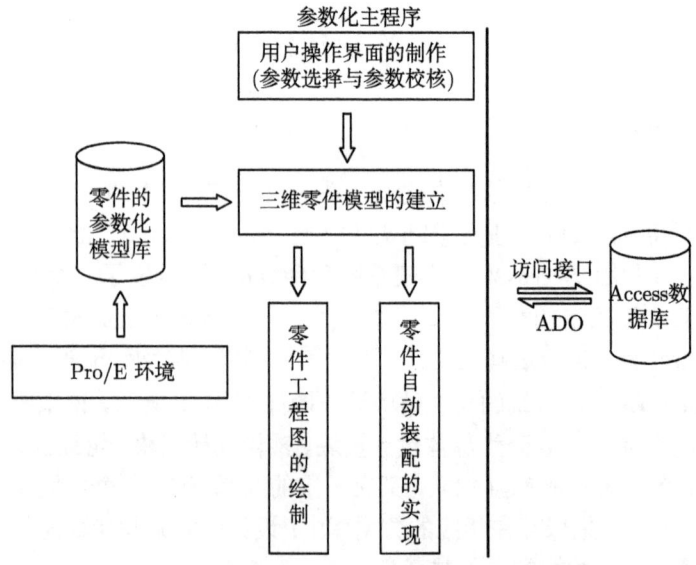

图 10.2 ME-Wheel Design 系统的工作流程图

ME-Wheel Design 系统主要利用 Pro/Toolkit 工具箱的 API 函数建立与机械弹性安全车轮零件参数化模型库之间的联系,在整个设计过程中通过 ADO 数据库访问技术完成 Access 数据库和主程序之间的信息传递,其参数化主程序主要包括:用户操作界面的制作(参数选择与参数校核)、三维零件模型的建立、零件工程图的绘制以及零件自动装配的实现四部分的内容。

10.2 主要结构参数及约束关系分析

10.2.1 主要结构参数分类

机械弹性安全车轮的结构主要设计参数分为主参数、从参数和独立参数[14,15]。其中,主参数控制着整体设计框架,在整个设计过程中起到主导作用;从参数和主参数之间存在一定的联系,联系主要来源于国家标准、工程设计准则、企业标准、经验和分析计算结果;顾名思义,独立参数是相对独立的参数,并不随着主参数和从参数的变化而变化。

机械弹性安全车轮结构主要设计参数如表 10.1 所示。

表 10.1 机械弹性安全车轮结构主要设计参数

主要设计参数	参数部件	参数属性	主要设计参数	参数部件	参数属性	主要设计参数	参数部件	参数属性
车轮外径 D	车轮	P	卡环 1 参数 a_{k12}	胎圈	N	铰链 1 参数 h_1	铰链组	I
断面宽 B	车轮	P	卡环 1 参数 a_{k13}	胎圈	N	铰链 1 参数 h_2	铰链组	N
负荷能力 F_z	车轮	P	卡环 1 参数 b_{k12}	胎圈	N	铰链 1 参数 R_{j1min1}	铰链组	N
滚动半径 r	车轮	P	卡环 1 参数 b_{k13}	胎圈	N	铰链 1 参数 R_{j1min2}	铰链组	I
驱动轮个数 n_a	车轮	P	卡环 1 参数 c_1	胎圈	I	铰链 2 参数 h_1	铰链组	I
牵引力 F_t	车轮	P	卡环 1 参数 h_4	胎圈	I	铰链 2 参数 R_{j2min}	铰链组	N
弹性环根数 n	胎圈	N	卡环 1 参数 h_5	胎圈	I	铰链 2 参数 c_1	铰链组	N
钢丝材料 C	胎圈	N	卡环 1 参数 R_{k1min1}	胎圈	N	铰链 3 参数 h_1	铰链组	N
钢丝直径 d_x	胎圈	N	卡环 1 参数 R_{k1min4}	胎圈	N	铰链 3 参数 h_4	铰链组	N
卡环组材料 C	胎圈	N	卡环 2 参数 l_1	胎圈	I	铰链 3 参数 R_{j3min1}	铰链组	N
弹性环半径 R_x	胎圈	N	卡环 2 参数 a	胎圈	N	铰链 3 参数 R_{j3min3}	铰链组	I
橡胶层外径 D_s	胎圈	N	卡环 2 参数 b	胎圈	N	铰链销轴材料 C	铰链组	N
橡胶层内径 d_s	胎圈	I	卡环 2 参数 h_1	胎圈	I	轮毂销轴半径 R_{xiao}	轮毂	N
橡胶层宽度 B_s	胎圈	N	卡环 2 参数 h_2	胎圈	N	轮毂材料 C	轮毂	N
橡胶层材料 C	胎圈	N	卡环 2 参数 R_{k2min1}	胎圈	N	轮毂厚度 d_1	轮毂	I
卡环 1 参数 l_1	胎圈	N	铰链组材料 C	铰链组	I	轮毂外径 R_L	轮毂	N
卡环 1 参数 l_2	胎圈	I	铰链 1 参数 d_1	铰链组	N	轮毂内径 r_L	轮毂	I

注:主参数用 P 表示,从参数用 N 表示,独立参数用 I 表示。

10.2.2 约束关系的建立

约束关系是否完善直接关系到参数化系统是否稳定,因此建立合理的约束关系至关重要。参数约束关系建立在自上而下设计的基础上,所谓的自上而下设计是一个先整体后部分的设计过程,在设计初期首先明确总体设计要求,随后通过对零件的相关设计来满足这一设计要求[16]。基于自上而下设计原理建立的参数约束关系符合设计产品的开发流程,具有较强的整体性和逻辑性。

基于自上而下设计的参数约束关系主要需要明确以下几部分内容:第一,分析总体设计框架,确定系统的总体设计参数;第二,确定设计产品零部件之间的层级关系,进行分层处理;第三,明确组件内部零件之间的关系,即零件之间的相互装配关系等。在此基础上,对参数约束关系进行的整体设计,主要由层级间约束关系建立和同层间约束关系建立两部分组成。层级间约束关系的建立使得总体设计参数即主参数发生改变时,信息由上层传递到下层最终传递到底层。同层间约束关系的建立,对同级间的参数进行了一定的限制,缩小了参数的选择范围,提高了设计效率[17]。

机械弹性安全车轮结构的参数层级约束关系如图 10.3 所示。

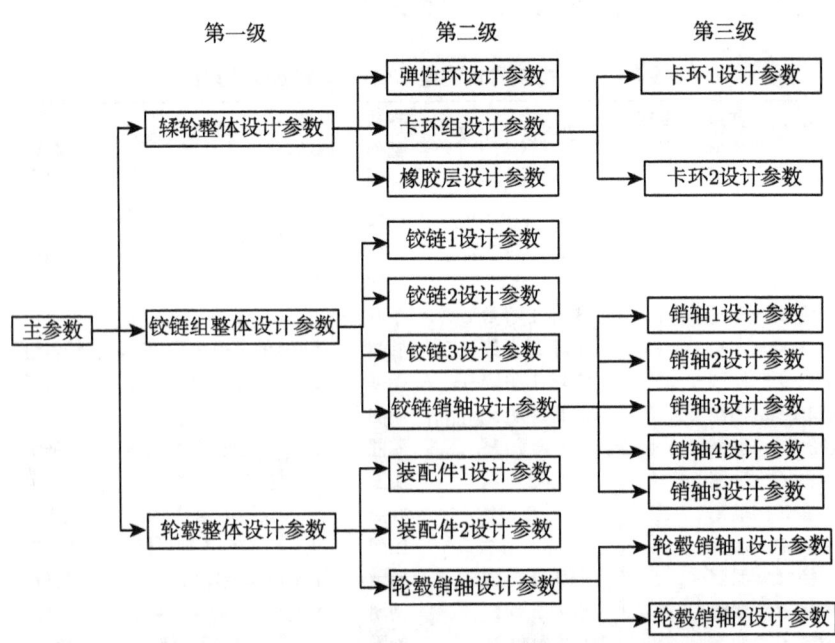

图 10.3 机械弹性安全车轮结构的参数层级约束关系

机械弹性安全车轮结构参数约束关系具体实现过程如下:首先,根据所替代传统充气轮胎的设计要求确定与之相匹配的机械弹性安全车轮的总体设计参数,包

括车轮外径 D、断面宽 B、负荷能力 F_z、驱动轮个数 n_q 和牵引力 F_t；其次，在机械弹性安全车轮总体的设计参数的基础之上来确定一级的设计参数，即辏轮整体的设计参数、铰链组整体的设计参数和轮毂整体的设计参数；然后，根据辏轮整体的设计参数、铰链组整体的设计参数和轮毂整体的设计参数，确定第二级的设计参数；最后，根据第二级的设计参数确定第三级的设计参数。实现信息按照设计链从上往下传递主要依赖于后台数据库的搭建，上级设计完成之后，设计参数保存在相应的数据库中，设计之前只需要从上级数据库中读取相应的参数，在已建立的约束关系的基础上实现下级设计。另外，对于同级之间的几何约束关系主要建立在几何约束的基础上，通过分析零件参数的几何约束关系，实现同级之间参数的几何校核，选择满足要求的参数。

机械弹性安全车轮部分零件参数几何约束关系如表 10.2 所示。

表 10.2 机械弹性安全车轮的部分零件参数几何约束关系

零件名称	结构示意图	参数几何约束关系
卡环 1		$d_1 > 2d_2, h_4 = R_{k1max2} + R_{k1max3}$ $h_2' = (R_{k1max2} + h_4 \sin\theta_1)\cos\theta_1$ $h_2 > h_2', l_2 > h_2' \tan\theta_1 - \frac{1}{2}l_1$ $l_1 < 2h_1 \tan\theta_1, R_{k1max1} > R_{k1min1}$ $R_{k1max4} > R_{k1min4}$ $h_5 > h_4 + R_{k1max2} + R_{k1max1}$ $R_{k1max3} > \frac{1}{2}\sqrt{a_{k13}^2 + b_{k13}^2}$ $R_{k1max2} > \frac{1}{2}\sqrt{a_{k12}^2 + b_{k12}^2}$
卡环 2		$l_1 = R_{k2max1} + R_{k2max2}$ $l_2 < R_{k2max1}$ $l_2 < R_{k2max2}, h_1 > h_2$ $R_{k2max1} > R_{k2min1}$ $R_{k2max2} > \frac{1}{2}\sqrt{a^2 + b^2}$

续表

零件名称	结构示意图	参数几何约束关系
铰链 1	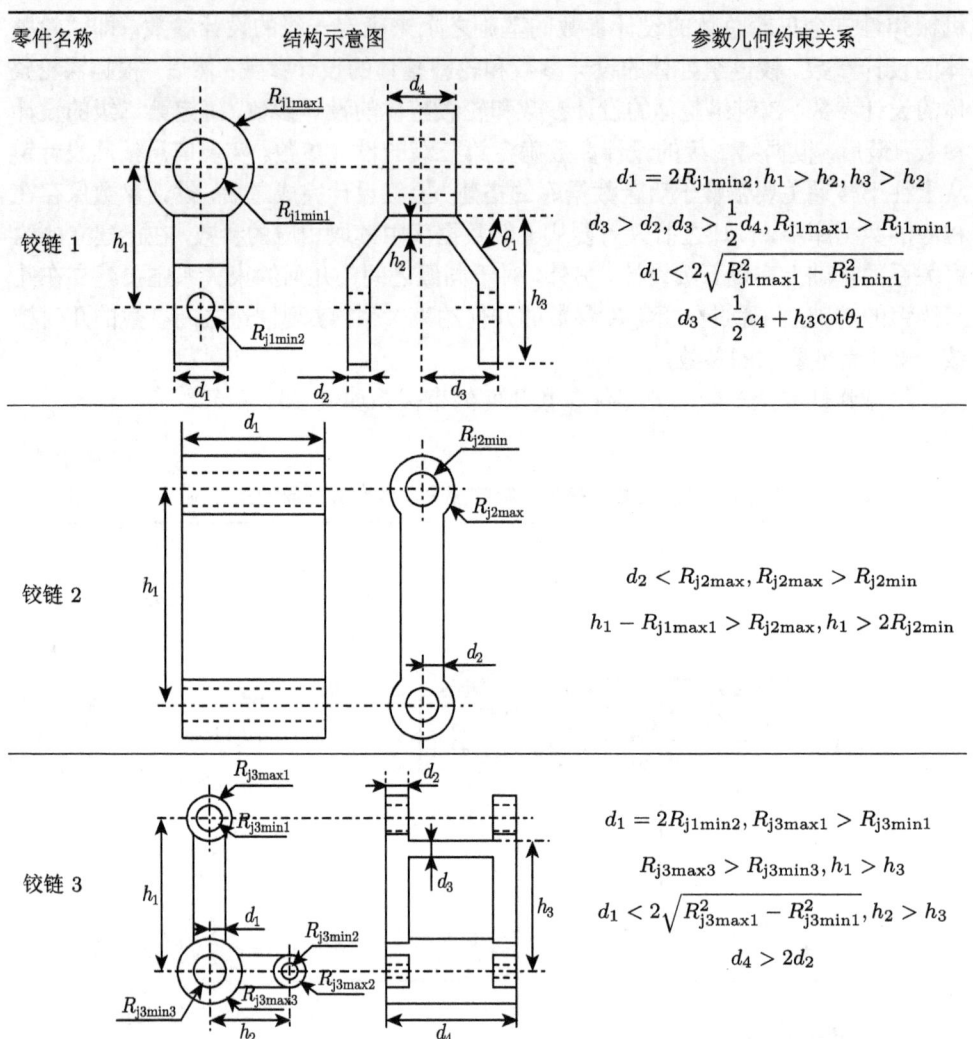	$d_1 = 2R_{j1min2}, h_1 > h_2, h_3 > h_2$ $d_3 > d_2, d_3 > \frac{1}{2}d_4, R_{j1max1} > R_{j1min1}$ $d_1 < 2\sqrt{R_{j1max1}^2 - R_{j1min1}^2}$ $d_3 < \frac{1}{2}c_4 + h_3\cot\theta_1$
铰链 2		$d_2 < R_{j2max}, R_{j2max} > R_{j2min}$ $h_1 - R_{j1max1} > R_{j2max}, h_1 > 2R_{j2min}$
铰链 3		$d_1 = 2R_{j1min2}, R_{j3max1} > R_{j3min1}$ $R_{j3max3} > R_{j3min3}, h_1 > h_3$ $d_1 < 2\sqrt{R_{j3max1}^2 - R_{j3min1}^2}, h_2 > h_3$ $d_4 > 2d_2$

10.3 零件参数化的设计实现

10.3.1 零件参数化模型库的搭建

参数化设计方法的本质是在几何约束关系的驱动下，通过修改相应参数并经计算机计算得到期望的工程结果的自动化设计方法。在整个参数化设计过程，模型的几何约束关系保持不变或者发生少许变化，但几何尺寸往往存在较大差异[18,19]。因此，在对零件几何约束关系归纳总结的基础上建立参数化模板，所有的参数化模板构成零件参数化模型库。

所设计的零件参数化模型库主要由卡环 1 参数化模型、卡环 2 参数化模型、弹性环参数化模型、橡胶层参数化模型、铰链 1 参数化模型、铰链 2 参数化模型、铰链 3 参数化模型、装配件 1 参数化模型、装配件 2 参数化模型以及销轴参数化模型构成，如图 10.4 所示。

以弹性环参数化模型的搭建为例进行说明，其余零件参数化模型的搭建与之类似，在此不一一介绍。弹性环的钢丝根数不同，钢丝排布也有所差异，当钢丝根数取 8、9、10、12 时，钢丝排布如表 10.3 所示。

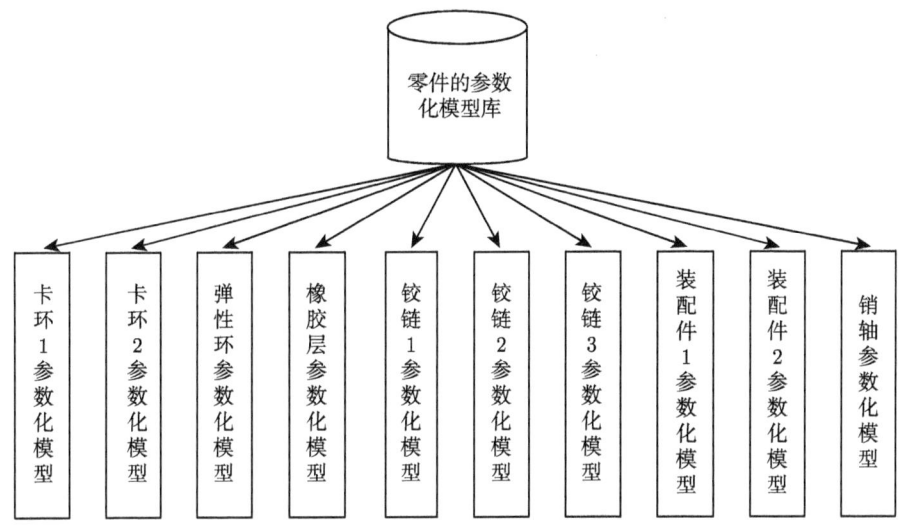

图 10.4　零件参数化模型库构成

表 10.3　弹性环排布说明

钢丝根数	钢丝排布	弹性环外缘尺寸
8		$8d_x^2$
9		$9d_x^2$
10		$10d_x^2$
12		$12d_x^2$

弹性环参数化模型的搭建步骤如下。

(1) 建立弹性环三维模型样板：选取弹性环的旋转中心轴作为该样板的定位基准，通过 Pro/E 中草绘、旋转等命令实现弹性环实体特征的创建，建立与钢丝根数相对应的弹性环三维模型样板。

(2) 在已创建的弹性环三维模型样板的基础上,在"工具/参数"中建立一组可以完全控制三维模型形状尺寸的控制参数,即钢丝直径 d_x、弹性环半径 R_x 和钢丝材料等,在"工具/关系"中建立控制参数和模型内部参数之间的联系[20,21]。

(3) 在"工具/参数"中建立 WEIGHT 参数来表示弹性环质量,在"工具/关系"中通过 WEIGHT=1000*MP_MASS("") 关系来实现弹性环模型质量的自动计算,为下面的工程图绘制中实现质量的自动更新作铺垫。

以上几步创建的弹性环模板,通过修改弹性环钢丝直径 d_x、弹性环半径 R_x 和钢丝材料等参数可实现对弹性环模型的变型设计,并且该参数化模板不仅定义了模型的几何信息,而且定义了材质库或指定密度等非几何信息。

在 Pro/E 中参数化模型的搭建需要注意以下几点[22-25]。

(1) 参数化模板的搭建主要采用特征建模,在特征建模的过程中应充分利用垂直、相切、对称、平行等关系来对模型进行相应的几何约束,可以有效减少设计参数的数目,在建模的过程中应充分考虑设计参数,将设计参数融入参数化模板搭建过程。

(2) 为保证设计参数的唯一性,参数名的命名规则为:胎圈、铰链组、轮毂分别由字母 TQ、JLZ、LG 表示;希腊符号采用标准英语注音拼写。例如,弹性环抗拉强度 σ 命名为 TQ_QT_SIGEMA,其中,TQ 表示胎圈,QT 表示弹性环,SIGEMA 表示变量名。

(3) 建立控制参数和模型参数关系之前,应充分分析它们之间的对应关系,并且关系设定之后需要对其进行验证,即通过修改控制参数能否实现模型的变型,确保控制参数和模型参数关系的准确性。

10.3.2 车轮结构的参数校核

机械弹性安全车轮结构参数校核包括三部分内容:辇轮结构的参数校核、铰链组结构的参数校核和轮毂结构的参数校核。

1. 辇轮结构的参数校核

辇轮结构的参数校核分析流程如图 10.5 所示。辇轮结构的参数校核分析主要包括弹性环校核分析、卡环组校核分析和橡胶层校核分析三部分内容。首先,弹性环几何结构相对简单,弹性环校核分析无须进行几何约束校核,只需进行强度校核;其次,卡环组校核分析需进行几何约束校核和危险部位强度校核;最后,橡胶层校核分析只需进行几何约束校核,确定合适的橡胶层设计参数。

2. 铰链组结构的参数校核

铰链组结构的参数校核分析流程如图 10.6 所示。

第 10 章　机械弹性安全车轮结构的参数化设计方法

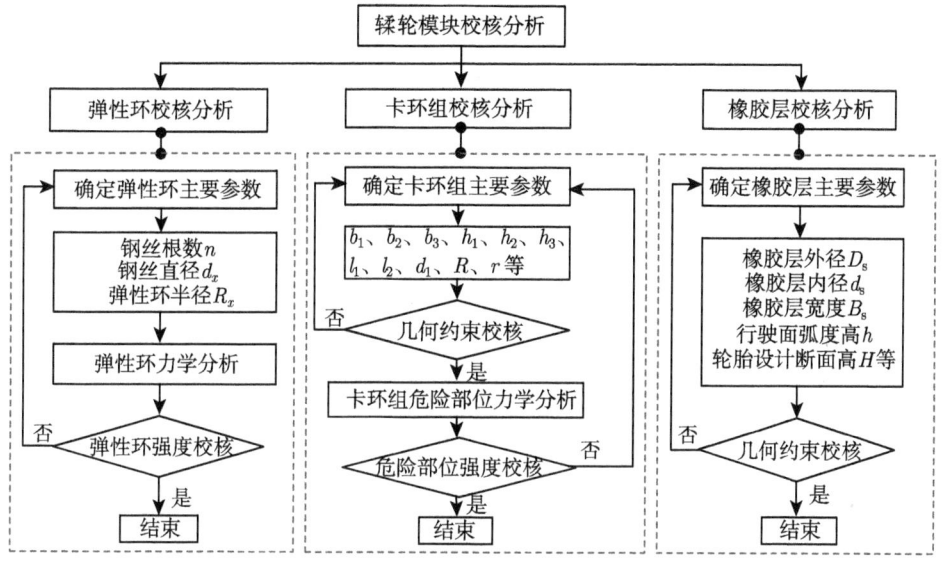

图 10.5　辗轮结构的参数校核分析流程

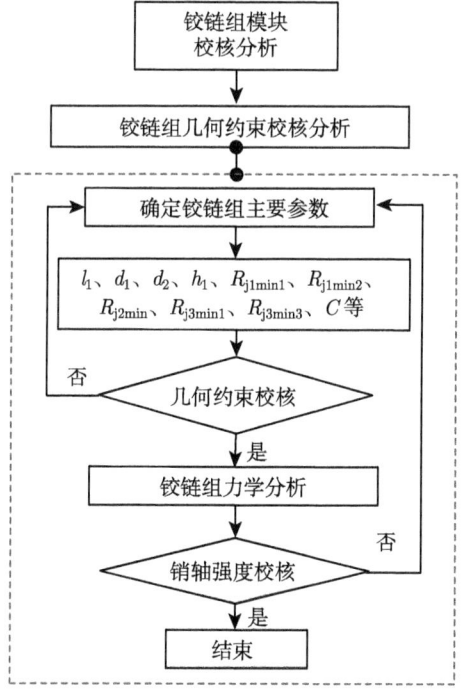

图 10.6　铰链组结构的参数校核分析流程

铰链组结构的参数校核分析主要包括铰链组几何约束校核分析和铰链组销轴

校核分析两部分内容。首先,分别对铰链1、铰链2和铰链3进行几何约束分析;其次,铰链组销轴校核分析需要对铰链进行受力分析,确定铰链销轴处的受力,对其进行强度校核,确定合适的铰链组设计参数。

3. 轮毂结构的参数校核

轮毂结构的参数校核分析流程如图10.7所示。

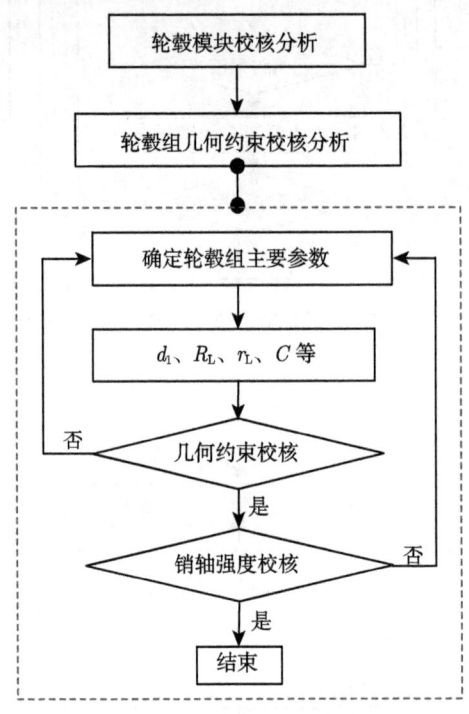

图 10.7 轮毂结构的参数校核分析流程

轮毂结构的参数校核分析主要包括轮毂几何约束校核分析和轮毂销轴校核分析两部分内容。首先,分别对装配件1、装配件2进行几何约束分析;其次,轮毂销轴校核分析需要对轮毂进行受力分析,确定轮毂销轴处的受力,对其进行强度校核,确定合适的轮毂设计参数。

10.3.3 参数驱动三维建模

Pro/Toolkit 二次开发分为同步和异步两种模式[26]。ME-Wheel Design 系统采用异步模式的 Pro/E 二次开发技术,机械弹型安全车轮的零件参数化设计过程可独立于 Pro/E 运行,并且可以实现其他 CAD 系统的无缝结合,参数驱动三维建模流程如图10.8所示。参数驱动三维建模流程的核心是将校核之后的设计参数和参数化模型的主控参数建立对应关系[27,28]。首先，从参数化模型库中选择相应的参数化模型通过 ProMdlRetrieve() 函数调入内存，并通过 ProModelitemInit() 和 ProParameterInit() 函数初始化模型及其内部参数；其次，定义参数对象和参数值对象，即设置参数的 type 和 value，用来存储用户输入的设计参数值；最后，通过 ProParameterValueSet() 函数将模型参数与定义的参数值对象建立关系，将校核之后的设计参数值传递给参数化模型作为内部参数，通过 ProSolidRegenerate() 函数实现参数化模型的再生。

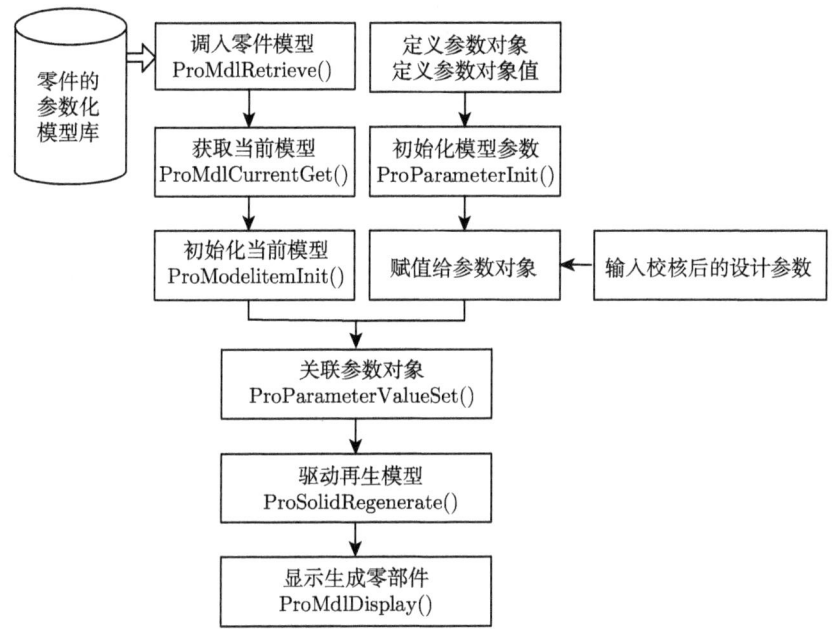

图 10.8　参数驱动三维建模流程

10.3.4　零件工程图的创建

如零件参数化模型搭建所述，零件参数化模型定义了几何信息和非几何信息，Pro/E 具有全数据相关的特点，零件参数化模型定义的所有信息可以通过传递工程模板传递到工程图中[29,30]。

在创建零件工程图之前需要完成两部分工作：首先要设置工程图的配置文件，配置文件选取系统所默认状态下配置文件；其次要在格式状态下，按照标准创建参数化表格，输入相应的文本 (图 10.9)，其中带 "δ" 的文字是具有参数性的 (表 10.4)，既可以是系统参数也可以是用户自定义参数，这些参数随着模型参数的更新而更新 (图 10.10)。

工程图的参数化就是对工程模板的参数化，其设计流程如图 10.11 所示。工程图参数化设计程序实现的核心函数是 ProDrawingFromTmpltCreate()[31]。调用 ProDrawingFromTmpltCreate() 函数之前，需要对零件的材料属性进行设置，主要包括以下步骤：首先，读取零件的材料信息，主要实现函数为 ProMaterialFileRead()，读取"文件名.mtl"文件里面的相关材料信息；其次，通过 ProMaterialPropertyGet() 函数读取材料种类和密度（设置输入参数分别为 PRO_MATPROP_TYPE 和 PRO_MATPROP_MASS_DENSITY）；再次，通过 ProUnitExpressionGet() 函数将读取的材料密度转换成用户可理解的单位；最后，分配材料及其属性，主要通过 ProMaterialCurrentSet() 函数和 ProSolidMassPropertyGet() 函数实现。

表 10.4 工程图常用参数列表及意义

参数名称	参数类型	参数意义
δptc_material_name	系统参数	模型材料
δname	自定义参数	模型名称
δscale	系统参数	工程图的格式尺寸
δweight	自定义参数	模型重量
δcurrent_sheet	系统参数	当前工程图页数
δtotal_sheet	系统参数	工程图总页数

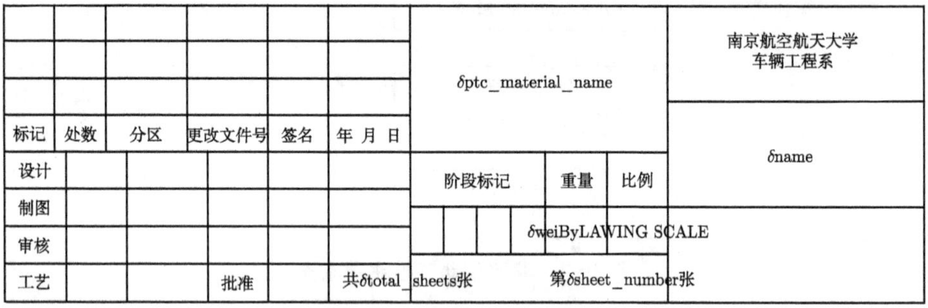

图 10.9 初始状态的标题栏

图 10.10 生成之后的标题栏

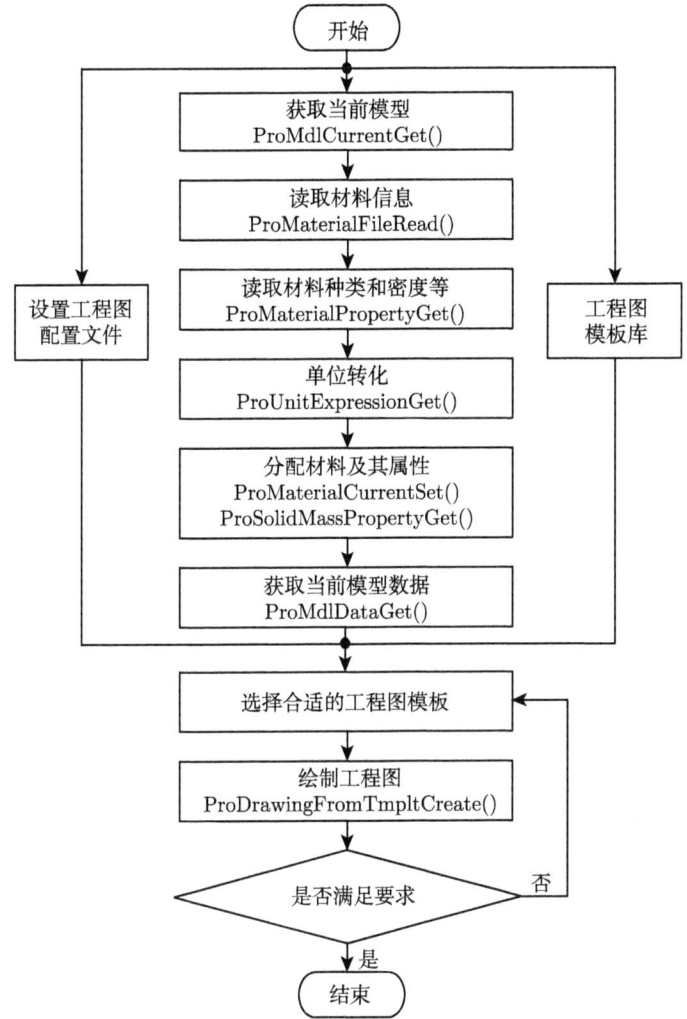

图 10.11　工程图参数化设计流程

10.3.5　零件的自动装配

零件装配是机械产品 CAD 设计的关键环节,产品设计过程中提高机械设计效率的重要途径之一就是实现零件装配的自动化[32]。实现机械弹性安全车轮自动装配能够直观地看到机械弹性安全车轮的总体设计外观和加工成型后的总效果,对其指导生产具有十分重要的作用。采用坐标系装配的方法,通过在零件上建立定位坐标系为各自提供参照,在组件上建立与其相对应的坐标系,以坐标系对齐的方法实现装配,其具体的设计流程如图 10.12 所示。

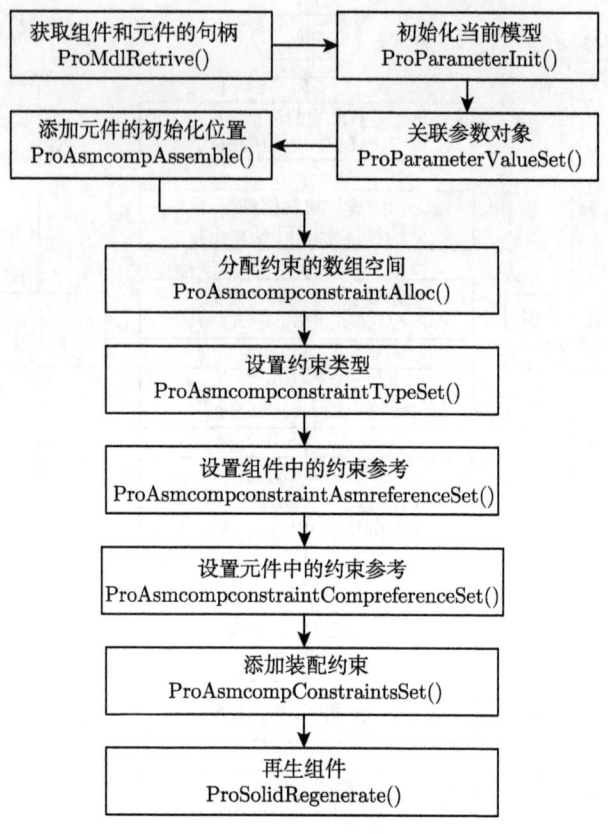

图 10.12 坐标系装配的设计流程

10.4 ME-Wheel Design 系统设计实例

在 10.3 节中，详细介绍了 ME-Wheel Design 系统的参数化设计过程。基于 ME-Wheel Design 系统，设计了与 265/70R17 充气轮胎相匹配的机械弹性安全车轮，具体设计过程主要分为以下几部分设计内容：总体设计、辋轮设计、铰链组设计、轮毂设计、生成装配件。

10.4.1 总体设计

总体设计的主要目的是获取机械弹性安全车轮设计的主设计参数，包括车轮外径 D、断面宽 B、负荷能力 F_z、驱动轮个数 n_q 以及最大牵引力 F_t，265/70R17 充气轮胎的相关设计参数如表 10.5 所示，与该型号轮胎相匹配的机械弹性安全车轮的设计必须建立在这些参数的基础之上，与其保持一致性，方能满足轮胎和车辆所要求的各项指标。

第 10 章 机械弹性安全车轮结构的参数化设计方法

表 10.5 265/70R17 充气轮胎的主设计参数

车轮外径 D/mm	断面宽 B/mm	负荷能力 F_z/kN	驱动轮个数 n_q	最大牵引力 F_t/kN
804	265	11.907	4	15

ME-Wheel Design 系统的软件初始界面如图 10.13 所示。

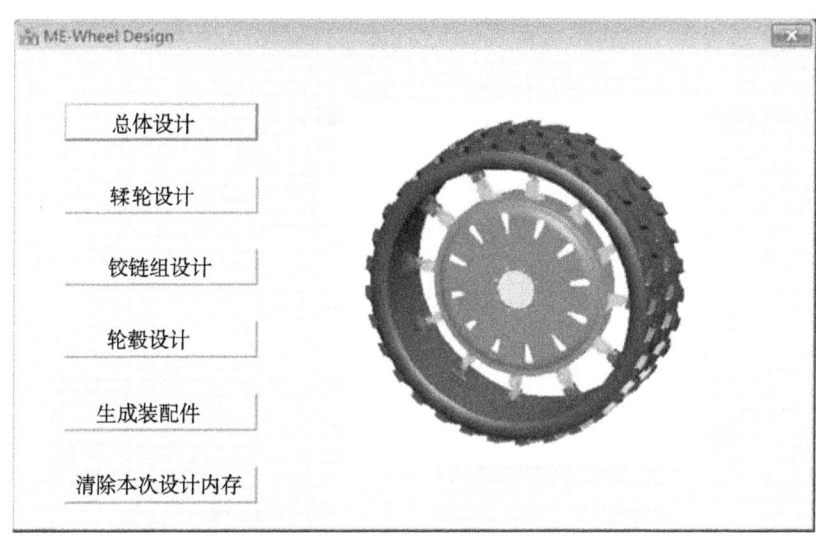

图 10.13 ME-Wheel Design 系统初始界面

毋庸置疑，要想获取机械弹性安全车轮设计的主设计参数，必须首先确定所替换轮胎的设计参数，而所替换轮胎的设计参数是存在一定标准的，ME-Wheel Design 系统已经将轿车充气轮胎、微型轻型重型充气轮胎、充气轮胎轮辋实心轮胎和压配式实心轮胎的型号以及关键的设计参数保存在 Access 数据库中，设计过程中调用即可，无须再查阅相关的资料。

本设计中，轿车充气轮胎规格界面如图 10.14 所示。通过轮胎型号 265/70R17 确定车轮外径 804mm、轮胎高宽比 70%、断面宽 265mm、静负荷半径 361mm 等关键设计参数，其中，静负荷半径在本设计中并未涉及，但在此保留作为一个预留接口。

265/70R17 充气轮胎的关键设计参数确定以后，与之相匹配的机械弹性安全车轮的主设计参数也就确定了，如图 10.15 所示。本设计中，机械弹性安全车轮的外直径为 804mm、轮胎高宽比为 70%、断面宽为 265mm、负荷能力 11.9kN、轮胎断面高为 185.5mm、轮胎内直径为 433mm，整车参数驱动轮个数为 4 个，最大牵引力为 15kN。

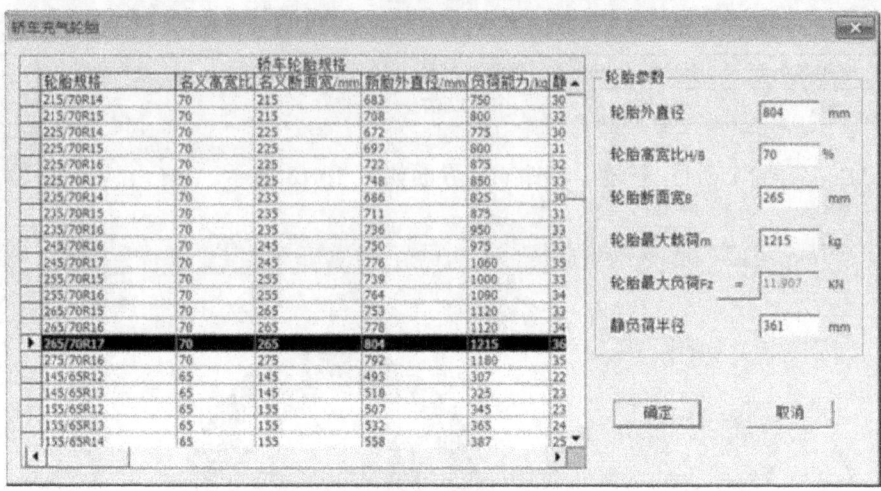

图 10.14 轿车充气轮胎规格界面

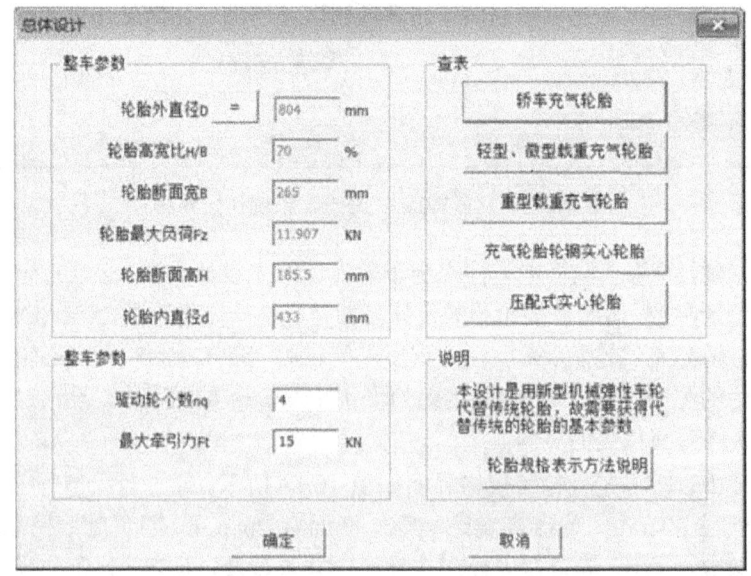

图 10.15 总体设计界面

10.4.2 辗轮设计

辗轮设计主要包括弹性环设计、卡环设计以及辗轮橡胶层设计三部分内容。辗轮设计的主设计界面如图 10.16 所示。

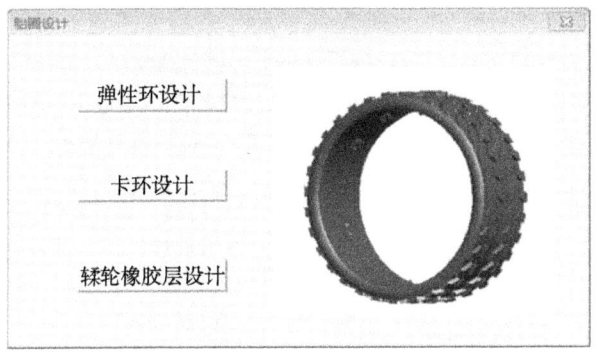

图 10.16　辘轮设计的主设计界面

1. 弹性环设计

弹性环设计主要包括弹簧钢属性确定、弹性环几何参数确定、弹性环外缘尺寸确定、轮胎参数确定、弹性环校核以及参数化设计六部分的设计内容。弹性环设计的主设计界面如图 10.17 所示。

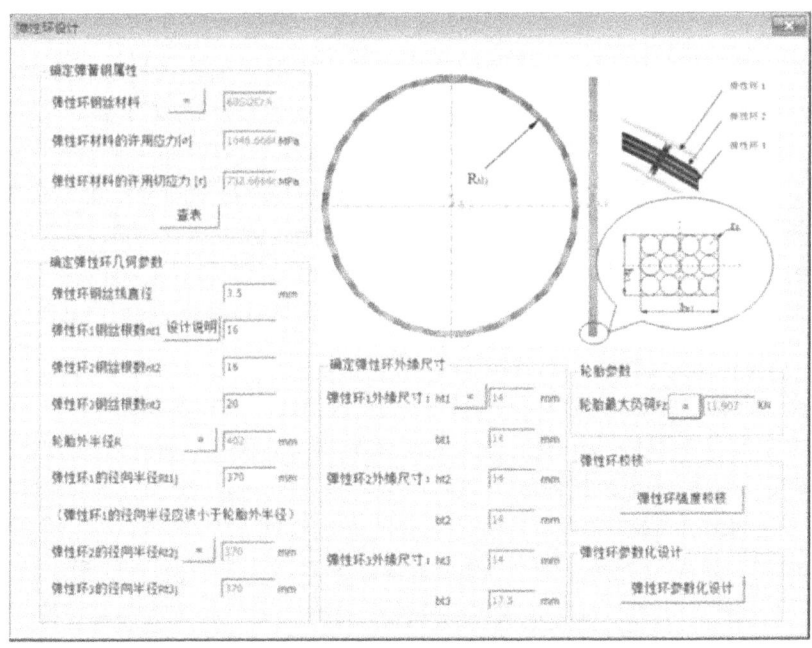

图 10.17　弹性环设计的主设计界面

首先，确定弹簧钢属性即弹性环钢丝材料、弹性环材料的许用正应力和弹性环材料的许用切应力，ME-Wheel Design 系统已经将该部分内容保存在 Access 数据库中,只需要通过查表来确定,此处彰显了后台数据库搭建的优势。弹簧钢属性的主设计界面如图 10.18 所示。本设计中,弹性环钢丝材料为 60Si2CrA,弹性环材料的屈服极限为 1570MPa;安全系数为 1.5 的情况下,弹性环材料的许用正应力为 1046.7MPa,安全系数为 0.7 的情况下,弹性环材料的许用切应力为 732.7MPa。

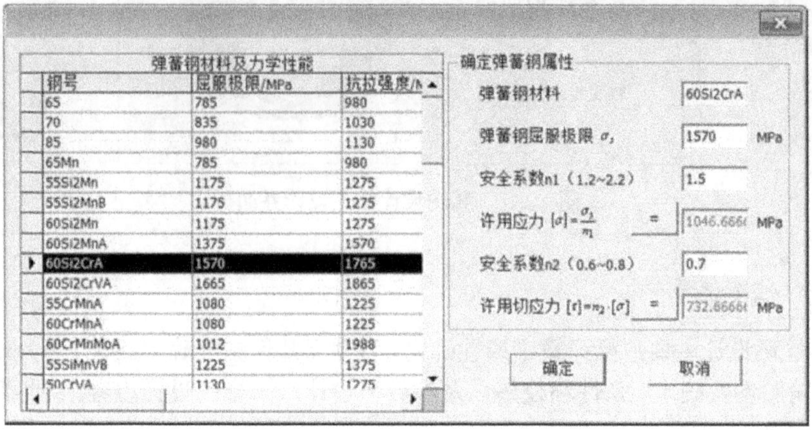

图 10.18 弹簧钢属性的主设计界面

其次,确定弹性环设计所需要的相应参数,主要包括弹性环几何参数、弹性环外缘尺寸、轮胎参数三类,弹性环几何参数中定弹性环根数时需要查看"设计说明"[33-35]。本设计中,弹性环钢丝根数分别为 16、18 和 20,弹性环钢丝直径为 3.5mm,弹性环径向半径为 370mm。由"设计说明"可知弹性环钢丝根数确定,其钢丝排布也确定,因此弹性环外缘尺寸得以确定,弹性环 1 的外缘尺寸分别为 14mm 和 14mm、弹性环 2 的外缘尺寸分别为 14mm 和 14mm、弹性环 3 的外缘尺寸分别为 14mm 和 17.5mm。轮胎参数 F_z=11.9kN,该参数直接从数据库中调用即可。

再次,对弹性环进行抗弯强度和抗拉强度校核,校核界面如图 10.19 所示。弹性环校核主要包括弹性环每段的最大弯矩以及剪力的确定、弹性环最大弯矩以及剪力的确定、弹性环最小抗弯截面系数和最小截面面积的确定以及弹性环校核四部分的设计内容,"设计说明"是对该部分的详细说明。设计中弹性环的最大弯矩为 331.4N·m,最大拉力为 1.2kN,最小抗弯截面系数为 457.3mm³,最小抗弯截面面积为 196mm²,通过这四个参数实现弹性环的抗弯强度和抗拉强度校核,满足要求进行下一步设计,不满足要求返回上一步重新调整参数。

最后,进行弹性环的参数化设计,参数化设计界面如图 10.20 所示。弹性环的参数化设计主要包括弹性环 1 的参数化设计、弹性环 2 的参数化设计以及弹性环 3 的参数化设计三部分的设计内容。以弹性环 1 的参数化设计为例,生成的三维模型如图 10.21 所示，查看"工具/参数"工具栏，将弹性环钢丝直径 3.5mm、弹性环径向直径 370mm、弹性环钢丝材料 60Si2CrA 等参数传递到三维模型中并进行保存，并且实现质量自动生成，为 13.4kg。

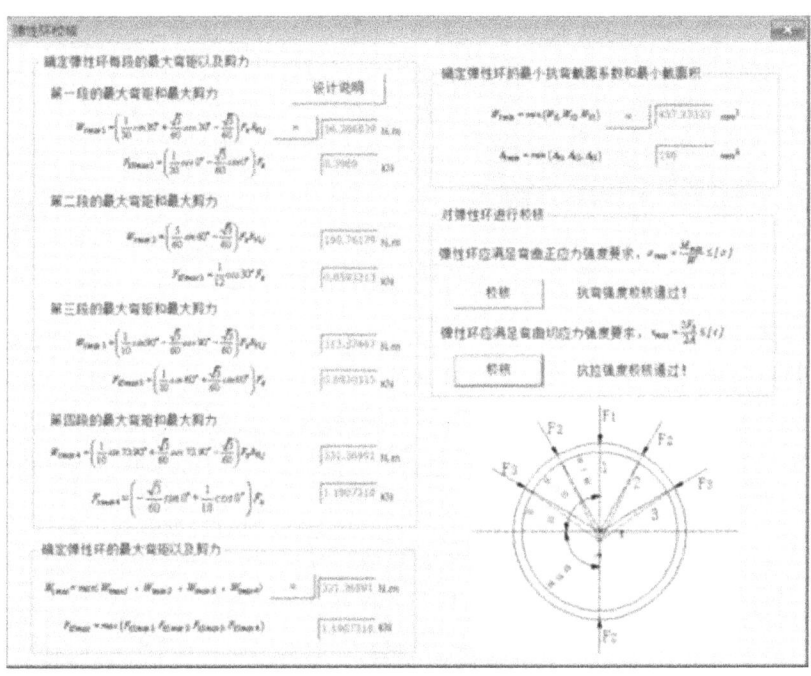

图 10.19 弹性环校核界面

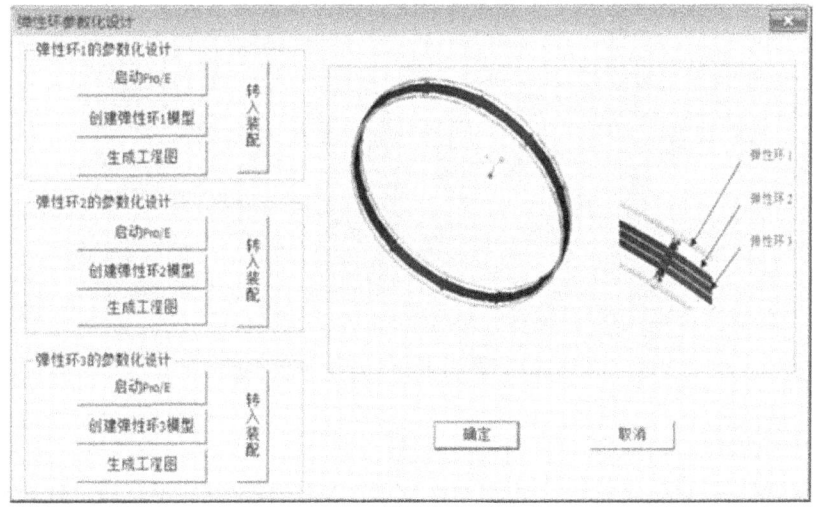

图 10.20 弹性环参数化设计

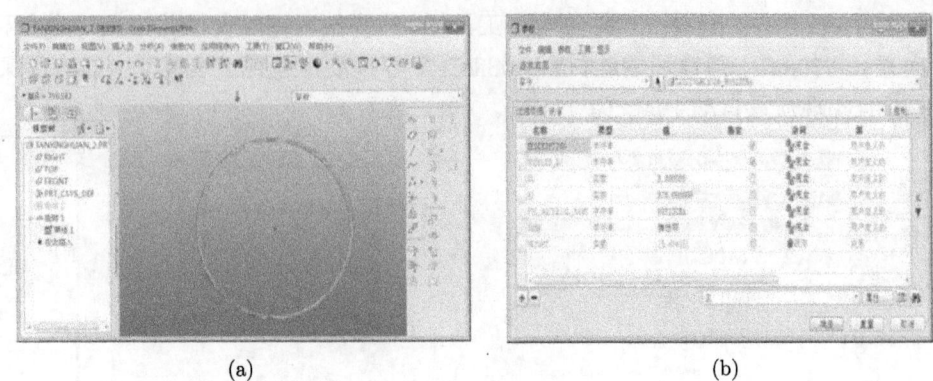

(a)   (b)

图 10.21   弹性环三维模型生成界面

生成的工程图如图 10.22 所示，δptc_material_name 自动替换为 60Si2CrA，δname 自动替换为弹性环，δscale 自动替换为 0.048，δweight 自动替换为 13.4kg，δcurrent_sheet 自动替换为 1，δtotal_sheet 自动替换为 1，生成的工程图由于尺寸的变化发生尺寸标注的移动，仍然需要进行一定的调整，图 10.22 所示的弹性环工程图是经过一定调整得到的。

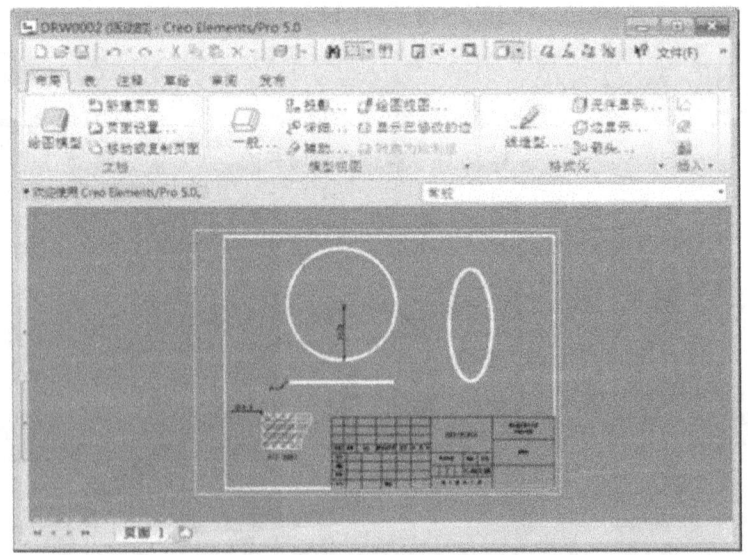

图 10.22   弹性环 1 工程图生成界面

2. 卡环设计

卡环设计主要包括卡环 1 基本参数确定、卡环 2 基本参数确定、整车参数确定 (驱动轮个数和最大牵引力)、卡环危险部位校核、卡环 1 参数化设计以及卡环 2

参数化设计六部分的设计内容。卡环的主设计界面如图 10.23 所示。

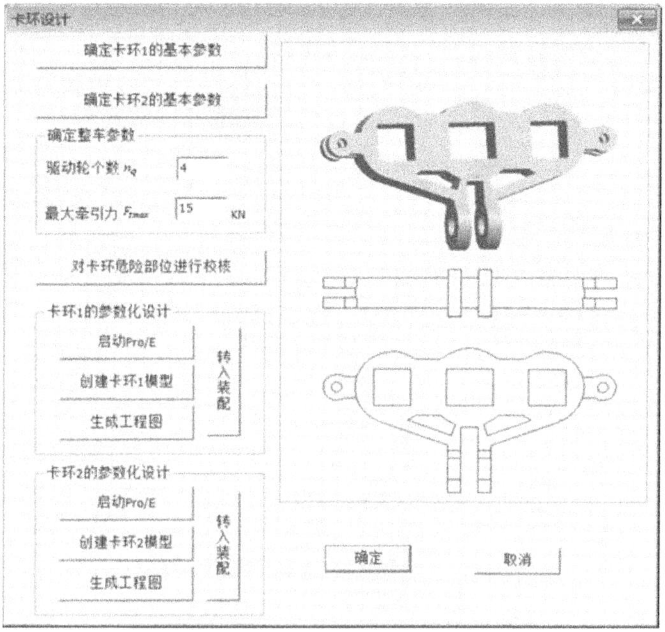

图 10.23 卡环主设计界面

首先，确定卡环 1 的基本参数和确定卡环 2 的基本参数。以卡环 1 的基本参数确定进行说明，卡环 1 的基本参数确定界面如图 10.24 所示，参数输入之后进行几何尺寸约束校核，满足约束则进行下一步设计，不满足约束，对参数进行修改再继续进行几何尺寸约束校核直至满足约束为止。本设计中，卡环 1 的材料为 steel，卡环的其他几何尺寸包括：孔 2 的外径 13.9mm，孔 1 的外径 5mm，孔 1 的内径 2mm，厚度 h_1=12mm，厚度 h_2=4mm，定位尺寸 l_1=18.9mm，定位尺寸 l_2=4mm，孔 2 的内径长 14mm 和孔 2 的内径宽 14mm 由弹性环的外缘尺寸所决定。卡环 2 的基本参数的确定与之相类似，在此不做一一介绍。

其次，确定整车参数驱动轮个数和最大牵引力，本设计中驱动轮个数为 4，最大牵引力为 15kN，由总体设计完成后保存在相应的数据库中，此时可以直接从总体设计的数据库中调用即可，无须重新确定驱动轮个数和最大牵引力参数。

再次，进行卡环危险部位校核分析，主要包括 D 处受力的确定、A 处受力的确定、抗弯截面系数和截面面积的确定以及危险部位强度校核四部分的设计内容，卡环危险部位校核界面如图 10.25 所示。本设计中 D 处受力 F_d=0.59kN，A 处受力 F_a=0.59kN，A 处受弯矩为 3.8N·m，抗弯截面系数为 46.3mm^3，截面面积为 56.1mm^2，然后对截面进行危险截面校核，满足要求进行下一步设计，不满足要求返回上一步重新调整参数。

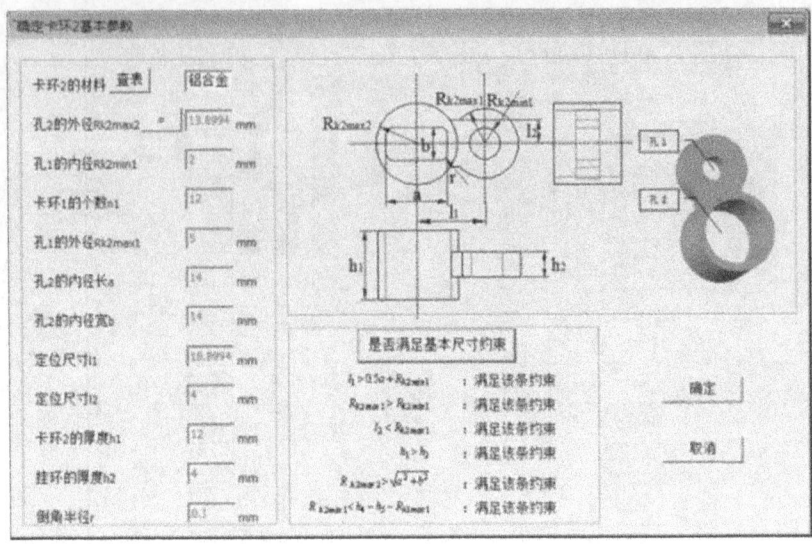

图 10.24　卡环 1 的基本参数确定界面

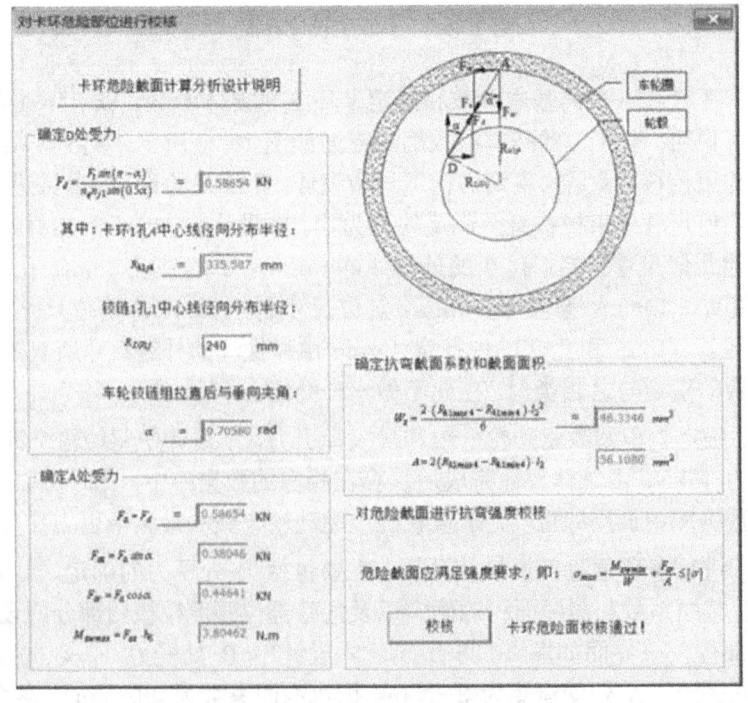

图 10.25　卡环危险部位校核界面

最后，进行卡环的参数化设计。卡环的参数化设计主要包括卡环 1 参数化设计、卡环 2 参数化设计两部分内容。实例运行，生成的三维模型如图 10.26 所示，将卡环的相关设计参数传递到三维模型中并进行保存，并且实现质量自动生成。

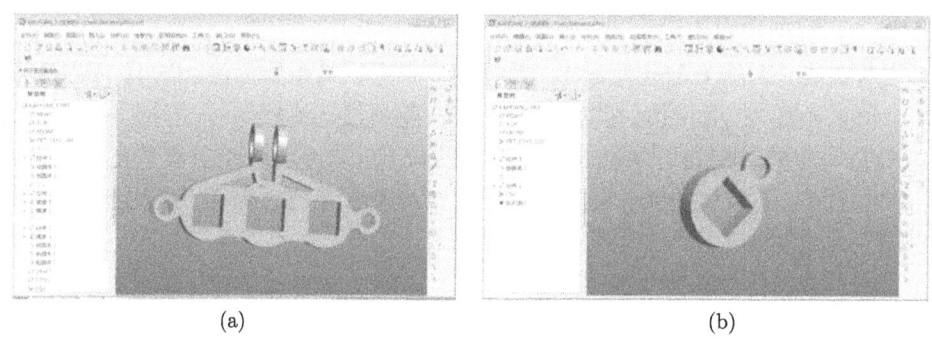

图 10.26　卡环模型生成界面

3. 辗轮橡胶层设计

辗轮橡胶层设计主要包括橡胶层几何参数确定、帘布层设计、橡胶层参数化设计三部分的设计内容，辗轮橡胶层的主设计界面如图 10.27 所示。

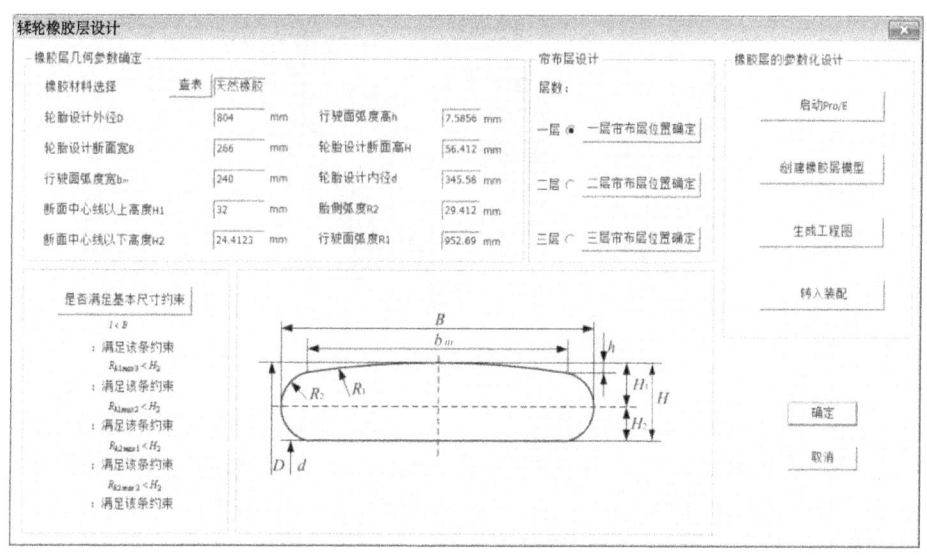

图 10.27　辗轮橡胶层设计界面

首先，左栏输入辗轮橡胶层的基本参数，满足约束则进行下一步设计，不满足约束，对参数进行修改再继续进行几何尺寸约束校核直至满足约束为止。本设计中，橡胶材料为天然橡胶，轮胎设计外径 $D=804\text{mm}$ 和轮胎设计断面宽 $B=266\text{mm}$ 这两个参数从总体设计数据库中调用，行驶面弧度宽 $b_m=240\text{mm}$，行驶面弧度高 $h=7.6\text{mm}$，断面中心线以上高度 $H_1=32\text{mm}$，断面中心线以上高度 $H_2=24.4\text{mm}$，行驶面弧度 $R_1=592.7\text{mm}$，轮胎设计内径 $d=345.6\text{mm}$，胎侧弧度 $R_2=29.4\text{mm}$。

其次，实现帘布层相关设计。帘布层设计分为一层设计、二层设计和三层设计，目前主要是对帘布层位置确定方面设计，未进行其他方面深入研究，留有预留接口，可以添加该方面的相关设计内容，充实整个设计流程。

最后，对橡胶层进行参数化设计，在 Pro/E 中弹出橡胶层模型生成界面如图 10.28 所示，橡胶层的相关参数传递到三维模型中并进行保存，并且实现质量自动生成，为后续的工程图自动生成做准备。

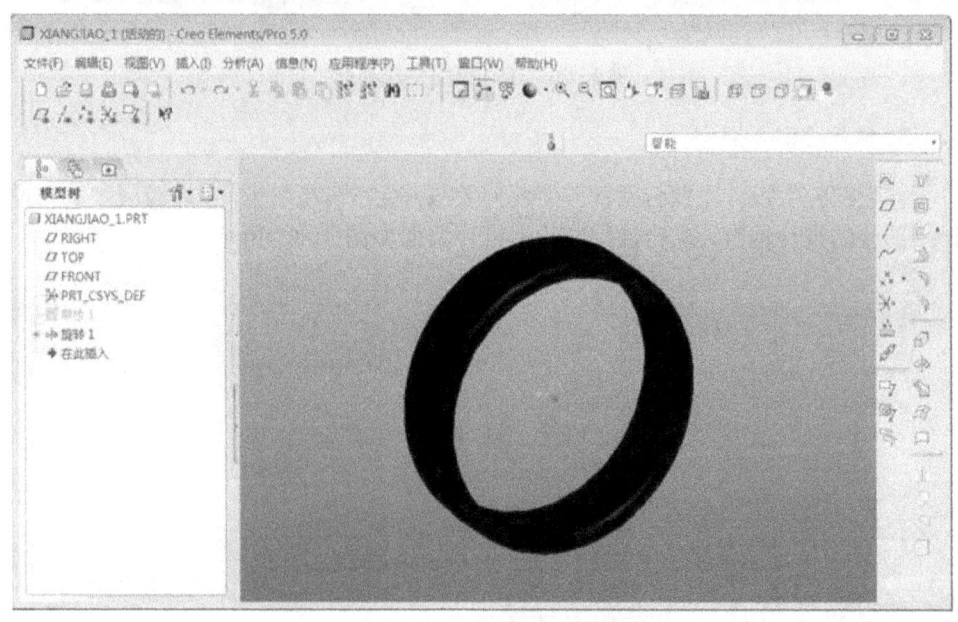

图 10.28　橡胶层模型生成界面

生成的工程图如图 10.29 所示，$\delta\text{ptc\_material\_name}$ 自动替换为天然橡胶，δname 自动替换为橡胶层，δscale 自动替换为 0.045，δweight 自动替换为 40.0kg，$\delta\text{current\_sheet}$ 自动替换为 1，$\delta\text{total\_sheet}$ 自动替换为 1，生成的工程图由于尺寸的变化发生尺寸标注的移动，仍然需要进行一定的调整，图 10.29 所示的橡胶层工程图是经过一定调整得到的。

第 10 章 机械弹性安全车轮结构的参数化设计方法

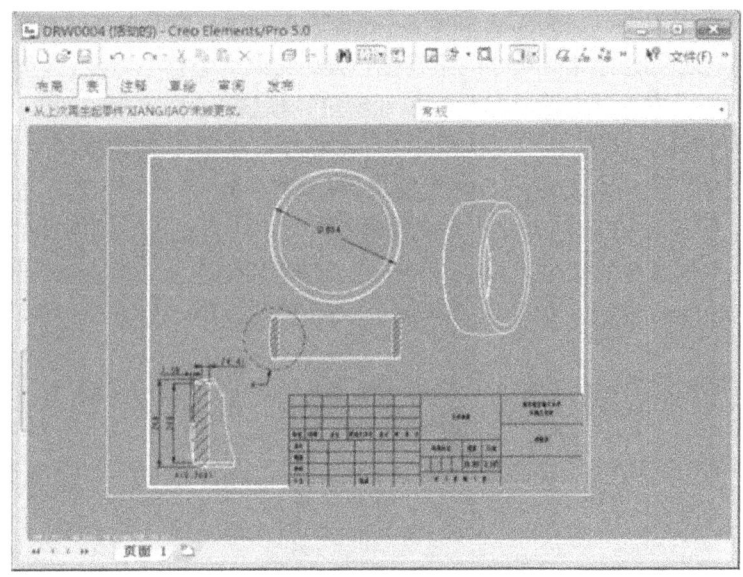

图 10.29　辇轮橡胶层的工程图生成界面

10.4.3　铰链组设计

铰链组设计主要包括铰链 1 参数的确定、铰链 2 参数的确定、铰链 3 参数的确定、铰链销轴校核分析、铰链销轴参数化设计、铰链 1 参数化设计、铰链 2 参数化设计和铰链 3 参数化设计八部分的设计内容。铰链组的主设计界面如图 10.30 所示。

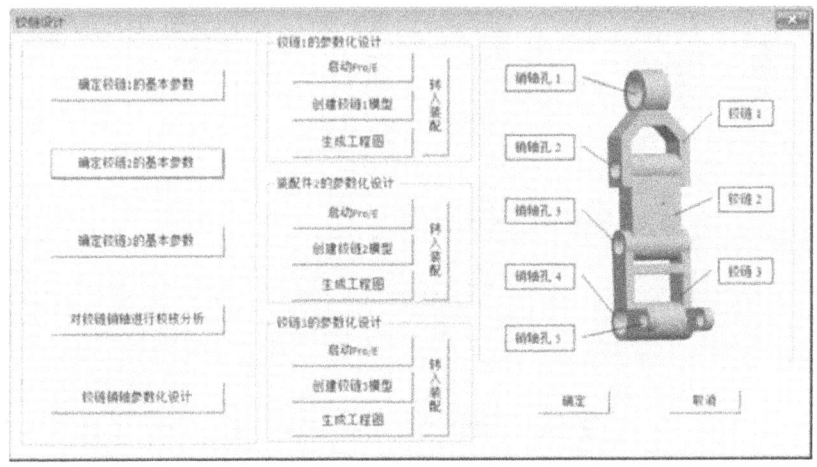

图 10.30　铰链组主设计界面

首先，确定铰链 1、铰链 2 和铰链 3 的基本参数，其输入界面如图 10.31 所示，参数输入之后进行几何尺寸约束校核，满足约束则进行下一步设计，不满足约束，对参数进行修改再继续进行几何尺寸约束校核直至满足约束为止。本设计中，铰链材料为 steel，铰链 1 的定位尺寸 h_1=30mm，铰链 1 的定位尺寸 h_2=8mm，铰链 1 的定位尺寸 h_3=30mm，两直线之间的角度 θ_1= 30°，铰链 2 的定位尺寸 h_1=30mm，铰链 2 的宽度 d_1=26mm，铰链 2 的尺寸 d_2=6mm，铰链 3 的定位尺寸 h_1=35.6mm，铰链 3 的定位尺寸 h_2=18mm，铰链 3 的定位尺寸 h_3=25mm，铰链 3 的尺寸 d_1=5mm，铰链 3 的尺寸 d_2=5mm，铰链 3 的尺寸 d_3=5mm 等。

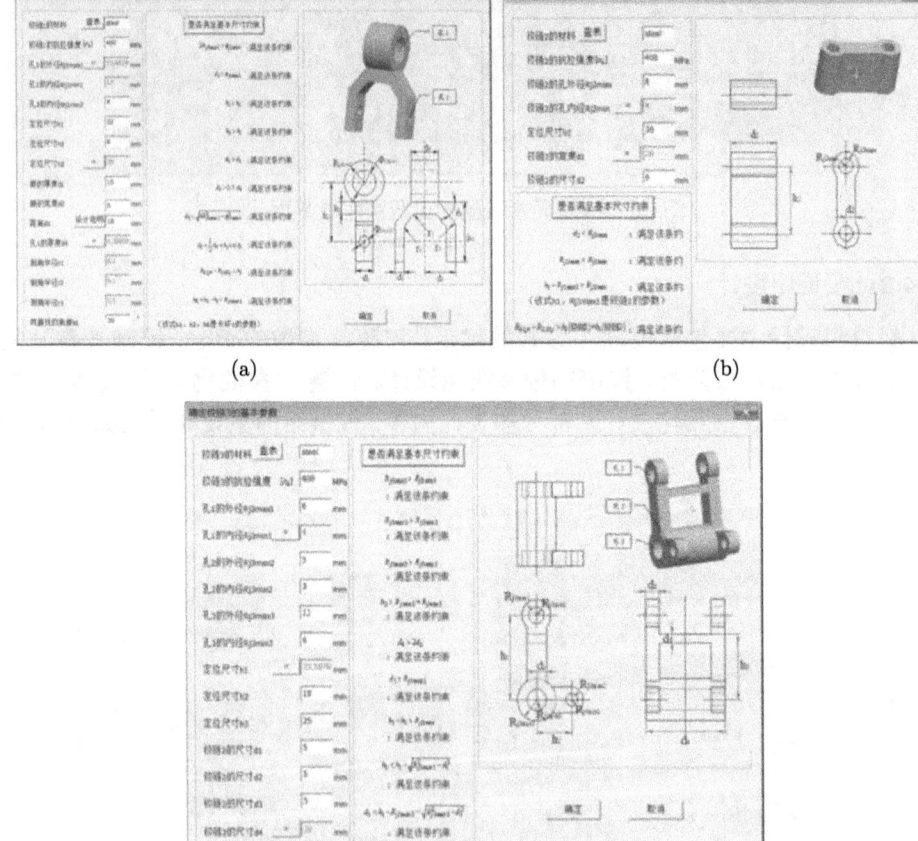

图 10.31 确定铰链的基本参数界面

其次，对铰链销轴进行校核分析，其校核分析界面如图 10.32 所示，该部分主要包括销轴 1 校核分析、销轴 2 校核分析、销轴 3 校核分析、销轴 4 校核分析和销轴 5 校核分析五部分。本设计中,销轴材料为 45# 钢,销轴剪切应力 $\tau=116.7\mathrm{MPa}$,销轴 1、销轴 2、销轴 3、销轴 4、销轴 5 的受力分别为 0.4kN、0.2kN、0.2kN、0.6kN、0.6kN。"设计说明"是对该部分进行详细的说明,点击"销轴受力计算分析设计说明"按钮可以进行查阅。

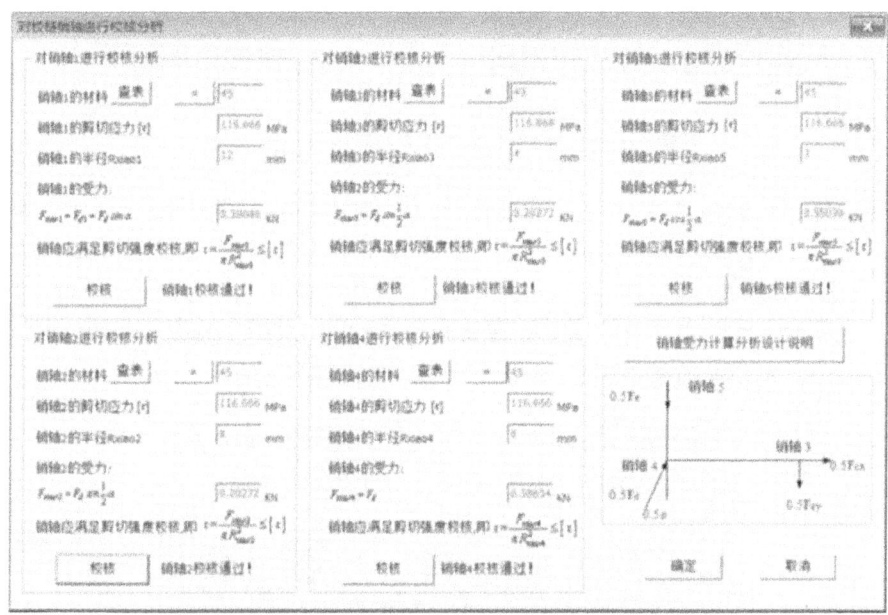

图 10.32　铰链销轴进行校核分析界面

最后,对铰链以及铰链销轴进行参数化设计,主要包括铰链 1 参数化设计、铰链 2 参数化设计、铰链 3 以及铰链销轴 1 参数化设计、铰链销轴 2 参数化设计、铰链销轴 3 参数化设计、铰链销轴 4 参数化设计、铰链销轴 5 参数化设计几部分设计内容。在 Pro/E 中弹出铰链以及铰链销轴模型生成界面如图 10.33 所示,其相应参数传递到铰链以及销轴的三维模型中并进行保存,并且实现质量自动生成。

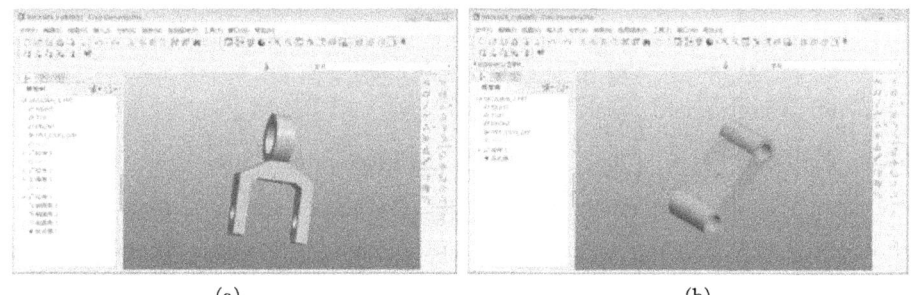

(a)　　　　　　　　　　　　　(b)

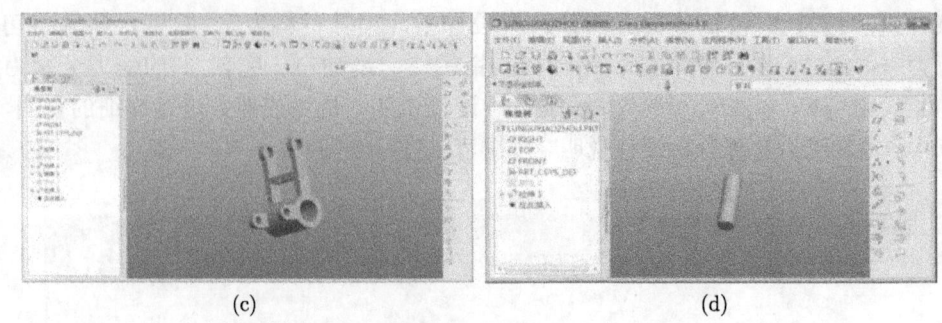

图 10.33　铰链以及铰链销轴模型生成界面

以铰链 3 的生成工程图为例进行介绍,生成界面如图 10.34 所示,δptc_material_name 自动替换为 steel,δname 自动替换为铰链 3,δscale 自动替换为 1,δweight 自动替换为 0.74kg,δcurrent_sheet 自动替换为 1,δtotal_sheet 自动替换为 1,生成的工程图由于尺寸的变化发生尺寸标注的移动,仍然需要进行一定的调整,图 10.34 所示的铰链 3 的工程图是经过一定调整得到的。

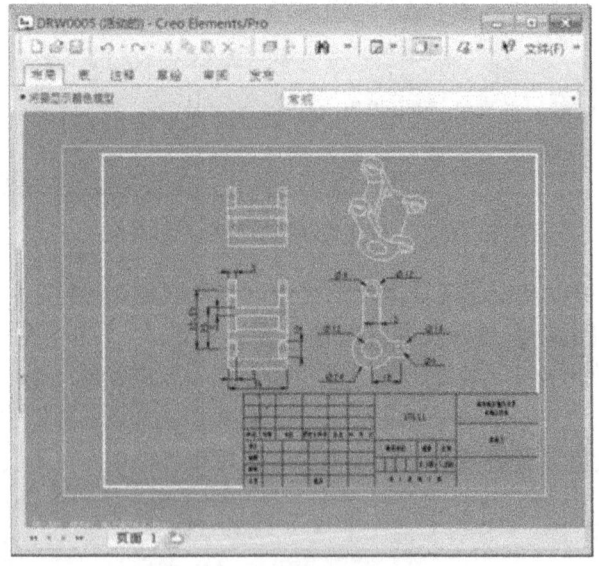

图 10.34　铰链 3 的工程图界面

10.4.4　轮毂设计

轮毂设计主要包括装配件 1 设计、装配件 2 设计、装配件 1 参数化设计、装配件 2 参数化设计、轮毂销轴 1 参数化设计和轮毂销轴 2 参数化设计六部分的设计内容。轮毂的主设计界面如图 10.35 所示。

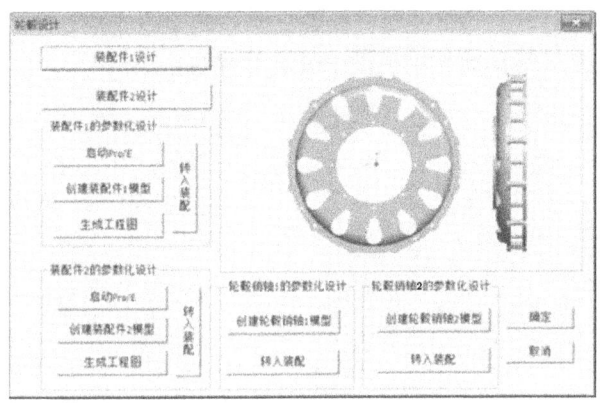

图 10.35　轮毂主设计界面

首先,确定装配件 1、装配件 2 的基本参数,下面以装配件 2 的基本参数确定进行说明,装配件 2 的基本参数确定界面如图 10.36 所示,参数输入之后进行几何尺寸约束校核,满足约束则进行下一步设计,不满足约束,对参数进行修改再继续进行几何尺寸约束校核直至满足约束为止。本设计中,装配件 2 的材料为 steel,装配件 2 的其他几何尺寸包括孔 1 的直径 12mm,孔 2 的直径 35mm,孔 3 的直径 12mm,定位尺寸 l_1=240mm,半径 R_1=250mm,半径 R_2=230mm 等。装配件 1 的基本参数确定与之类似,在此不做一一介绍。

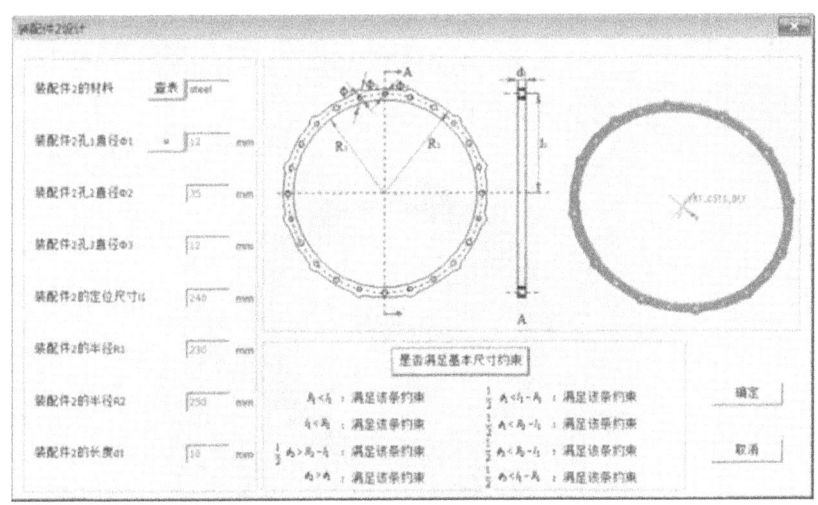

图 10.36　装配件 2 基本参数确定界面

其次,对装配件以及轮毂销轴进行参数化设计,主要包括装配件 1 参数化设计、装配件 2 参数化设计及轮毂销轴 1 参数化设计、轮毂销轴 2 参数化设计四部分设计内容。在 Pro/E 中弹出装配件模型生成界面如图 10.37 所示,其相应参数传递到装配件以及轮毂销轴的三维模型中并进行保存。

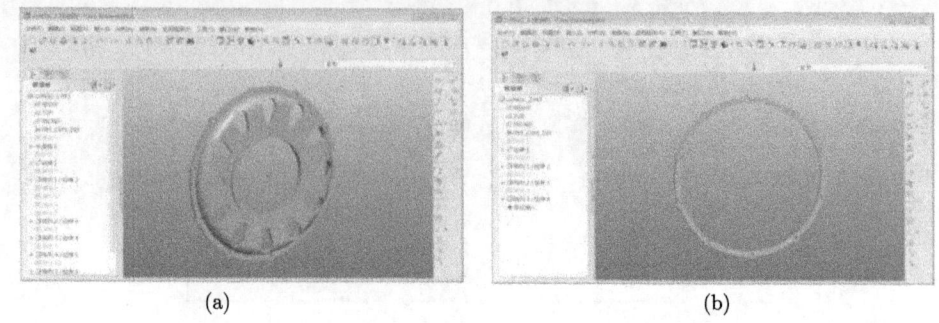

图 10.37 装配件模型生成界面

10.4.5 生成装配件

ME-Wheel Design 系统完成总体设计、辋轮设计、铰链组设计和轮毂设计之后,对相关零件进行装配,自动生成变型设计的机械弹性安全车轮的装配件,如图 10.38 所示。ME-Wheel Design 系统的自动装配功能避免了传统装配过程的复杂与烦琐,提高了机械弹性安全车轮的设计效率,而且能够可靠地实现机械弹性安全车轮的快速装配[16,20]。

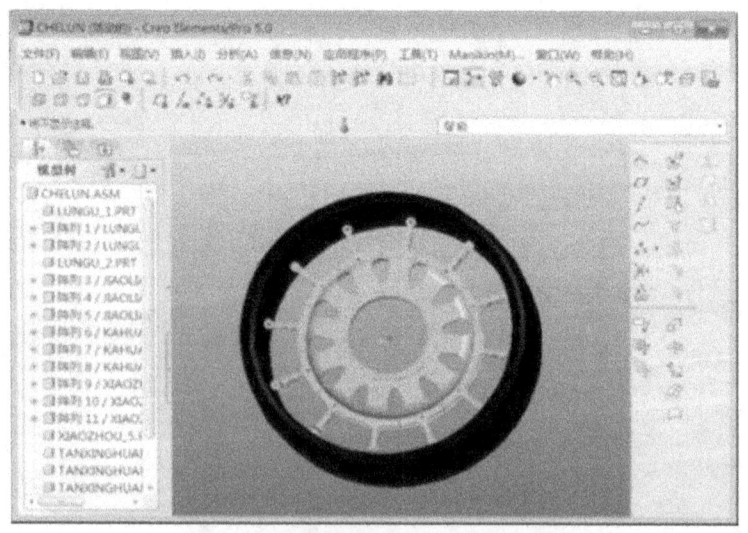

图 10.38 机械弹性安全车轮装配图

运行实例表明,利用本书提出的理论与方法能够实现机械弹性安全车轮结构参数化设计,为机械弹性安全车轮的数字化设计和制造奠定了基础[36,37]。

参 考 文 献

[1] Sutherland I E. Sketchpad: A man-machine graphical communication system [D]. Boston: Massachusetts Institute of Technology, 1963.

[2] Lee J Y, Kim K. Geometric reasoning for knowledge-based parametric design using graph representation [J]. Computer Aided Design, 1996, 28(10): 831-841.

[3] Coulter S L, Bras B A, Rosen D W. Formulating and solving parametric design problems involving non-interference constraints [J]. Engineering with Computers, 1997, 13(2): 112-124.

[4] 董金祥, 葛建新, 高屹, 等. 变参绘图系统中约束求解的新思路 [J]. 计算机辅助设计与图形学学报, 1997, 9(6): 513-519.

[5] Myung S, Han S H. Knowledge-based parametric design of mechanical products based on configuration design method [J]. Expert Systems with Applications, 2001, 21(2): 99-107.

[6] 江渡, 陈世刚, 马铁强. 基于 Pro/E 的行星齿轮减速器三维参数化 CAD 系统 [J]. 机械设计, 2006, 23(2): 60-62.

[7] Wu S H, Fuh J Y H, Lee K S. Semi-automated parametric design of gating systems for die-casting die [J]. Computers & Industrial Engineering, 2007, 53(2): 222-232.

[8] 赵利平, 王宗彦, 秦慧斌, 等. 面向大规模定制的堆垛机快速设计系统研究 [J]. 中国机械工程, 2008, 18(18): 2161-2165.

[9] Koini G N, Sarakinos S S, Nikolos I K. A software tool for parametric design of turbomachinery blades [J]. Advances in Engineering Software, 2009, 40(1): 41-51.

[10] Marchenko M, Behrens B A, Wrobel G, et al. A new method of visualization and documentation of parametric information of 3D CAD models [J]. Computer-Aided Design and Applications, 2011, 8(3): 435-448.

[11] 罗璞, 唐娅玲. 基于 VB 的模块运输车轮组结构优化设计 [J]. 工程机械, 2014, 45(3): 26-31.

[12] Hosseini S F, Moetakef-Imani B. Innovative approach to computer-aided design of horizontal axis wind turbine blades [J]. Journal of Computational Design and Engineering, 2017, 4(2): 98-105.

[13] 付宏勋. 汽车设计软件系统 Vehicle_CAD 的设计与开发 [D]. 淄博: 山东理工大学, 2012.

[14] 韩泽光, 王德伦. 机械产品装配结构方案设计的概念方法 [J]. 中国机械工程, 2004, 15(6): 536-539.

[15] 邓启超, 刘涛. 基于变形的产品系列化设计方法 [J]. 机械设计与研究, 2007, 23(3): 20-22.

[16] Watson I, Perera S. Case-based design: A review and analysis of building design applications[J]. Artificial Intelligence for Engineering Design Analysis & Manufacturing, 1997, 11(1): 59-87.

[17] 胡侨丹, 杨屹, 罗蓬, 等. 基于约束的参数化设计研究现状及其发展 [J]. 铸造技术, 2003, 24(5): 368-369.

[18] 王登峰, 黄亚威, 秦民, 等. 轿车悬架控制臂参数化建模及轻量化多目标优化设计 [J]. 汽车技术, 2015, (3): 1-4.

[19] 王宗彦, 吴淑芳, 苏铁熊, 等. 机械结构参数化三级优化设计方法研究与实现 [J]. 计算机集成制造系统, 2014, 20(9): 2093-2098.

[20] Pahng F, Senin N, Wallace D. Distribution modeling and evaluation of product design problems[J]. Computer-Aided Design, 1998, 30(6): 411-423.

[21] Hoffman C M, Joan-Arinyo R. CAD and the product master model[J]. Computer-Aided Design, 1998, 30(11): 905-918.

[22] 杭祖权, 张少静, 王镇, 等. 基于 Pro/E 的机柜参数化设计 [J]. 军民两用技术与产品, 2015, (3): 56-58.

[23] 王卓显, 赵蓓芳. 基于 Pro/E 软件的参数化设计方法 [J]. 科技资讯, 2015, (8): 32-33.

[24] 姚涛, 刘威. 基于 Pro/E 和 ANSYS Workbench 的齿轮有限元分析 [J]. 机电工程技术, 2014, 43(11): 79-82.

[25] 李新华, 闫亮. 基于 Pro/Toolkit 的减速器箱体参数化设计 [J]. 机械传动, 2014, 38(4): 88-90.

[26] 王晓林, 唐良宝. Pro/Toolkit 的二次开发方法研究与实例分析 [J]. 机械研究与应用, 2006, 19(6): 97-99.

[27] 赵庚, 徐世新, 马亚晓. 基于 Pro/Engineer 的 Pro/toolkit 二次开发技术研究 [J]. 航空精密制造技术, 2003, 39(5): 14-17, 21.

[28] 董黎敏, 袁旭, 郑清春, 等. 基于 Pro/Toolkit 二次开发的机械零件参数化设计 [J]. 组合机床与自动化加工技术, 2004, (1): 46-47, 50.

[29] 张桂侠, 朱家诚. 基于 UG 的参数化零件模型库的创建 [J]. 机械工程师, 2008, (7): 144-146.

[30] 徐斌, 宋宝玉, 王兆海. 发动机零件特征参数化模型 [J]. 哈尔滨工业大学学报, 2000, 32(1): 8-12.

[31] Parametric Technology Corporation. Pro/ENGINEER Wildfire 4.0 Pro/TOOLKIT User's Guide[S]. USA: PTC, 2009: 2101-2200.

[32] 詹沛, 白跃伟, 陈卓宁. 基于装配草图的轴类零件自动化设计技术的研究 [J]. 机械科学与技术, 2003, 19(3): 365-367.

[33] Wang W, Zhao Y, Jiang C, et al. Characteristics analysis of mechanical transmission for a new mechanical elastic wheel[J]. Journal of Jiangsu University, 2013, 34(3): 261-266.

[34] 汪伟, 赵又群, 黄超, 等. 新型机械弹性车轮的建模与通过性研究 [J]. 中国机械工程, 2013, 24(6): 724-729.

[35] 付宏勋, 赵又群, 林棻, 等. 胎圈结构参数对机械弹性车轮接地压力分布的影响 [J]. 农业工程学报, 2015, 31(17): 57-64.

[36] 闫乐乐, 赵又群, 付宏勋, 等. 机械弹性车轮的结构参数化设计 [J]. 中国机械工程, 2016, 27(9): 1251-1256.

[37] Yan L L. An impact analysis of different material properties on the static-loaded contact deformation and contact pressure of mechanical elastic wheel[C]. 2014 International Conference of Postgraduates, Nanjing, 2014.

附录　作者已发表的机械弹性车轮相关论文

2012 年至 2020 年 3 月，已发表机械弹性车轮相关论文 73 篇，其中 SCI 收录 25 篇，EI 收录 32 篇，ISTP 收录 4 篇，核心期刊论文 12 篇，其中

2020 年 2 篇：

[1] Yaoji Deng, Youqun Zhao(Corresponding author), Mingmin Zhu, Zhen Xiao, Qiuwei Wang. Comparative Analysis of Static Loading Performance of Rigid and Flexible Road Wheel based on Finite Element Method, Defence Science Journal, 2020, 70(1): 41-46, DOI: 10.14429/dsj.70.14040 (SCI: 000513772100006)JCR Q4, IF0.667

[2] Deng Yaoji, Zhao Youqun(Corresponding author), Xu Han, Lin Fen, Wang Qiuwei. Rigid-flexible coupling modelling and dynamic performance analysis of novel flexible road wheel [J]. Proc IMechE Part K:J Multi-body Dynamics, 2020, 234(1): 67–81, DOI: 10.1177/1464419319874198, https://doi.org/10.1177/1464419319874198, IDS 号: JB6RF (SCI: 000488690500001, EI: 20194407592986) JCR Q3, IF1.146

2019 年 17 篇：

[1] 赵又群. 一种非充气机械弹性安全车轮的研究进展 [J]. 机械工程学报, 2019, 55(24): 105-116, DOI: 10.3901/JME.2019.24.105, http://kns.cnki.net/kcms/detail/11.2187.TH.20191224.1240.070.html(EI 刊源)

[2] Deng, Yaoji; Zhao, You qun(Corresponding author); Pi, Wei; Li, Yuhao; Feng, Shilin; Du, Yiyan. The influence of nonlinear stiffness of novel flexible road wheel on ride comfort of tracked vehicle traversing random uneven road [J]. IEEE Access, 2019, 7(1): 165293-165302. DOI:10.1109/ACCESS.2019.2950438, IDS 号: KF8JK(SCI: 000509482-900006, EI: 20200208017541)JCR Q1, IF 4.098

[3] Xu Han, Zhao Youqun(Corresponding author), Ye Chao, Lin Fen. Integrated Optimization for Mechanical Elastic Wheel and Suspension Based on an Improved Artificial Fish Swarm Algorithm [J]. Advances in Engineering Software, 2019, 137(): (Advances in Engineering Software 137 (2019) 102722)DOI:10.1016/ j.advengsoft.2019.102722, IDS 号: JC1DD (SCI: 000489017800003, EI: 20193907473665)JCR Q1, IF 4.194

[4] Li Hai-qing, Zhao You-qun(Corresponding author), Lin Fen, Xiao Zhen. Integrated yaw and rollover control based on differential braking for off-road vehicles with mechanical elastic wheel [J]. Journal of Central South University, 2019, 26(9): 2354-2367. DOI: 10.1007/s11771-019-4179-3, https://doi.org/10.1007/ s11771-019-4179-3. IDS 号: JD5HM(SCI: 000490014100006, EI: 20194307566620)JCR Q3, IF 0.973

[5] Deng Yao-Ji, Zhao You-Qun, Xu Han, Zhu Ming-Min, Xiao Zhen. Finite element modeling of interaction between non-pneumatic mechanical elastic wheel and soil[J]. Proc. IMechE, Part D: Journal of Automobile Engineering, 2019, 233(13): 3293-3304. DOI: 10.1177/0954407018821555, IDS 号: JH2JW(SCI: 000492597200002, EI: 20190606480-644) JCR Q3, IF 1.275

[6] Wang Qiuwei, Zhao Youqun(Corresponding author), Xu Han, Deng Yaoji. Adaptive backstepping control with grey signal predictor for nonlinear active suspension system matching mechanical elastic wheel[J]. Mechanical Systems and Signal Processing, 2019, 131(15): 97-111, DOI: 10.1016/j.ymssp.2019.05.046, https:// doi.org/10.1016/j.ymssp.2019.05.046, IDS 号: IZ3TO, (SCI: 000487008600006, EI: 20192407032473) JCR Q1, IF 5.005

[7] Zhen Xiao, Youqun Zhao(Corresponding author), Fen Lin, Mingmin Zhu, Yaoji Deng, Liguo Zang. The multi-objective optimization of a non-pneumatic wheel based on its life prediction[J]. Engineering Computations, 2019, 36(3): 997-1020, https://doi.org/10.1108/EC-07-2018-0298, IDS 号: IA2NE(SCI: 000469397400012, EI: 20191406717368) JCR Q4, IF1.246

[8] Zhu Mingmin, Zhao Youqun(Corresponding author), Lin Fen, Xiao Zhen. Thermodynamics modeling of a novel nonpneumatic mechanical elastic wheel for predicting its mechanical–thermal behavior [J]. Numerical Heat Transfer, Part A: Applications. 2019, 75(7): 435-455, DOI: 10.1080/10407782.2018.1562742, https://doi.org/10.1080/10407782.2018.1562742 , IDS 号: HZ7CE (SCI: 000469008300001) JCR Q2, IF 1.953

[9] Mingmin Zhu, Youqun Zhao(Corresponding author), Fen Lin, Zhen Xiao, Yaoji Deng. Thermo-mechanical coupled modeling for numerical analyzing the influence of thermal and frictional factors on the cornering behaviors of non-pneumatic mechanical elastic wheel [J]. Simulation Modelling Practice and Theory, 2019, 91(2): 13-27, DOI: 10.1016/j.simpat.2018.11.002, IDS:HG2QC(SCI: 000454807400002, EI: 20184706129-.917) JCR Q2, IF 2.426

[10] Zhao Youqun(Corresponding author), Xu Han, Deng Yaoji, Wang Qiuwei. Multi-objective Optimization for Ride Comfort of Hydro-pneumatic Suspension Vehicles with Mechanical Elastic Wheel [J]. Proc. IMechE, Part D: Journal of Automobile Engineering, 2019, 233(11): 2714–2728, DOI:10.1177/0954407018804909, https://doi.org/10.1177/0954407018804909(SCI:000484945100003,EI: 20190606480754)JCRQ3,IF1.275

[11] Li Haiqing, Zhao Youqun(Corresponding author), Lin Fen, Xu Han. Integrated yaw and rollover stability control of an offroad vehicle with mechanical elastic wheel[J]. Journal of Vibroengineering, 2019, 21(2):450-471. DOI: 10.21595/jve.2018.19579, https://doi.org/10.21595/jve.2018.19579 (EI: 20192006913916)

[12] 赵又群(通讯作者), 白毅强, 叶超, 邓耀骥, 徐瀚, 王秋伟. 机械弹性安全车轮静动态特性研究 [J]. 中国机械工程, 2019, 30(19): 2306-2312, DOI:10.3969/j.issn.1004-132X.2X.2019.

[13] 李海青, 赵又群 (通讯作者). 匹配机械弹性车轮的汽车稳定性分析 [J]. 哈尔滨工业大学学报, 2019, 51(1): 71-79. (EI: 20191306701030)DOI: 10.11918/j.issn.0367-6234.201802058, http://kns.cnki.net/kcms/detail/23.1235.T.20181013.0903.002.html

[14] 赵又群, 叶超, 白毅强. 基于装配机械弹性车轮的车辆平顺性的油气悬架优化研究 [J]. 重庆理工大学学报 (自然科学), 2019, 33(1): 10-18. DOI: 10.3969 /j.issn.1674-8425(z).2019.01.002

[15] 周凯, 赵又群, 徐瀚, 等. 位移相关减振器对匹配机械弹性车轮的汽车操纵稳定性的影响 [J]. 重庆理工大学学报 (自然科学), 2019, 33(2): 20-26. DOI: 10.3969 /j.issn.1674-8425(z) .2019.02.004

[16] 李海青, 赵又群 (通讯作者), 闫茜, 林棻. 基于遗传神经网络的车轮匹配整车逆动力学 [J]. 华中科技大学学报 (自然科学版), 2019, 47(5): 27-32. DOI: 10.13245/j.hust.190506 (EI: 20193207276613)

[17] 李海青, 赵又群 (通讯作者). 机械弹性车轮结构参数对汽车侧翻稳定性的影响 [J]. 中国机械工程, 2019, 30(13): 1519-1527. DOI: 10.3969/j.issn.1004-132X.2019.13.002(EI: 20193107245748)

2018 年 11 篇:

[1] Zhu Mingmin, Zhao Youqun(Corresponding author), Xiao Zhen, Deng Yaoji. Surface temperature prediction of novel non-pneumatic mechanical elastic wheel based on theory analysis and experimental verification[J]. Numerical Heat Transfer, Part B: Fundamentals, 2018, 76(6): 399-414, DOI: 10.1080/10407790.2018.1491721, IDS 号: GZ6OJ(SCI: 000449557800004, EI: 20183505742696)

[2] Zhao Youqun(Corresponding author), Xiao Zhen, Lin Fen, Zhu Mingmin, Deng Yaoji. Influence analysis of machining and installation errors on the radial stiffness of a non-pneumatic mechanical elastic wheel[J]. Chinese Journal of Mechanical Engineering, 2018, 31(4): 1-9, DOI:10.1186/s10033-018-0273-y, IDS 号: GR1DC(SCI: 0004422677-00005, EI: 20184305973732)

[3] Zhao Youqun, Du Xianbin, Lin Fen, Wang Qiang, Fu Hongxun. Static stiffness characteristics of a new non-pneumatic tire with different hinge structure and distribution[J]. Journal of Mechanical Science and Technology, 2018, 32(7): 3057-3064, DOI: 10.1007/s12206-018-0608-8(SCI: 000439063800008, EI: 20183005589570)

[4] Yaoji Deng, Youqun Zhao(Corresponding author), Fen Lin, Zhen Xiao, Mingmin Zhu, Haiqing Li. Simulation of steady-state rolling non-pneumatic mechanical elastic wheel using finite element method[J]. Simulation Modelling Practice and Theory, 2018, 85(6): 60-79, DOI: 10.1016/j.simpat.2018.04.001 (SCI: 000432654100005, EI: 20181705045988)

[5] You-Qun Zhao(Corresponding author), Yao-Ji Deng, Fen Lin, Ming-Min Zhu, Zhen Xiao. Transient Dynamic Characteristics of a Non-Pneumatic Mechanical Elastic

Wheel Rolling Over a Ditch [J]. International Journal of Automotive Technology, 2018, 19(3): 499-508, DOI: 10.1007/s12239-018-0048-6 (SCI: 000429361400012, EI: 20181504996268)

[6] Zhao Youqun(Corresponding author), Zhu Mingmin, Lin Fen, Xiao Zhen, Li Haiqing, Deng Yaoji. Thermal modal analysis of novel non-pneumatic mechanical elastic wheel based on FEM and EMA [J]. AIP Advances, 2018, 8(1): 1-17(015229), DOI: 10.1063/1.5018488 (SCI: 000423870200092, EI: 20180604752043)

[7] Xiao Zhen, Zhao Youqun(Corresponding author), Lin Fen, Zhu Mingmin, Deng Yaoji. Studying the Fatigue Life of a Non-pneumatic Wheel by Using Finite-Life Design for Life Prediction[J]. Strojniški vestnik - Journal of Mechanical Engineering, 2018, 64(1): 56-67, DOI: 10.5545/sv-jme.2017.4695 (SCI: 000428129000006, EI: 20180804828570)

[8] Li haiqing, Zhao Youqun(Corresponding author), Lin Fen, Mingmin Zhu. Nonlinear dynamics modeling and rollover control of an off-road vehicle with mechanical elastic wheel[J]. Journal of the Brazilian Society of Mechanical Sciences and Engineering, 2018, 40(2): 1-17, DOI: 10.1007/s40430-018-1009-8 (SCI: 000424641000021, EI: 20180404680695)

[9] 杜现斌, 赵又群 (通讯作者), 林棻, 肖振. 机械弹性车轮纯外倾力学特性刷子理论建模[J]. 哈尔滨工程大学学报, 2018, 39(3): 1-6. DOI: 10. 11990/jheu.201609060(EI: 20181304959011)

[10] 赵又群 (通讯作者), 杜现斌, 林棻, 等. 侧倾角对机械弹性车轮刚度及接地特性的影响 [J]. 兵工学报, 2018, 39(3): 444-450. DOI: 10.3969 /j.issn.1000-1093.2018.03.004 (EI: 20183605767256)

[11] 杜现斌, 赵又群 (通讯作者), 林棻, 等. 基于刷子模型的悬链式非充气车轮外倾侧偏特性分析 [J]. 上海交通大学学报, 2018, 52(3): 305-311. DOI:10.16183/j.cnki.jsjtu.2018.03.008 (EI: 20183905856648)

2017 年 10 篇:

[1] Du Xianbin, Zhao Youqun(Corresponding author), Wang Qiang, Fu Hongxun. Numerical analysis of dynamic interaction between a non-pneumatic mechanical elastic wheel and soil with an obstacle[J]. Proc. IMechE, Part D: Journal of Automobile Engineering, 2017, 231(6): 731-742, DOI: 10.1177/0954407016660946(SCI: 000400820600002, EI: 20171903655255)

[2] Du Xianbin, Zhao Youqun(Corresponding author), Lin Fen, et al. Numerical and experimental investigation on the camber performance of a non-pneumatic mechanical elastic wheel[J]. Journal of the Brazilian Society of Mechanical Sciences and Engineering, 2017, 39(9): 3315-3327, DOI: 10.1007/s40430-016-0702-8(SCI: 000408112500005, EI: 20173504082306)

[3] Fu Hongxun, Zhao Youqun(Corresponding author). Steady-State Cornering Properties of a Non-Pneumatic Tire with Mechanical Elastic Structure[J]. Transactions

of Nanjing University of Aeronautics and A stronautics, 2017, 34(5): 586-592. (EI: 20181304958966)

[4] 王仁亮, 赵又群 (通讯作者). 基于模态应变能原理的机械弹性车轮损伤识别 [J]. 重庆理工大学学报, 2017, 31(9): 8-14.

[5] 付宏勋, 赵又群 (通讯作者), 林棻, 等. 机械弹性车轮侧向刚度特性的影响因素研究 [J]. 上海交通大学学报 (自然科学版), 2017, 51(7): 863-869. (EI: 20174604393457)

[6] 王强, 赵又群 (通讯作者), 林棻, 等. 新型机械弹性车轮包容特性的力学研究 [J]. 振动、测试与诊断. 2017, 37(2): 266-272. (EI: 20172203711297)

[7] 王强, 赵又群 (通讯作者), 林棻, 等. 机械弹性车轮有限元计算与试验模态的相关性研究[J]. 哈尔滨工程大学学报, 2017, 38(1): 1-8. (EI: 20171303497969)

[8] 付宏勋, 赵又群 (通讯作者), 林棻, 等. 机械弹性车轮稳态侧偏特性的理论与试验分析[J]. 浙江大学学报 (工学版), 2017, 51(2): 344-349. (EI: 20172303726516)

[9] 倪新伟, 赵又群 (通讯作者), 林棻, 等. 机械弹性车轮纯滚动工况下的侧偏特性研究 [J]. 农业装备与车辆工程. 2017, 55(6): 1-5.

[10] 杨文涛, 赵又群 (通讯作者), 阮米庆, 等. 机械弹性车轮硫化预热温度研究 [J]. 橡胶工业, 2017, 64: 112-116.

2016 年 10 篇:

[1] Wang Qiang, Zhao Youqun(Corresponding author), Lin Fen, et al. Research on vibration characteristics and its key influencing factors of new mechanical elastic wheel[J]. Journal of Vibroengineering, 2016, 18(8): 5337-5352, DOI: 10.21595/jve.2016.16952 (SCI: 000391129000031)

[2] Wang Qiang, Zhao Youqun(Corresponding author), Du Xianbin, et al. Equivalent stiffness and dynamic response of new mechanical elastic wheel[J]. Journal of Vibroengineering, 2016, 18(1): 431-445.(SCI: 000370627300036, EI: 20162902610946)

[3] Wang Qiang, Zhao Youqun(Corresponding author), Lin Fen. Research on the Structural Transfer Path of New Mechanical Elastic Wheel Vibration[C]. International Conference on Mechanics Design, Manufacturing and Automation (MDM2016), Suzhou, China, MAY 14-15, 2016: 743-753. (WOS: 000390844600109)

[4] Li Bo, Zhao Youqun(Corresponding author), Zang Liguo, et al. Driving force model of non-pneumatic elastic wheel[J]. Transactions of Nanjing University of Aeronautics and Astronautics, 2016, 33(2): 231-236.(EI: 20162502525556)

[5] 赵又群, 付宏勋, 林棻, 等. 非充气车轮及其力学特性研究进展 [J]. 江苏大学学报 (自然科学版), 2016, 37(6): 621-627

[6] 张明杰, 赵又群 (通讯作者), 杜现斌, 王强, 肖振. 机械弹性车轮疲劳寿命及其影响因素研究 [J]. 哈尔滨工程大学学报, 2016, 37(11): 1560-1564. (EI: 20165003105668)

[7] 臧利国, 赵又群 (通讯作者), 李波, 王健, 付宏勋. 非充气机械弹性车轮接地特性试验研究 [J]. 汽车工程, 2016, 38(3): 350-355.(EI: 20161902360395)

[8] 臧利国, 赵又群 (通讯作者). 局部损伤的机械弹性车轮静动态特性研究 [J]. 振动、测试与诊断, 2016, 36(3): 478-483. (EI: 20162802580633)

[9] 王强, 赵又群 (通讯作者), 付宏勋, 等. 载荷与径向刚度对机械弹性车轮包容特性的影响 [J]. 农业工程学报, 2016, 32(13): 36-42. (EI: 20162602533040)

[10] 王强, 赵又群 (通讯作者), 杜现斌, 等. 机械弹性车轮径向刚度和阻尼模型的分析 [J]. 中国机械工程, 2016, 27(10): 1408-1413.

2015 年 10 篇：

[1] Zhao Youqun, Zang Liguo, Chen Yueqiao, Li Bo, Wang Jian. Non-pneumatic mechanical elastic wheel natural dynamic characteristics and influencing factors[J]. Journal of Central South University, 2015, 22(5): 1707-1715, DOI: 10.1007/s11771-015-2689-1 (SCI: 000354988900015, EI: 20152200881655)

[2] Zhao Youqun, Zhu Mingmin, Chen Yueqiao, Yan Lele. Finite Element Analysis on Unsteady State Thermal Field Characteristics of Mechanical Elastic Wheel[C]. International Conference on Energy and Mechanical Engineering (EME2015), Wuhan, China, OCT 17-18, 2015: 469-478.(WOS:000394749400055)

[3] Zhao Youqun, Yang Wentao, Ruan Miqing, Fu Hongxun. Study of Sulfurization Preheating Temperature of Mechanical Elastic Wheel[C]. 2015 INTERNATIONAL CONFERENCE ON MECHANICAL SCIENCE AND MECHANICAL DESIGN (MSMD 2015), Changsha, China, DEC 12-13, 2015: 15-22.(WOS:000380620600003)

[4] 臧利国, 赵又群 (通讯作者), 姜成, 李波, 汪伟. 机械弹性安全车轮径向刚度特性及影响因素研究 [J]. 振动与冲击, 2015, 34(8): 181-186+218. (EI: 20152100880273)

[5] 臧利国, 赵又群 (通讯作者), 李波, 王健, 陈月乔. 非充气机械弹性安全车轮静态径刚度特性研究 [J]. 兵工学报, 2015, 36(2): 354-362. (EI: 20151900817791)

[6] 赵又群, 王健, 臧利国, 李波, 武岳. 不同轴距车辆路径跟踪研究 [J]. 上海交通大学学报, 2015, 49(4): 481-486. (EI: 20152200901148)

[7] 赵又群, 李小龙, 张明杰, 等. 机械弹性车轮随机振动理论与数值分析 [J]. 哈尔滨工业大学学报, 2015, 47(7): 47-51. (EI: 20154101376733)

[8] 付宏勋, 赵又群 (通讯作者), 林棻, 等. 胎圈结构参数对机械弹性车轮接地压力分布的影响 [J]. 农业工程学报, 2015, 31(17): 57-64.(EI: 20154301434094)

[9] 沈法鹏, 赵又群 (通讯作者), 赵洪光, 刘英杰. 非线性轮胎侧向力对汽车转向稳定性的影响 [J]. 中国机械工程, 2015, 26(1): 135-139.

[10] 李波, 赵又群 (通讯作者), 陈月乔, 李小龙, 臧利国. 基于刷子模型的非充气车轮纵向力分析 [J]. 哈尔滨工程大学学报, 2015, 36(5): 662-665. (EI: 20152500956918)

2014 年 8 篇：

[1] Li Bo, Zhao Youqun, Zang Liguo. Closed-form solution of curved beam model of elastic mechanical wheel[J]. Journal of vibroengineering, 2014, 16(8): 3951-3962. (SCI: 000348714300023, EI: 20154501506689)

[2] Li Xiaolong, Zhao Youqun, Zhang Mingjie. Theoretical and Numerical Analysis on the Static-Loaded Contact Pressure of Mechanical Elastic Wheel[C]. International Conference on Mechatronics, Materials and Manufacturing (ICMMM), Chengdu, China, AUG 02-04, 2014: 293~297.(WOS: 000348142500058, EI: 20143818169062)

[3] 李波, 赵又群 (通讯作者), 臧利国, 王健, 张明杰. 基于复合滑移理论的轮胎抓地状态建模与验证 [J]. 农业工程学报, 2014, 30(16): 68-74.(EI: 201443117709)

[4] 李波, 赵又群 (通讯作者), 臧利国, 王健, 张明杰. 基于弹性迟滞理论的轮胎滚动阻力解析模型构建 [J]. 农业工程学报, 2014, 30(17): 56-62.(EI: 201443117751)

[5] 赵又群, 李波, 臧利国, 张明杰, 陈月乔. 基于修正的轮胎刷子模型纵向力分析 [J]. 华南理工大学学报, 2014, 42(11): 50-54+91. (EI: 20151400716372)

[6] 赵又群, 李波, 陈月乔, 臧利国. 基于刷子模型的非充气弹性车轮抓地余量分析 [J]. 应用基础与工程科学学报. 2014, 42(11): 50-54/91.(EI: 20151400716372)

[7] 臧利国, 赵又群 (通讯作者). 机械弹性安全车轮提高轮胎耐磨性和抓地性分析 [J]. 农业工程学报.2014, 30(12): 56-63.(EI: 20142917960211)

[8] 臧利国, 赵又群 (通讯作者), 李波, 陈月乔, 李小龙. 机械弹性安全车轮结构参数对牵引性能的影响研究 [J]. 哈尔滨工程大学学报. 2014, 35(11): 1415-1421.(EI: 20145000326012)

2013 年 3 篇：

[1] 汪伟, 赵又群 (通讯作者), 黄超, 姜成. 新型机械弹性车轮的建模与通过性研究 [J]. 中国机械工程, 2013, 24(6): 724-729.

[2] 汪伟, 赵又群 (通讯作者), 姜成, 武健. 新型机械弹性车轮的力学传递特性分析 [J]. 江苏大学学报 (自然科学版), 2013, 34(3): 261-266.

[3] 汪伟, 赵又群 (通讯作者), 姜成, 岳红旭. 基于新型机械弹性车轮的整车平顺性分析 [J]. 中国机械工程, 2013, 24(22): 3114-3117+3123.

2012 年 2 篇：

[1] Wang Wei, Zhao Youqun, Wang Jian, Zang Liguo. Structure Analysis and Ride Comfort of Vehicle on New Mechanical Elastic Tire[C]. Proceeding of FISITA 2012 World Automotive Congress, Beijing, China, November 27-30, 2012: 199-209. DOI: 10.1007/978-3-642-33795-6_17(EI: 20124715682931)

[2] 岳红旭, 赵又群 (通讯作者). 一种新型安全车轮的非线性有限元分析 [J]. 中国机械工程, 2012, 23(11): 1380-1385.